天商法学与心理学教改文集

（2024卷）

艾 娟 主编

天津社会科学院出版社

图书在版编目（ＣＩＰ）数据

天商法学与心理学教改文集. 2024 卷 / 艾娟主编.
天津 ： 天津社会科学院出版社，2025. 1. -- ISBN 978-
7-5563-1035-7

Ⅰ. D92-4；B849-4

中国国家版本馆 CIP 数据核字第 2024WY7613 号

天商法学与心理学教改文集. 2024 卷
TIAN SHANG FAXUE YU XINLIXUE JIAOGAI WENJI. 2024 JUAN

责任编辑：杜敬红
装帧设计：高馨月
出版发行：天津社会科学院出版社
地 址：天津市南开区迎水道 7 号
邮 编：300191
电 话：（022）23360165
印 刷：北京建宏印刷有限公司
开 本：710×1000 1/16
印 张：18
字 数：281 千字
版 次：2025 年 1 月第 1 版 2025 年 1 月第 1 次印刷
定 价：78.00 元

目　　录

专业发展与课程思政

课程建设与教学创新

人才培养与实践改革

教育发展与就业探索

专业发展与课程思政

商科院校法学教育协同创新机制的
健全与完善

沃 耘①

2014 年 5 月,国务院出台《关于加快发展现代职业教育的决定》,明确提出要"统筹发展各级各类职业教育,引导一批普通本科高等学校向应用技术类型高等学校转型"。该文件对高校转型提出了明确的要求,引发了众多讨论。随后在上述文件基础上,国务院于 2017 年 12 月发布了《关于深化产教融合的若干意见》,明确提出"深化职业教育、高等教育等改革,发挥企业重要主体作用,促进人才培养供给侧和产业需求侧结构要素全方位融合,培养大批高素质创新人才和技术技能人才"等要求。随后,教育行政部门陆续出台了一系列文件和政策。2018 年 2 月,教育部等六部门印发关于《职业学校校企合作促进办法》的通知,强调"为深入贯彻落实党的十九大精神",要"深化产教融合、校企合作"。

在现当代职业教育日益得到重视的背景下,我国高等教育供给侧结构性改革迫在眉睫。地方高等院校人才培养体系通过深层次改革,向应用型转型成为一项需要深入研究与实践的战略任务。其中,校企协同创新机制的建立与运行,不仅成为向应用型转型办学理念改革的聚焦点,也逐渐上升为人才培养机制变革中的重点与难点。

---

① 沃耘,女,法学博士,天津商业大学法学院教授,主要研究领域为民商法。

一、校企协同创新的内涵

校企协同创新，是指高等院校与企事业单位通过多种方式和渠道机制共同开展科研等合作，共同进行创新活动的一种模式或现象。校企协同创新重在高等学校与企事业单位之间的合作与协同，通过协同，将高校的科研优势与企业的生产能力和市场需求有机结合，共同开展创新研究、技术开发和科研成果的转化等活动，以实现创新成果数量和质量的最大化，以及创新成果转化和应用效益的最大化。

一般而言，协同创新的具体内容主要包括以下几个方面。

第一，资源整合。校企协同创新需要高校与企业进行合作，整合双方的科研实验人员、实验设施设备、知识产权、技术及产品需求信息等优势资源，建立双向互助互益的资源合作共享关系，共同提高创新效率和质量。

第二，优势互补。高校和企业在科研和实践方面具有不同的优势，校企协同创新通过合作实现双方的优势互补，高校提供科研基础和技术支持，企业提供市场需求和实践场景，共同推动创新成果的应用和转化。

第三，创新能力培养。校企协同创新不仅关注科研成果的产生，也注重培养创新人才。高校通过与企业合作，为学生提供实践机会，培养创新意识和实践能力，同时也为企业提供高素质的人才，提升企业的创新能力。

第四，产学研结合。校企协同创新强调产学研结合，即将科研成果与实际应用结合起来。高校通过与企业合作，将科研成果转化为实际产品或解决实际问题，推动科技成果转化和产业升级。

第五，风险共担。校企协同创新需要高校和企业共同承担风险。双方在合作过程中面临技术、市场、资金等方面的风险，需要共同努力克服，共同分享成果和收益。

总之，校企协同创新是高校和企业共同合作进行创新活动的一种模式，通过整合资源、优势互补、创新能力培养、产学研结合和风险共担，实现创新成果利用的最大化和经济效益的最大化。

二、商科院校法学院系开展校企协同创新的现实困境

目前众多高等院校已经与企业开展了一系列校企协同创新实践，并取得了

一些阶段性成果。但由于双方所处的位置不同,尤其是高校人才培养的公益属性与企业追逐利润的商品经济属性之间不可避免地会有一些冲突,因而产生了一些阻碍校企协同创新迈向深入的现实困境。

第一,专业学科差异阻碍商科院校法学院与广大企事业单位开展协同创新。一般而言,我国商科院校法学院系更注重法学理论的教育与研究,而我国广大企事业单位以加工制造业及服务业为主,这些部门往往需要产品研发相关的创新合作,在此方面法学院系与企事业单位的创新需求存在一定的距离。这种差异使得双方在合作中难以找到共同的研究课题和创新方向。

第二,商科院校法学院与广大企事业单位之间开展产学研结合的难度较大。目前国内很多高等院校法学院系的教学和研究以法学理论研究和教育教学为主,对实践环节的重视程度不够。而校企协同创新强调成果转化与成果应用,强调将科研成果在实际生产及消费场景中的应用或使用,这对于法学院系及专业来说显然存在诸多困难。对商科法学院系而言,如何适应生产及消费的实践应用部门的现实需求,如何识别和定位合适的实践场景,如何发现适当的协同创新合作企业,如何不断根据实际转化和应用的反馈不断优化迭代法学科研成果,都是亟待解决的问题。

第三,校外企事业单位与商科院校法学院系开展协同创新的合作意愿薄弱。据笔者了解,目前国内商科院校法学院系在与校外企事业单位开展校企产学研合作时,往往面临企业缺乏强烈合作意愿的问题。这主要有两方面的原因。一是校外企事业单位倾向于与理工类和科技类院校进行校企协同创新合作,因为理工类和科技类院校的技术性、应用性更强,其相关研究成果更容易转化为实际产品和应用。二是企业对法学院的研究成果应用价值的认知和需求较低,导致合作意愿不高。

第四,商科院校法学院系与校外企事业单位开展协同创新的合作机制不完善。商科院校法学院与企业合作的机制和渠道相对不完善。缺乏有效的沟通渠道和合作平台,学校与企业之间的互动和合作难以顺利进行。此外,学校和企业之间在合作模式、利益分配、知识产权等方面的问题也需要解决。

三、完善商科院校法学院系校企协同创新机制的思考

在高校与企业协同创新机制的建立过程中,要坚持优势互补、要素共享、双赢共赢、协同发展的核心思想,在广泛争取政策性支持的基础上,以设立与发展企业实践基地为着力点和突破口,以产、学、研、用一体化为有效载体,统筹规划高校和企业的利益,不断开拓校企协同创新的新领域。

第一,打破系统壁垒,加强校企协同的规划与引导。"人才培养方案的修改要适应企业对人才需求的变化,高校要主动邀请政府、行业协会和企业参与人才培养方案的制定,通过政府、行业协会、企业三方共同预测社会未来对创新创业人才需求的结构性变化,合理调整人才培养方案,完善创新创业课程体系。要让企业了解学校人才培养方案制定的依据和科学性,避免企业对实践教学课时过分增加的无理要求。"①政府要积极提供校企协同创新的政策保障机制。一方面,鼓励高校走出去,加强与相关企业的联系,使校企合作常态化、制度化;另一方面,对积极参与创新人才协同培养的企业适当给予支持与优惠,如可以在税收减免、财政补贴、经费筹集等方面出台优惠政策,引导企业融入社会人才培养的教育环节。

第二,统一教育理念,完善高校内部管理与建设机制。社会生产实际需求是高等人才培养的价值目标和动力。高校必须立足现实,在理性分析自身优势与不足的基础上,充分了解市场的需求与变化,进行教学内容的合理变化与调整。另外,师资队伍建设是关系人才培养质量的重要环节,高校在引进高学历理论人才的同时要引导他们关注生产实践的基本知识,同时引进一些具有专业技能的人才,实现校企互通、专兼结合。

第三,强化校企文化融合,营造协同创新的软环境。文化和价值观的一致与契合是协同的基础。一方面,高校要把企业文化的精髓适当引入校内人才培养环节中;另一方面,企业也要将以人为本、明礼诚信等教育核心价值观充分吸收内化,释放在校外人才培养过程中,两者相辅相成,形成校企协同创新

---

① 吴如涛、朱扬、陶辉:《创新创业人才协同培养模式推动的高校实践教学改革研究——基于 X 高校校企合作的实践教学改革探索》,《湖北开放职业学院学报》2019 年第 7 期。

的强大合力。

第四，打造与实施科学合理、富有时效的创新人才培养方案。"高校应结合城市特色，利用城市资源，走特色发展和差异化竞争之路。高校的科研不应是闭门造车，而是应该充分考虑市场的需求，在科研立项时应对其社会实用性进行有效的评估。对教师和科研人员的评价体系和科研经费报销方面应进行一次积极的调整，建立一个专门的评估和审核机构，减少行政干预，在科研活动及其成果的指标上抽象出科研规模、科研潜力和科研水平评价指标，从三个不同侧面综合反映评价对象，从而形成了一个高校教师科研评价的综合指标集。"①校企协同创新的核心是人才培养方案的确立与实施。人才培养方案主要包括培养目标、培养模式、课程设置、考核评价机制等方面。通过人才培养计划的制订和人才培养内容实施等环节步骤，探索和完善符合协同培养本质特点和客观规律的教育教学手段。

党的十九大提出，我国已由高速增长的经济阶段转向了高质量发展的经济阶段。当下我们不仅处在转变发展方式、优化经济结构、转换增长动力的攻关期，也处在创新型人才培育的关键时期。这两个关键时期对我国商科院校法学教育事业提出了更高的要求。"在社会发展历史上，大学推动城市发展，促进社会进步的案例不胜枚举，比如美国的硅谷，北京的中关村等，这些都是成功的典范。因此，分析大学、政府、企业在合作中存在的问题，并探索解决这些问题的解决办法，对推动三方联动，推动高校教育改革发展具有重要的现实意义。"②以协同创新和产教融合为理念的校企协同创新机制，能够实现科研、教学、应用转化之间平衡发展，为新时期中国特色社会主义事业培养合格的建设者和可靠的接班人。校企协同创新人才培养的广泛开展，将有力推动我国高等教育教学改革，也必将成为中华民族伟大复兴中国梦实现的重要助力。

---

① 靳云全、王攀：《高校教师科研评价存在的问题及对策探析》，《科技与管理》2007 年第 4 期。
② 王凯、郭晨涛、朱秀民：《京津冀协同发展战略下域内校企创新体系的构建》，《内蒙古科技与经济》2019 年第 2 期。

四、天津商业大学法学院商事法治协同创新中心的建设与实践

（一）确立目标，明确导向

天津商业大学法学院商事法治协同创新中心的建设使命是根据商事法律制度建设的迫切需求，依托党和国家的政策优势、中心的人才优势，以强强联合、优势互补、资源共享、互利共赢为原则，扎实开展商事法律制度和法治发展的基础和应用研究，努力构建公正透明的市场规则体系，为营建法治化的商事环境提供智力支持。

具体而言，天津商业大学法学院商事法治协同创新中心的发展目标包括以下几方面。

第一，以提升商事法律质量为目标，以提升和改善法治化的商事发展环境为方向，围绕商事法律制度创新这一主题，形成一系列科研成果。科研单位与企业共同申报高水平的科研项目，承担商事法治发展的系列课题，形成有影响力的协同创新成果。通过科研合作，形成数个具有较为稳定研究方向的创新团队，长期开展协同创新研究。

第二，发挥学科协同、校企协同的综合效应，建设成跨越理论法学和部门法学、法学院校与政府机关、法学院校与企事业单位的研究平台；积极整合国内外有影响力的科研、产业及经济社会资源，吸引国内外有影响力的高水平法治人才，加强法学教育科研人才队伍建设，快速提升中心研究成果的质量和社会影响力。推进"法商相融"的商事法学学科及人才培养机制的深度发展，使"商事法律文明与法治发展"成为国内学术界和实务界普遍关注的重要研究领域。

第三，创新法治人才培养机制，以地方经济发展需求为主要目标，大力培养具有较高理论素养、较强实践技能的"法商相融"的商事法律人才。联合各协同单位的师资力量、硬件设施和社会资源，实现校际间师资、学术交流的常态化和规范化。采取多种策略改进学生培养模式，加强课程建设和实训基地建设，打造"商事法律文明与法治发展"系列精品课程和公开课程，大力推进"法商相融"的人才培养机制改革，将商学素养与法学专业能力结合、知识学习与法律实践能力并重、诚信做人与创新能力兼备的复合型创业型应用人才作为中心人才培养的根本目标。立足地方，面向全国，为经济建设和法治发展提供人才和智力支持。

第四,形成校际合作、校企合作、校政合作的政、产、学、研、用一体化长效发展机制,为国家和地方经济社会发展服务。中心通过搭建学科平台、整合创新团队,瞄准商事法律文明与法治发展的前沿科学问题,扎实开展中国文化背景下的商事法律基础理论和应用研究,加快科研成果的转化,使相关科研成果具有较高的经济社会效益。在政府职能机构的关心和指导下获得政策和项目支持,从而支撑和引领地方经济和法治的发展。在中心发展的基础上,进一步建设成可以为地方和国家法治发展提供有效政策建议的高水平智库。

(二)整合资源,建立体制

天津商业大学法学院商事法治协同创新中心通过整合学校和企业的优势资源,建立了一系列校企合作协同创新管理及运行体制。

天津商业大学法学院商事法治协同创新中心以相关商科院校为牵头高校及主要协同单位,联合政府商务、法治相关部门及重点企业,创建商事法律文明与法治发展协同创新体。下设协同创新中心理事会、协同创新中心学术委员会、协同创新中心主任联席会议等机构。其中,协同创新中心理事会是中心最高决策机构,决定中心重大事项。协同创新中心学术委员会由具有较高学术造诣和学术声誉的委员组成,委员由协同创新中心理事会聘任;协同创新中心学术委员会是中心最高学术决策机构,负责中心科研规划、科研计划、指导监督研究项目的组织实施等事项。主任联席会议由中心主任(1 名)和副主任(若干名)组成,以定期会议的方式负责中心日常运行和管理事项的决策。

本中心是依托牵头高校和其他协同单位,但又相对独立的管理运行实体,具有相对独立的人事与管理自主权。在人才选聘、人事管理以及人员考核等方面拥有自主权。在财务管理方面,中心财务实行单独立账,专款专用。为了确保中心的正常运行,中心在牵头单位设立主平台,在其他协同单位设立分平台。在主平台下设综合行政办公室,在分平台下设立协同单位行政管理小组。综合行政办公室和协同单位行政管理小组,是中心行政事务的日常管理机构。

具体学术创新团队的组建则以项目负责制的方式进行。中心坚持"流动、开放"原则聘用研究人员。围绕商事法律文明与法治发展战略急需,根据中心的建设使命与发展目标,分别组建相关学术协同创新团队。确保每个学术协同创新团队有重大任务牵引,有具体部门和人员参与,有骨干研究创新力量,有明确工作计划与责任分工。中心根据协同创新的需要,结合中心实际情况,实施以岗位为基础、以任务为牵引、以目标管理为核心的人事管理制度,中心相对独立、分类聘任、分级考核、自主管理。所有科研项目均实行合同管理和项目团队带头人负责制。实施多重工作任务目标及绩效考核方式,以科学的薪酬分配规则和研究经费分配、使用规则,充分调动创新团队成员的工作主动性和积极性。

（三）完善机制,开拓渠道

1. 校际协同

本中心积极探索通过实行"三互"（导师互聘、学者互访、学分互认）、"三共"（共享课程、共用实验室、共同承担科研项目）等途径,充分释放人才、资本等创新要素活力,共同搭建创新人才培养大平台。通过校际协作培养,学生的知识结构、专业技能更加适于现实的商事环境。

2. 校政协同

本中心加强与政府职能部门合作,加强商事法律、法规和规章立法的合作研究,并积极对地方经济发展中面临的重大商事法律问题提出对策建议。此外,本中心与有关政府部门合作,开展法律法规的培训活动,提高政府官员对法律知识的了解和掌握。中心积极组织和承办各类专题讲座、研讨会等活动,积极邀请政府官员参加共同普及法律知识和法治理念活动。

3. 校企协同

本中心与重点企业密切合作,探索校企双赢合作机制。为企业提供高水平的专业法律服务和合作项目。例如,在企业商事合规管理方面,本中心与相关企业共同研究并提出了一些建议和方案,以提高企业商事纠纷解决的效率和公正性。在商事法律服务方面,中心为企业提供法律咨询、风险评估和合规指导等服务,帮助企业合规经营和法律风险管理。此外,本中心还与企业合作共建学生专业实践基地,培养学生过硬的商事法律实践能力。

法心融合特色课程思政建设：
以院本专业资源为例*

艾　娟①

教育部《高等学校课程思政建设指导纲要》指出："专业课程是课程思政建设的基本载体,要结合专业特点分类推进课程思政建设。"②这一要求从课程与专业两个角度对推进思政育人指明了思路。近年来,高校推进课程思政建设的主要发力点在专业课程方面,涌现出大量基于专业课程的思政研究与实践成果。比较来看,从专业视角分类推进课程思政建设的工作成效还不够突出。尤其是"四新"建设以来,专业人才应该具备的综合素养被赋予了更加丰富的时代内涵,由此,人才培养方案应该如何推进专业特色课程思政,如何助力实现时代所需的人才培养目标,如何积极地回应培养什么人、怎样培养人、为谁培养人等教育根本问题,是高校专业教育需要深刻思考的系列问题。本文正是基于以上思考,立足新文科建设背景,以法学专业为例,深入探讨法心融合特色课程思政的新思路与

＊ 天津市普通高等学校本科教学改革与质量建设研究计划项目："新文科背景下基于'法心互通'专业特色推进课程思政建设的研究与实践"（B231006910）阶段性成果。
① 艾娟,女,社会学博士,天津商业大学法学院教授,主要研究领域为社会心理。
② 教育部:《高等学校课程思政建设指导纲要》,http://www.moe.gov.cn/srcsite/A08/s7056/202006/t20200603_462437.html。

新做法。

一、法心融合特色课程思政建设的价值

法心融合中的"法心"指的是法学与心理学两个学科。为什么要将法心进行融合，并以此作为推进专业特色课程思政的重要思路呢？法心融合的依据与价值何在？

第一，法心融合特色课程思政积极契合新时代法学教育的人才培养要求。2023 年，中共中央办公厅、国务院办公厅印发的《关于加强新时代法学教育和法学理论研究的意见》指出："加快完善法学教育体系，要推进法学和经济学、社会学、政治学、心理学、统计学、管理学、人类学、网络工程以及自然科学等学科交叉融合发展，培养高质量复合型法治人才。"[①]这一论述为法学专业与哪个学科可以或者可能进行融合发展指明了方向。相比其他学科，心理学更加注重对人性观的养成，强调对健康人格、积极心态、良好道德的培养，这为推进法学与心理学的育人融合提供了依据。因此，作为新文科的法学专业，加强与心理学专业的融合互通，将有助于培养德才兼备的高素质法治人才。

第二，法心融合特色课程思政是新时代法学人才培养理念的新突破。目前法学专业课程思政建设多数聚焦法学专业课程，以挖掘法学课程的思政元素为主。但在大思政格局建设理念的引领下，这种局限于本学科育人的理念过于传统和保守，对于培养复合应用、德法兼修的专业人才还缺少有力的支撑。因此，在开展法学专业课程思政建设、充分利用法学专业课程思政育人的同时，还要将法学专业的人才培养目标放在更大的时代、国家与社会背景下，加强法学与诸多学科比如心理学的融合，建立更高层次的"法学＋"特色课程思政，打通法学与相关学科的价值育人藩篱，为培养全面发展的法学专业人才注入新的动力。

第三，法心融合特色课程思政是法学职业价值观培养的有力助推。法学教育作为培养法律人才的重要途径，其目标不仅是传授法律专业知识和技能，培养学生的法律素养、逻辑思维和问题解决能力，还要注重学生的心理素质和道德品

---

① 中共中央办公厅等：《关于加强新时代法学教育和法学理论研究的意见》，http://m.moe.gov.cn/jyb_xxgk/moe_1777/moe_1778/202302/t20230227_1047943.html。

质的培养。从课程思政的视角来看,法心融合育人可以发挥两个学科的优势力量,为养成学生良好的职业价值观提供保障。比如,法心融合课程思政更加强调培养学生的社会责任感、公民意识与道德品质等,促进学生在心理层面深入理解和践行社会主义核心价值观,形成健康的思想观念和道德情操,帮助学生在实践中坚守职业道德,维护社会公正,这对于学生未来的法律职业生涯发展具有重要的意义。

第四,法心融合特色课程思政能够提升法学人才的积极心理素养。"法学专业课程育人应当致力于培养学生获得健全的积极的人格……从积极心理学出发,可以整合法学专业课程育人目标,培养学生从事法律职业密切相关的核心能力和素养,具备获得有意义、幸福人生的能力。"①因此,未来的法律职业人需要具备良好的心理素养。法心融合课程思政就是要更加关注学生的内心世界、行为动机与人际关系,促进他们深刻了解人性与道德心理特点,不但能够更好地了解自己的心理状态,学会调节情绪、处理人际关系,也能够提升积极的人际交往能力、情绪管理能力,从而在面对压力时更加从容和自信。重要的是,这种心理素质的提升有助于学生在未来职业发展中保持积极的心态,更好地应对各种挑战。

二、法心融合特色课程思政建设的挑战

法心融合特色课程思政作为法学人才培养的一种新思路,对法学专业人才培养具有重要的作用。但是,在实际的法学人才培养的过程中,可能因为没有现成的经验可以借鉴,理想和现实之间出现脱节,致使在育人过程中不能推动法心特色课程思政真正落地。总体来看,在法学专业教育教学体系中推进这一特色课程思政建设存在着三个重要的挑战。

第一,建构法心融合人才培养理念与课程体系的挑战。法心融合课程体系如何建构的更加合理?应该融入哪些心理学课程,或者说应该如何融入?如何有效发挥这些课程对人才培养的助推功效?这一系列问题是法心融合课程思政建设必须思考的问题,也是一个最具有挑战性、实践性的问题。因为建构法心融合特色的课程体系彰显的是人才培养理念以及人才培养目标,展现的是对法学

---

① 马哲:《积极心理学在法学专业课程育人中的应用》,《焦作大学学报》2023 年第 2 期。

人才素养的核心定位以及规划架构。因此,从这个意义上讲,构建融合特色的人才培养理念、建构科学合理的课程体系,是推进法心融合课程思政育人工作,实现心理学课程有机融入法学课程体系、发挥思政育人价值的关键挑战。

第二,来自专业师资队伍的各种限制。一是教师在理念上的困惑,大家普遍认为法学专业课程的思政育人元素已经非常丰富,再融入心理学的特色思政育人就显得多余且没有必要。二是知识上的短板,法学专业教师对心理学知识和技能的缺乏,导致其自身无法有效开展融合性的特色课程思政教学。三是复合型师资不足,同时具备法学、心理学背景的师资力量相对匮乏,这种能力不足影响了深度融合的效果。以上师资队伍出现的三方面问题某种程度上严重制约了融合特色课程思政的实施。众所周知,课程思政需要依托具体的课程展开,课程实施主要依靠教师,如果专业教师不能在教学理念与教学过程中认清法心融合育人的价值,无法在教学知识与能力上做到得心应手、游刃有余,那么法心融合的课程思政人工作就很可能变得被动和浅尝辄止,无法有效实现融合育人的最终目的。

第三,专业学生对法心融合存在一定的认知偏差。他们最可能出现的情况是对法学专业课程体系融入心理学课程的认知度和接受度均不高,无论从专业素质的养成还是个体全面发展方面都认为两者没有直接的关系。尤其是对于高年级的学生而言,他们如果不能主动从法心融合的特色教学中汲取积极知识和技能,以帮助专业成长和个人发展,就很容易导致学习主动性与参与性不高。进一步讲,学生们可能并不能全面认识到这些素质尤其是心理素质对于自己未来职业发展的重要性。"对于法学专业人才来讲,政治素质、专业素质、心理素质、文化素质和身体素质是必须具备的基本素质,其中的心理素质是法学专业人才素质结构中的重要组成部分,尤其是警察、法官、检察官等司法和执法人员,良好的心理素质是必须具备的重要素质之一。"[①]这种认知偏差阻碍了学生对法心融合课程育人的获得感。

三、法心融合特色课程思政的实践探索——以院本专业资源为例

如何有效推进法心融合特色课程思政建设呢? 接下来,笔者将以所在学院

---

① 刘邦惠:《论法学人才心理素质的培养》,《中国法学教育研究》2013 年第 4 期。

的专业资源为例,坚持院本思政资源的创新思路,对法心融合特色课程思政的实践探索进行深入阐述,以期通过介绍法心融合建设方面的积极经验,为专业特色课程思政建设提供借鉴。

(一)构建法心融合专业人才培养理念

笔者所在学院内设法学与心理学两个专业,在师资与课程方面具有法心融合的独特优势。在新文科建设背景下,学院以高质量法学专业人才所具备的价值素养为目标引领,探索如何促进人才特色发展。从专业发展来看,法心融合特色主要是立足法学专业课程体系,完整构建法学专业的知识基础,同时力图超越传统法学专业课程体系,突出法心互通的特色发展,扩宽新时代法学人才知识、能力与价值体系。当然,这一人才培养理念的构建也具有社会实践依据。在法治建设过程中,人们对社会心态以及社会情感的关注日益凸显,注重心理疏导与心理建设,社会心态的健康与良好的心理素质是让每一个人都能体会到公平正义感的心理保障。因此,在院本专业资源的基础上,法心融合的育人理念契合时代人才培养的要求。

(二)落实法心融合专业课程建设

第一,根据法心融合特色明确课程建设路径。在人才培养方案中,除了心理健康教育的通识课程之外,法学专业还增加了系统性的法律心理实务特色课程组,开设法律心理学、犯罪心理学、司法心理学等课程。同时,在法学专业课程思政中丰富传统法学课程建设思政元素育人的多元性,强调人性观、诉讼审判心理等思政育人效用的充分发挥。借助"通识课＋特色课程组＋专业课程思政"的方式,全面提升法学人才的知识结构、价值素养与道德水平。重要的是,充分发挥特色课程组在专业人才知识、能力、心理、道德以及价值养成方面的积极作用,利用特色课程组助力实现法学人才的培养。

第二,对课程进行法心融合特色教学方式改革。创新专业课程教学设计,采用多样化的教学方法提高法心融合思政育人的效果。有学者指出:"作为实践性较强的法学类专业,在课程思政的建设过程中应积极开展模拟法庭、组织旁听法庭现场等实践活动,充分调动学生积极加入学习体验过程中。"①因此,法心融合特色课程思政的教学创新体现在:强调体验教学,以提升学生的积极心理素养,增强职业认同感。比如,诉讼法课程中的模拟审判实践教学,采用知识、技能等与情绪管理相结合的方式,让学生在司法案例中体验情绪管理与情绪健康的重要性。再如,法律心理学、犯罪心理学、司法心理学等课程选取涉及心理因素的经典法律案例进行分析,体验人性的善恶、道德的美丑、价值的对错、行为的自控、心智的特点等,进而培养学生的健康人性观与价值观。再如,在谈判心理学课程中,通过角色扮演、小组讨论等方式模拟真实的法律场景,锻炼学生的批判性思维和问题解决能力。

第三,构建法心融合的特色实践模式,实现"课上 + 课下""校内 + 校外"的全面思政效果。比如,在法院实习时引导学生关注家事审判活动中的心理特征,结合实践案例深入体验家事案例中的心理难点;在检察院实习时,关注罪错未成年人的心理,对接社区与学校深入开展特殊青少年的辅导与教育工作。通过专业实习实践、社会服务等,在锻炼学生专业能力的同时强调关注当事人的心理特点,在学以致用服务社会的同时强调自身健康人格与道德品质的养成。如此,法心融合在实践中实现了专业人才"德法心"素养的全面提升。

(三)优化法心融合专业师资力量

教师承担着知识传授与能力培养、引领以及化人的重要使命。要强调教师作为课程内容与授课方式的执行者,作为课程设计者、组织者、传授者、引导者、支持者等诸多角色育人功能的高度期望与积极肯定。为了更好地落实法心融合的专业育人理念,院本师资资源的充分利用可以解决目前师资中认识不深刻、专业背景不符合、融合积极性不高的问题。

第一,加强融合性师资队伍建设。选取部分法学与心理学专业的教师组成法律心理教学团队。一是借助教学团队加强教学研讨,通过组织现有两个专业背景的教师进行跨学科的交流,提供学科知识的有效支持,提高教师队伍的跨学

---

① 张芳、赵骏:《立德树人视角下高校法学专业课程思政建设路径探析》,《成都师范学院学报》2023年第12期。

科素养。二是教学团队中的教师共同制订跨学科的教学计划和课程大纲,充分尊重学情特点,掌握学生的发展需求,解决法心融合课程的教学重点与难点。

第二,优化教学资源配置,加大对法学与心理学融合教学的投入,建设开发使用部分必要的教学资源,如教材、实验教学设施、教学软件等,确保教学顺利进行。

第三,建立跨学科的科学研究合作机制,加强法学与心理学之间的交叉研究,共同推进融合科研的深入发展,科研反哺教学,在学科复合的大背景下提升融合性课程的质量。

（四）构建法心融合育人评价体系

针对法心融合的育人理念以及具体的育人实践,学院构建了三维评价体系。具体来讲,一是考察育人成果,充分考察法心融合特色的课程建设、教学团队、科研合作、实习实践、竞赛项目、就业考研等成果;二是对教师与学生的体验进行调研与反馈,考察人才培养方案的落实执行与实际获得感;三是对用人单位进行走访,及时收集反馈意见,考察法心融合的职业技能与价值养成等。可以说,三维评价体系全面促进专业育人思路与实践的不断优化与发展,确保法心融合特色课程思政的育人成效。

四、结语

简言之,法心融合特色课程思政是基于院本专业资源的新探索。虽然在实际推动过程中,法心融合面临着诸多挑战,但立足院本资源的相互助力,通过构建课程体系、加强师资培训、跨学科合作等,实现了法律专业知识、良好心理素质和道德品质的法学人才培养目标。期望法心融合特色课程思政能够启发法学专业特色课程思政的广泛开展,探索如何融合更多的学科,以实现法学人才素养的全面提升。

"民法总论"课程
沉浸式案例体验教学创新研究*

吕姝洁①

一、"民法总论"课程概述

"民法总论"课程不仅是专业基础课,还是商法、物权法、债法等专业核心课程的先修课,为学习其他学科夯实理论基础。同时,课程涉及实习实训部分能够引导学生综合运用学习能力、逻辑思维能力以及应变能力等来解决实际问题。结合法学以及特色学科群来培养学生的创新能力,提高核心竞争力。从民法体系来看,民法总则不仅是整个民法学的基础,而且是整个现代法制的基础。从学生培养的角度来看,民法总则课程的学习是帮助学生建立法学思维、唤醒学习兴趣、丰富实践经验的基础课程。总的来说,"民法总论"课程的影响力贯穿法学人才培养的全过程。

---

* 天津商业大学"商事法律实践教学团队"（23JXTD0202）阶段性成果,天津商业大学"企业法律实务教学团队"（24JXTD0103）阶段性成果。

① 吕姝洁,女,法学博士,天津商业大学法学院副教授,主要研究领域为侵权理论与实务。

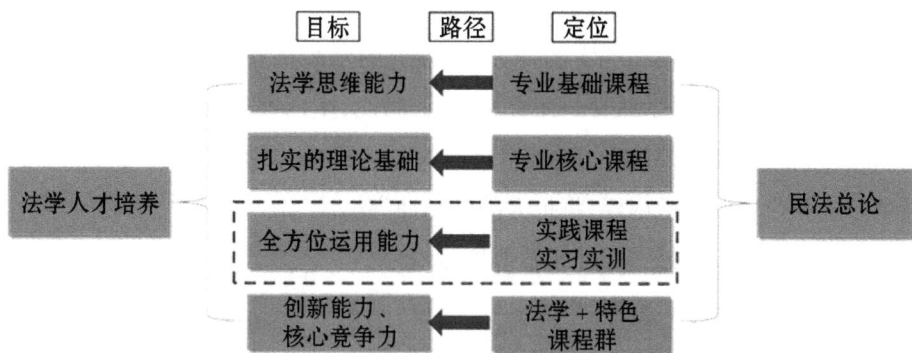

图1　课程体系定位

二、课程教学痛点与需求

（一）被动向主动过渡的挑战：教学方法的单一

理论讲授为主的教学方式系教师单方输出，学生的参与度不高，积极性不强，容易导致学习效果的两极分化。学生在课堂上被动接受知识，无法主动思考，学生没有获得感，进而导致学习兴趣减退。学生在学习过程中往往会面临努力与成绩不成正比，或者成绩优异但运用到实践中就有些力不从心，进而无法适应法律职业，最终使得培养具有主动思辨能力的学生的目标落空。然而没有主动教学就没有主动思辨，想要带动学生主动展开思辨就需要教师设计有效的教学方式。

（二）素养与职业需求的矛盾：培养目标的偏离

法律职业与法学教育之间的脱节成为法学教育面临的重要问题。在民法学教学中，民法人应有的悲天悯人的情怀、感同身受的情感和处理多元利益关系的能力等，亦无法在以理论知识教授为主的课程中体现出来。以理论为主的教学中，无法将案件背后的利益纠葛、利益诉求、人文因素、道德因素等与民法学理论知识有机结合，导致培养的人才与现实的人才需求脱节，最终是人才培养目标的偏离与法学教育的"失落"。

（三）理想与现实的冲突：理论与实践的脱节

大一学生阅历不足、基础薄弱，面对热点案例存在困惑在所难免。真实案件中的情感纠葛、法律冲突等，使学生在理想与现实中纠结，无法将理论知识与复杂案件有效对接,往往会按照自我朴素的正义感从而想当然地得出结论。这样一来便会产生学生理想和现实的冲突,而冲突的延续将导致学生学习兴趣的减弱、漠视课堂与质疑法学教育。而民法本就与社会生活密切相关,若学生无法识别和感知到理论知识的应用价值,难免会失去对民法的学习兴趣。如无有效的教学方式和合理的教学内容,将扩大隔阂与冲突。

三、问题的解决思路:沉浸式案例体验

(一)激发学生的人文精神

学生刚开始学习民法时,需要合理设置课程内容,寓学于乐,引导学生从"看热闹"到"学门道",培养法律人的人文精神。民法的人文关怀具有深刻的社会与历史渊源,民法的最高目标就是服务于人格的尊严和人格的发展。①无论是法学研究还是法律职业,都从以人为本出发。案件背后是原告、被告等各方当事人对法律的理解与社会生活的感悟,是不同当事人的利益纠葛,是法律对社会关系的调整,仅以"第三人"身份观察法律运行,无法感受真实案件中的"温度",更无法全面发挥法律人的"专业度"。课程通过场景设定,让学生真实体会法律的运行、社会的运作。沉浸式案例体验基于案件场景再现,聚集社会矛盾,探索法律在社会发展中的作用。职业法律人应当具备过硬的理论基础以及从容应对复杂案情的应变能力。一方面,理论知识的讲授能够帮助学生夯实理论基础;另一方面,沉浸式案例体验能够潜移默化地提升学生的综合能力。二者相辅相成,保证学生能够成为既专业又有温度的法律人。

(二)夯实学生的理论知识

民法总论的理论学习不仅要求学生对民法的体系、原则、制度价值有较为清晰的认识,同时还要掌握大量的专业术语。对法学大一新生来说,要理解、记忆许多专业概念、术语有相当的难度,沉浸式案例体验能够使学生迅速进入角色,迸发思维花火、洞察现实问题,培养多角度思考的创新能力以及共情能力。在学以致用中更能深刻理解和掌握理论知识,扎实理论基础,为后续其他学科的学习打下坚实的基础。学生切实感受民法的真实"触感",在课堂中实现"原理—实

---

① 王利明:《民法的人文关怀》,《中国社会科学》2011 年第 4 期。

践"场域的转换,益于学生形成法治认知与法治思维,成为人民权益的"守护者"。

（三）锻炼学生的专业能力

案件是当事人的一次人生历练,是一次利益纷争的解决过程,是一次知识的提炼与升华。基础知识可以用讲课的方式传授,但是专业能力只能从实践中学习。[①] 沉浸式案例体验教学方式,虚拟各种场景,协助学生完成各种人生体验,在真情实感中锻炼能力。帮助学生建立理论框架,体会理论的深度和广度,培养学生的写作能力、表达能力以及思辨能力。同时真实的案件能够直观地让还未步入社会的学生体味人间百态,开阔眼界,丰富社会阅历,为今后的就业提前预演。

（四）引导不同学生确定职业方向

职业教育是法学人才培养中不可或缺的一环,希望学生能够找到自己未来的职业理想,做到学校与职场完美衔接。法律职业种类繁多,沉浸式体验能够实现在个案中逐渐深入认识自我,有利于确定职业方向,实现因材施教。法律职业除需要法律人有深厚的理论知识,不同的法律职业还需要具备不同的职业素养,如律师的共情能力、法官的中立态度等。而学生的性格因素、成长背景及知识储备等,决定其难以适合全部法律职业。沉浸式体验能够涉及不同的职业角色,提前让学生体验不同的法律职业,帮助学生尽早确立职业方向。

四、问题的解决举措

学生最大的不足在于缺乏解决实践问题的能力。以知识点为主线,辅以案例解读的教学模式,无法使学生产生共情能力,不能全方位提升学生的专业能力。"沉浸式体验"的教学模式,以"知识点"为框架,以"案件"为桥梁,在案件实操中帮助学生构建知识体系、发掘自身潜力。

（一）教学目标明确:个案体验中实现能力提升

新文科是对人才定位和培养导向的一种调适。[②] 在新文科建设的时代背景下,课堂教学目标的设定指引着教育前进的方向。对于法学教育而言,更应该培养学生像法律人那样思考,增强其对某一领域可能法律后果的敏感、理解力和预

[①]　葛云松:《法学教育的理想》,《中外法学》2014 年第 2 期。
[②]　冯果:《新理念与法学教育创新》,《中国大学教学》2019 年第 10 期。

判力,能根据对众多可能后果的权衡和预判来重新理解和解释法律,回答和解决社会交给法律人的问题。① 我们不仅要夯实学生的理论知识基础,更要致力于培养学生的职业综合能力,并不断反思并改进教学方法,让这两者相互促进、共同提升,使之更适应新时代的教育需求。

为此,我们需要重视学生的道德情感、职业态度与价值观的培养。法律不只是规则与条文的堆砌,更是社会公平正义的捍卫者。因此,在传授法律知识的同时,我们更要引导学生树立法济天下的情感,培养学生理性思考的能力,以及深厚的人文精神,让他们不仅成为法律的执行者,更成为社会的守护者。同时,在科技快速发展,尤其是大数据、人工智能等技术层出不穷的当下,民法总则的课程内容要与时俱进,紧密结合新技术所引发的法律问题才能应对前所未有的挑战和机遇。学生在掌握传统法律知识时,对新兴法律问题有所了解和思考,因此要引导学生用所学知识解决新问题。这样才能够增强他们的法律素养,为他们未来的职业发展打开更广阔的空间。除此之外,还可以鼓励学生进行跨学科学习,帮助学生发现学科之间的联系,并辩证地思考学科之间的联系。新文科教育新在"交叉融合",要求"新文科"突破"小文科"思维,构建"大文科"视野。② 法学作为社会科学的一部分,培养学生的跨学科思维,能让他们在瞬息万变的法律实操领域获得更好的发展。

(二)教学内容重构:"沉浸式案例体验+知识点讲授"

根据课程内容引入典型案件,通过课前分组(角色定位、案情研读)、课中讨论(争议焦点分析、对抗式讨论)、课后总结(法律文书撰写、案件反思),以沉浸式体验的方式,从不同视角分析案例、运用理论知识。在丰富的个案体验中与当事人产生"利益共鸣",将法律知识与案件"完美融合"。课程组遵照"马工程民法教材"体系,定期发布雨课堂预习课件,进行课堂知识点串讲、习题演练,促使学生按要求学习、按计划学习,通过主动式学习"确保学生整体的学习效果"。

---

① 苏力:《法律人思维?》,《北大法律评论》2013 年第 2 期。
② 徐飞:《新文科建设:"新"从何来,通往何方》,《光明日报》2021 年 3 月 20 日。

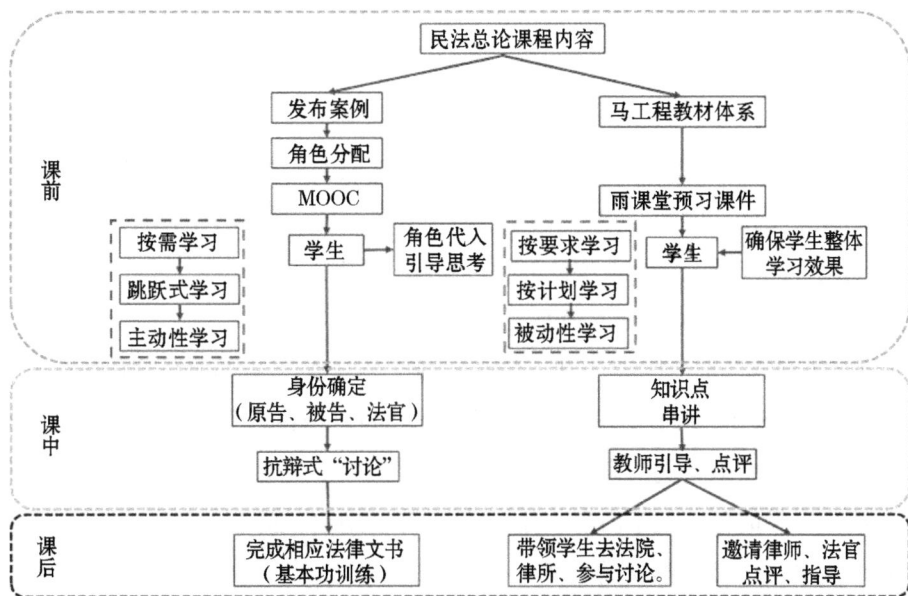

图2　知识传授与实践演练相融合的课程体系

1. 课前：角色分配与慕课

以案例为媒介,引导学生主动踏上"万里长征第一步"。将案例提前引入,让学生代入角色、换位思考,根据课前的角色分配做好相应的准备工作。通过雨课堂发布预习任务,针对课程需要掌握的知识内容提出导读问题,让学生带着问题阅读"马工程教材",以便达到主动学习的目的。另外,学生要根据自己的角色做好资料查询、文书撰写等工作,为课堂发言做准备。在这一过程中学生以利益诉求者、裁判者等不同角色的视角思考民法问题,在感同身受中激发学生运用民法维护权益的意识。同时结合慕课(MOOC),使学生在初步了解相关理论知识的前提下,能够在具体案件发现问题、思考问题,并探究解决路径。

2. 课中：不同法律人的民法思维逻辑

当法律人无法感受真实案件中的悲欢离合时,其所运用的法律便是冰冷的。在进行课程改革时,传授学生必备的法学知识,并积极构建真实场景,使得知识与具体场景相结合,带领学生亲临其境,既夯实了民法理论的知识体系,也规范了民事法律的思维模式。在课中,学生扮演课前分配好的角色,采取"抗辩式"讨论;教师进行知识点的串讲,帮助学生抓取案例中的知识点,并对讨论的情况进行点评。在学生讨论的过程中,教师要敏锐地发现学生的知识漏洞以及逻辑问题。当出现较严重的思路偏离时,应当及时制止并以巧妙且容易理解的方式引导学生回到正确的思考方式。将讲授、实践以及收获反馈在课堂中联动起来,使学生摆脱被动接受的桎梏,激发其在学习中自主探究的意识,充分利用沉浸式案例体验教学提高学生的职业实践能力,培养法学应用型人才。

3. 课后:法律人综合素养的提升

在"沉浸式体验"中,学生从"旁观者"到"参与者",从不同视角认识法律的运作过程,实现了"课本知识"到"专业能力"的有机转换。其一,借助课程组建设的包含 500 余道案例的案例库和案例教材,检验学生对知识的掌握程度,并根据课程效果及时修正教学内容。其二,针对课堂中出现的实务问题,指导学生完成法律文书写作等基本功的训练。高素质的法治人才培养,不仅要靠高校的力量和资源,还必须紧紧把握协同育人这一强有力的杠杆。① 依托法学教学实践资源,邀请法律从业者对学生的法律文书以及现场发言的表现进行点评,同时可以在课后带领学生去法院、律所等工作单位参观。转换法律思维的应用场域,引导学生接轨司法实践,完成"原理—应用"场域的转换。课堂组将教学课堂不断延伸至律所、法院、法律援助中心、社区等,通过丰富的课后实践活动,培养法律人的职业感,在实践中体味职业伦理。

(三)教学方法创新:"学生个案参与 + 信息化转场"

案件能够激发学生的兴趣,若学生不深度参与到案例中就无法对不同角色换位思考。要使学生最终成为权利的"守卫者",必须真正还原、模拟法律实践场景,让学生有身临其境的体验感。

1. "参与者":还原案件审理全过程

传统的理论讲授教学是以"法"展开的,而沉浸式案例体验将重心转移到"人",将抽象晦涩的知识具化成真实鲜活的案例。学生参与案件审理全过程,在案件中思考纠纷解决的策略,同时捕捉到要掌握的知识点。换位思考是沉浸式

---

① 郜占川:《新时代卓越法治人才培养之道与术》,《政法论坛》2019 年第 2 期。

教学的关键,需要实现学生的"全员参与""深度参与",以角色代入的方式,由各学生分别从原告、被告、法官等角色切入分析案件,从庭前到庭审再到庭后反思,使所有的学生从案件中体会法律人的"多元职业感",并润物细无声地掌握知识要点。

2. 信息化教学实现"课本"向"实践"的即时转场

"信息化教学"使"课本"向"实践"的转场变得快捷,互联网在一定程度上缓解了线上实践教学的压力。课程组成员以自身实践经验,依托学院优渥的学术资源,通过腾讯会议等平台与律师、法院等实务部门建立有效沟通,利用信息化手段搭建"双师课堂",为学生提供既具备学术研究能力又具备实践经验的师资队伍,尽可能为学生提供更多的实践机会。在学生参与实践的过程中,课程组成员能依据学情数据"因材施教"。

(四)教学活动丰富:沉浸式多元场域的搭建

司法实践场景的多变,需要法律人能"周旋"于各种场域,实践活动常受制于各种因素,而沉浸式案例教学可以让学生体验不同的"人生"。例如,举办模拟法庭,让学生体会庭审活动的过程,在巩固民法总则理论知识的同时渗透程序法的相关知识内容。在这一过程中,引导学生在不同角色和立场下思考问题,并积极鼓励学生参加模拟法庭大赛。课程还会涉及商业谈判、法律援助、普法宣传等场景,带领学生领略法学作为应用学科的魅力。课程结合不同章节的教学目标与知识特点,搭建多元的实践场景,打通理论知识学习与实践活动的壁垒。

(五)教学评价多元:"生生互评 + 师生互评"

课程组设计了沉浸式体验规则,有效解决了传统小组讨论"打酱油"学生的参与度不高、考核不合理等难题;在小组内部评级、雨课堂答题等细节设置上,也充分考虑了各种身份的特征与权责。这既体现了过程性考核的科学性与公平性,也使得学生充分领略民法"规则之治"的魅力,从而增强了专业的认可度。

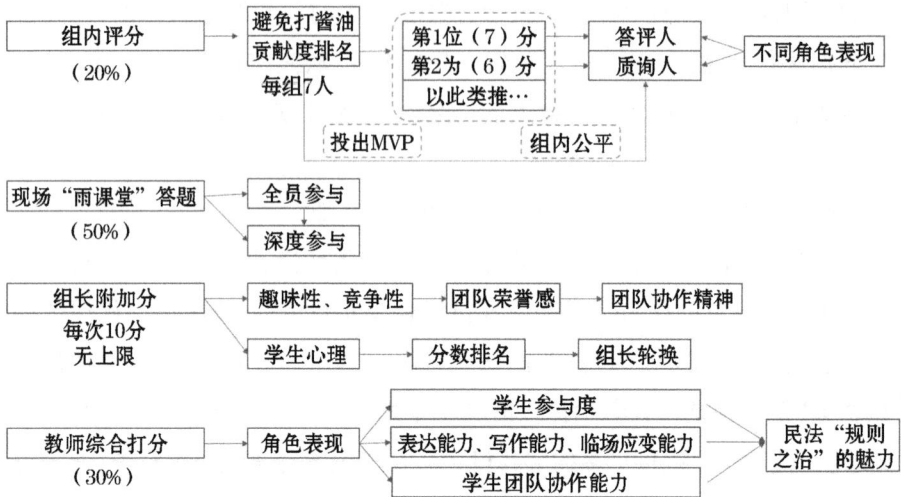

图3 规则之治

（六）课程思政改革：保持法律人的"阳光"

1.沉浸式案例体验：法学到思政的"黏合剂"

在课程教学中课程组坚持以马克思主义为指导，引导学生了解法学专业及法律职业的相关政策与制度，培养学生成为"阳光"的法律人，帮助学生坚定"制度自信"。课程组以案例为载体，通过"沉浸式体验"将冲突、矛盾内化，实现感同身受，引导其理性地做出判断。过硬的知识储备是应对案件的基础，而良好的共情能力、正确的价值判断是"温情"的法律人所必备的。在课程设计上，让学生初步认识法学与社会生活的关系，逐步将自己的人生目标与学习法学相结合。让学生意识到法学是一门神圣的学科，叩开法学的大门便要将捍卫法律尊严作为己任。追求公平正义，维护个人的自由尊严，促进社会和谐发展，鼓励学生将自己的学业与家乡、国家民族的命运紧密结合，在专业学习中树立为社会主义法治建设贡献力量的信心与决心。

2."沉浸式体验"：课内到课外的"中转站"

课程思政改革需要遵循法学教学规律，完成课内到课外场域的转换。在课内通过沉浸式案例体验培养法律人的制度自信，由课内的案例体验与案例预演衔接到课外的社会大舞台初体验与法律事务参与，进而在课外完成文化自信的培养。《高等学校课程思政建设指导纲要》指出,要培养学生"经世济民、诚信服务、德法兼修的职业素养",牢牢把握立德树人、德才兼备的教学理念。将法学教育的品格养成和技术训练同时推进,让学生在沉浸式案例体验中找到作为法律人的社会责任感,增强学生的应变能力,让学生拥有面对复杂社会的勇气和决心。

五、结语

在"需求牵引,兴趣驱动"的教学改革理念下,课程组以沉浸式体验的方式,利用信息化教学手段,对"民法总论"课程持续进行了内容重构、方法创新以及课程思政改革。这种兴趣驱动的沉浸式教学模式为学生创设了不同的情境,让学生沉浸在虚拟的教学情境中,结合线上线下多样的现实场景的实践课程,让学生获得了民法学习的成就感。目前沉浸式教学模式已取得较为丰硕的成果,课程影响力不断扩大,教学模式被多所院校引入,教学效果也得到充分肯定。今后依托现有案例库、案例教材及慕课等前期积累,可以广泛运用于民法学的教学活动中,模式可推广性强。课程组相关教学经验也已通过跨专业、跨学校的"虚拟教研室"在专业以及校际之间进行交流与推广,为培养具有人文关怀、法律思维和解决法律问题能力的专业性法律人才提供优质的解决路径。

浅谈国际私法课程中的思政建设*

冯 洁①

　　国际私法是一个独立的法律部门，是人类社会发展到一定阶段的产物②，是在解决涉外纠纷时，当内外国民商事法律发生冲突的情况下，解决其法律适用的一门独立的法学学科。国际私法的学习旨在培养学生掌握国内外国际私法基本概念、理论和适用方法，理解不同国家法律适用背后的立法精神和价值取向，正确分析涉外民商事纠纷解决的法律冲突，进而对法律适用作出判断。法律冲突涉及不同国家法律规定的比较和学习，因此，比较的学习方法贯穿国际私法教学全过程。通过比较的方法，学生可以体会社会主义制度的优越性和理解社会主义法治建设的精髓，从法律冲突的角度加深对法律作为上层建筑服务于经济基础的作用的认识。"国之交，在于民相亲"③，从这方面讲，国际私法在课程思政建设与培养学生的爱国主义精神方面有着得天独厚的教学优势。

　　在课程思政背景下，根据习近平总书记在全国教育大会上强调"培养德智体美劳全面发展的社会主义建设者和接班人"的培养目标，国际私法课程组成员在

　　* 本文为 2022 年天津商业大学校级课程思政示范课程建设项目结课成果。
　　① 冯洁，女，天津商业大学法学院副教授，主要研究领域为国际法。
　　② 《国际私法学》编写组：《国际私法学》（第 1 版），高等教育出版社 2023 年版，第 1 页。
　　③ 《习近平谈治国理政》（第一卷），外文出版社 2018 年版，第 443 页。

课程的设置和教学过程中始终贯穿习近平总书记指出的"高校立身之本在于立德树人"这一关键,引导学生树立正确的价值判断和价值选择,在解决"培养什么人、怎样培养人、为谁培养人"的问题中充分认识"价值塑造、能力培养、知识传授"三者的辩证关系,将思想政治教育与国际私法的教学紧密结合。本文从教学目标和教学方式两方面浅谈国际私法课程中的思政建设。

一、教学目标

在教学目标方面,国际私法课程的理论教学目标为通过理论和实践教学对学生进行"基本理论、基本知识、基本技能"三大基础训练,要求学生掌握并运用法律手段解决现实中的国际私法法律问题,熟悉最新的涉外民商事法律规范,在掌握国际私法法律制度的基础上,选择典型、疑难案例,对诉讼实践中常见的疑难问题进行解析,养成在既定法律规范框架之内解决国际民商事争议问题的思维习惯。同时,围绕国际私法案例中的主要类型,选择有社会影响的案例进行专题式实验,充分利用模拟法庭的有利条件,熟悉国际私法的实践操作,在此过程中提高学生运用国际私法理论分析和解决实际问题的能力。

因此,在思政教学目标方面,国际私法课程力求达到如下目标①。

第一,辩证认识"价值塑造、能力培养、知识传授"在国际私法教学中的关系,培养体现时代精神、符合时代需要的法律人才。在三位一体的思政教学目标中,价值塑造是核心,具有方向指导作用,能力培养是工具,知识传授是根基。这三者中首先要强调价值塑造,之后是能力培养和知识传授。价值观是方向性问题,没有价值观支撑的高能力是"无本之木、无源之水",由错误价值观支撑的高能力,更与党和国家培养学生建设祖国的目的南辕北辙。然而,仅有一腔热血,没有扎实的知识储备和解决重重困难的能力,也犹如树苗没有养分、花朵没有雨水。围绕价值塑造的能力培养和知识传授相辅相成,培养高水平、高业务能力的社会主义接班人,需以高质量的知识传授为基础,这对授课老师提出了更新、更高的要求。

第二,将自尊自爱、爱党爱国的情怀融入课程讲授中。在讲授国际私法基本

---

① 目标顺序与其重要度之间无关联。

法律概念和理论的同时，不可只囿顾于表面表述，需要深挖其背后的理论价值和人文价值。我国对国际私法的研究起步较晚，其主要繁荣于中华人民共和国成立之后，并且由于当时历史的局限性，很多基本理论来源于国际同行研究。但我国国际私法的发展史可追溯至唐朝，在唐朝《永徽律·名例律》中有"诸化外人同类自相犯者，各依本俗法；异类相犯者，以法律论"的规定①，而欧洲直至 1756 年在《巴伐利亚》法典中才首次出现成文的冲突法规范。唐朝《永徽律·名例律》折射出的不仅是现代国际私法中冲突规范的立法雏形，更是我国历史上国运昌盛、雍容大度的大国风范。

历史发展自有其轨迹，中华民族在起起伏伏的千年路程中处在了百年不遇之大变革时期，中国国际私法的历史发展明确告诉我们，中国的国际私法发展尽管存在曲折和不足，但在中国共产党的带领下，在新中国成立后国际私法以及国际私法学均得到了长足的发展。国际私法教学同样要秉持发展和批判的态度，紧抓时代特征，通过教学思政，激发学生的民族自豪感和爱国主义情怀，为我国法治建设事业的发展添砖加瓦。

第三，将中国共产党人艰苦奋斗、不畏艰难的开国创新精神怀融入课程讲授中。继唐朝之后，宋、元、明几个后续朝代在解决法律冲突方面基本沿用了唐朝有关规定。然而，长达两千余年的封建专制统治阻碍了我国对外经济、文化交往的发展，中国的国际私法立法与理论自唐朝后一度落后于世界先进国家。这一时期欧洲国际私法处于学说林立、蓬勃发展时期。其中影响广泛的"胡伯三原则"提出了在尊重国家主权的基础上，出于"礼让"而适用外国法的著名理论。但是在鸦片战争之后，很多西方列强在中国取得了领事裁判权。"国际礼让"主义不仅未在我国国际私法的发展中出现丝毫踪迹，反而使清政府在列强的枪炮下与其签订了一系列丧权辱国条约。这些条约中虽然有类似法律适用的规定，但均排除了中国法的适用，中国的司法主权受到了极大的侵犯和破坏，国际私法在这一时期的发展也基本处于停滞状态。其间北洋军阀政府曾于 1918 年颁布中国历史上第一部国际私法立法《法律适用条例》，然而由于时局、战争等影响，该

---

① 《国际私法学》编写组：《国际私法学》（第 1 版），高等教育出版社 2023 年版，第 75 页。

法于实施不到 10 年即被暂准援用。

国际私法直至中华人民共和国成立后才取得稳定而繁荣的发展。新中国政府废除了包括《法律适用条例》在内的国民政府颁布的全部法律,开始逐步探索建立社会主义法律体系。尽管道路曲折,但至十一届三中全会之时国际私法的发展已初具规模。2010 年全国人大常委会通过了《中华人民共和国涉外民事关系法律适用法》①,最高院分别于 2012 年和 2023 年发布了《关于适用〈中华人民共和国涉外民事关系法律适用法〉若干问题的解释(一)》和《关于适用〈中华人民共和国涉外民事关系法律适用法〉若干问题的解释(二)》,中国的国际私法从此由散见式立法发展到专门立法阶段,研究也呈现百花齐放、百家争鸣的局面。通过对中国国际私法历史的讲解,目的是让同学们从国际私法以及国际私法学发展的视角感受中国共产党人披荆斩棘的奋斗精神,使同学们认识到中国国际私法发展的历史与国家命运紧密联系在一起的关系。中国共产党已成立百余年,青年学子更应该结合所学专业知识,切实了解和感受中国共产党带领中国人民浴血奋战、百折不挠的精神。

第四,将马克思主义的哲学观和方法论融入课程讲授中。授课教师利用好国际私法的课堂建设,深挖国际私法相关概念和案例所蕴含的主客观统一、辩证、联系与发展等思想,带领学生深刻体会马克思主义哲学实践性、革命性和科学性的统一。例如,在国际私法的教学中有一项非常重要,也是国私私法法律适用过程中很有特色的制度,即公共秩序保留制度。该制度作为法律适用过程中的"安全阀"起到了直接排除外国法适用的目的。该制度确立于著名案例"福果继承案",在该案中法国法院为了使被继承人福果位于法国的巨额遗产成为无人继承的"绝产",适用了公共秩序保留制度,从而排除了福果位于巴伐利亚远亲属的继承权利,最终这笔巨额遗产为法国政府所继承。在学习该制度时,既要强调公共秩序保留制度在排除外国法的适用、保护本国社会公共利益所起到的积极作用,也应辩证地认识到该制度如果被滥用将导致不公正的审理结果的消极作用。

---

① 《国际私法学》编写组:《国际私法学》(第 1 版),高等教育出版社 2023 年版,第 83 页。

综上，我国高校一直致力于办世界一流大学，围绕习近平总书记在全国高校思想政治工作会议上强调的"要坚持把立德树人作为中心环节"，通过对国际私法课程思政教学目标的设立，可以结合显性的具体法学基本理论和相关案例实践，隐性地将思政的内容有机融入具体讲授中，达到课程思政的良好效果。

二、教学方式

为达到上述教学目标，国际私法课程思政教学实施过程中需重视教学方式和方法，具体体现在以下几个方面。

第一，结合具体课程内容进行课程思政教育。按照教学计划的安排，本门国际私法课程在大三下学期开设，这个阶段的学生具有较强的阶段特征：从知识掌握的角度，学生基本上已经系统学习了主要的法学主干课，初步形成法律知识体系；从对新鲜事物的接受角度，该阶段的学生能够较快吸收新鲜事物，具备一定辨识能力；从价值观塑造角度，此阶段的学生处于对未来择业或继续读书的迷茫时期，也是世界观、人生观和价值观快速形成的关键时期，正确和积极引导在这个阶段非常重要。面对本门授课的这种实际情况，授课老师不免面临课程思政的机遇和挑战。作为授课教师，首先要在课程内容上肯花功夫、花大功夫，通过多种教学元素的运用，抓住学生听课时的注意力，在课堂中起到知识传授和答疑解惑的作用；同时密切观察学生的思想动态和情绪波动，需要根据学生的需求与倾向，结合国际私法学的特点找到课程思政的切入点，以爱党、爱国、爱人民为主线，围绕政治认同、文化素养、家国情怀、道德修养、法治意识等重点，采用润物无声的教育方式，将思想价值引领有机融入课程内容、课程标准、教学评价等各个教学环节，突出课程目标与专业培养目标，起到思想引领、价值引领的作用。

第二，结合案例和社会热点新闻进行课程思政教育。明代思想家顾宪成主张读书人不仅要读好书，还要关心国家，关心政治，关心天下之事，多用心体会世间百态，而不要读死书，其在东林书院的对联题道"风声雨声读书声声声入耳，家事国事天下事事事关心"。这副脍炙人口的对联体现出的读书、齐家、治国、平天下的雄心壮志，和通过讲学、论辩、研讨进行道德修养和格物认知的深刻意义对当下仍有借鉴作用。本门国际私法授课教师在结合具体课程内容进行授课时，还精选专业相关的案例、视频和社会热点，充分调动学生的学习积极性，提高课堂参与度和配合度,在思考、交流、辩论和总结中引导学生进行唯物主义思辨,树立正确的价值观。

第三,结合教师个人经历进行课程思政教育。国家在学术交流和学生培养方面高度重视国际层面的交流,"走出去"是对他国先进知识和经验的学习,也起到了了解世界、建设祖国的作用。本门课程组教师受益于国家奖学金制度,两次赴海外求学,其所见所闻再次印证"出国更爱国""外国月亮不比中国圆"等坊间说法,在亲身感受了东西方政治、经济、思维方式和文化等差异后,授课教师将几年来对东西方理念、文化、价值观差异的思考融入教学中,在涉及具体知识点的讲解时,如国籍方面,授课教师以亲身经历为例,讲解作为公民对国家的效忠义务,尤其是作为中华人民共和国公民在海外遇到台湾、西藏等敏感问题时,如何巧妙寻找对话点和交谈角度,既坚决维护祖国统一,表明中国政府一贯立场、维护国家尊严,又在西方语境中寻求最大限度的共识,在国际层面树立中国人不卑不亢的良好国际形象。

第四,结合课后交流进行课程思政教育。大学阶段的学习不应局限于对课内知识的掌握,大学生应充分利用充沛的在校时间,提高学习的积极性,大量阅读课外书籍,增强学识、塑造人格,努力使自己成为一名合格的社会主义事业接班人。鉴于此,授课教师的思政教育也不应当局限于上课的有限时间,授课教师应将政治思想教育融入课后,利用课后的专业课辅导,为学生答疑解惑,针对学生对未来择业和求学的咨询,尽心尽力做正面引导,提出建设性建议;在毕业论文的指导中,引导学生发现问题、思考原因并进行相关研究,对可能出现的原则性错误进行坚决的纠正;除参考教材外,授课教师还可推荐学生阅读其他传播主旋律、宣扬正能量的权威辅助资料,针对每节课的重点寻找最新科研成果、案例及相关社会热点,使学生养成关心时政、心系国家命运的爱国情怀。授课教师通过与同学的QQ、微信交流,了解学生最新思想动态,做学习上的良师、生活中的益友,与学生坦诚交流,引导学生树立正确的学习态度、生活态度,关注学生的心理健康。通过各种课后交流,围绕立德树人,实现全员、全过程、全方位育人的教学目标。

第五,利用双语教学和各种电子资源进行课程思政教育。学习国际私法要至少掌握一门外语。① 国际私法的授课过程中穿插英文资料的学习,通过双语学习,学生在更好地了解外国法的同时,提高法律英语技能,增强未来法学学生从业的竞争力,坚定制度自信和文化自信,真正树立社会主义法律信仰。同时,积极利用互联网等信息化教学手段,充分利用各种电子教学资源和平台,如慕课、学习强国、雨课堂等新兴课程教学资源,推动现代信息技术与教学的深度融合,提高学生参与度与主动性,让课堂活跃起来,提高国际私法课程思政改革效率。

---

① 《国际私法学》编写组:《国际私法学》(第 1 版),高等教育出版社 2023 年版,第 25 页。

高校法学专业课程思政
与思政课程融合教学研究

——以"习近平法治思想概论"融入"民法学"系列课程为例*

张　涛①

　　高校是青年学生意识形态教育工作的主阵地,人才培养方案中的各类课程则是教育功能发挥的主要场所。因此,高校须充分将思政课程与专业课程结合协同,以充分解答培养什么样的人、如何培养人、为谁培养人的重要历史命题。在高校人才培养中需把思想政治工作贯穿培养全过程,实现全员育人、全程育人、全方位育人,开创我国高等教育事业发展新局面。习近平总书记指出:"要用好课堂教学这个主渠道,思想政治理论课要坚持在改进中加强,提升思想政治教育亲和力和针对性,满足学生成长发展需求和期待,其他各门课都要守好一段渠、种好责任田,使各类课程与思想政治理论课同向同行,形成协同效应。"②故而,在高等学校的法学专业教育中,在坚定发挥政治理论课育人功能的同时,如何最大限度地激发法学专业课程思政的作用,以实现思政课程与课程思政的协调统一,形成意识形态教育与思政育人共同体,尤其是将习近平法治思想与法学

---

　　* 天津商业大学研究生教育改革研究项目"法律硕士'民法学'课程线上线下混合式教学改革研究"阶段性研究成果;天津商业大学研究生课程思政示范课程建设项目"民法学"阶段性研究成果。
　　① 张涛,男,法学博士,天津商业大学法学院副教授,主要研究领域为民商法。
　　② 习近平:《把思想政治工作贯穿教育教学全过程　开创我国高等教育事业发展新局面》,《人民日报》2016 年 12 月 9 日。

专业课程融会贯通，是法学教育中重点探讨的话题。

一、法学专业课程思政与思政课程结合的必然性

2020 年 5 月，为了深入贯彻落实中共中央办公厅、国务院办公厅《关于深化新时代学校思想政治理论课改革创新的若干意见》，教育部印发了《高等学校课程思政建设指导纲要》，旨在保证思想政治教育全过程育人作用的发挥，构建课程思政和思政课程协同大格局。在《高等学校课程思政建设指导纲要》中对法学专业课程思政提出明确了要求，法学专业课程教学要坚持以马克思主义为指导，帮助学生了解相关专业和行业领域的国家战略、法律法规和相关政策，引导学生深入社会实践、关注现实问题，培育学生经世济民、诚信服务、德法兼修的职业素养。法学专业课程思政与思政课程结合有其逻辑必然。

其一，两者结合是高校法学专业人才培养迈进新阶段的要求。随着我国社会主义各项事业建设不断取得突破，国家治理和社会治理现代化水平逐步提升，对于社会主义合格建设者的思想政治标准也日益提升。高校法学专业人才培养所担负的社会责任与人才培养中思想政治工作的挑战，使得法学专业教育教学中的主体、对象、内容和方法出现了变化。传统的思政课程与专业课程相对割裂的模式，无法完全满足思想政治教育发展需要和立德树人目标的实现。因此，在法学专业人才培养迈入高质量发展的历史新阶段，要毫不动摇地秉持大思政格局，寻求思想政治教育创新模式，探索法学专业人才培养中专业课课程思政与思政课程的融合，实现二者的和谐共生、共振、共享。

其二，两者结合是高校法学专科课程知识价值和方法价值的统一。我国伟大的教育家、思想家孔子有云："德之不修，学之不讲，闻义不能徒，不善不能改，是吾忧也。"而在苏格拉底、柏拉图和亚里士多德等西方教育家的理论中也都将"知德统一"置于崇高地位：在传授知识技能的同时，要发现和培养"善"的品质。[1] 在高校人才培养中，侧重知识价值的科学教育与强调方法价值的人文教育需要密切结合，它们共同决定了培养工作目标的达成与否和完成质量。而无论

---

[1] 郑永廷：《把高校思想政治工作贯穿教育教学全过程的若干思考——学习习近平总书记在全国高校政治思想工作会议上的讲话》，《思想教育理论》2017 年第 1 期。

针对法学专业学生进行的专业课课程思政，还是专门的思政课程，都承载了上述两种价值教育的统一。只有贯彻课程思政与思政课程在专业人才教育中的协同，才能实现高校人才培养工作的高质量产出。

二、习近平法治思想融入法学专业教学的必要性

随着改革开放的不断深入，社会主义市场经济的发展带动了我国科技、文化、教育等各项建设事业的兴盛与进步，中国特色社会主义法治实践也积累了丰厚的历史经验。2020年11月，中国共产党历史上首次中央全面依法治国工作会议胜利召开，将习近平法治思想明确为全面依法治国的指导思想。习近平法治思想的发展与成熟，开创了中国特色社会主义法治建设的新境界，也为新时期社会主义法治人才提供了明确的思想指引。2023年2月，中共中央办公厅、国务院办公厅印发了《关于加强新时代法学教育和法学理论研究的意见》，明确要坚持以习近平新时代中国特色社会主义思想为指导，贯彻习近平法治思想，提高法治人才培养质量。因此，须将习近平法治思想融入法学专业教学的全过程。

其一，将习近平法治思想融入法学专业教学，有利于培养德法兼修的高素质法治人才。习近平总书记指出："法治人才培养不上去，法治领域不能人才辈出，全面依法治国就不可能做好。"[1]在从法律教育、法学教育到法治教育，从法律人才培养、法学人才培养到法治人才培养的嬗变中，德法兼修的价值核心得到了逐步强调与落实。一方面，习近平法治思想蕴含了丰富的道德内容、法学内容。通过将习近平法治思想融入法学教学，可为法学学生提供充分的德法兼修指向，实现社会主义核心价值观等道德素养与公平正义等法治素养的一体化培育，完成立德树人的根本教育目标。另一方面，新时期的优秀法治人才，不仅要求具备一定的常规法律实务技能，更重要的是要对国家治理和社会治理等宏观话题具有科学的认识与理解。将习近平法治思想融入法学专业教学，可以更充分地达成上述目标。

其二，将习近平法治思想融入法学专业教学，有利于塑造特色鲜明的中国特色法学体系。习近平总书记曾明确指出："应加快构建中国特色法学学科体系、

---

① 习近平：《论坚持全面依法治国》，中央文献出版社2020年版，第174页。

学术体系、教材体系和话语体系，加强法学理论创新，不能做西方法学理论的搬运工，而要做中国学术的创造者、世界学术的贡献者。"①一方面，一直以来我国的法学教育，无论是法学教育体系，还是法学知识体系都不同程度上受到西方法学教育和知识理论的影响。这使得本应对社会生活关系实际做出能动反映的法学教育教学与我国本土化的法学讨论语境有所脱离。如此，忽略了原发性本土特色的法学研究，在主体性上存在不足。另一方面，习近平法治思想根植于中国大地，彰显了人民性、本土性，是对中国特色社会主义建设实践经验的总结提升。贯穿其中的具有中国特色社会主义的科学立场、观点和方法，不仅能够充分解答中国问题，还能够通过培养法学人才，塑造特色鲜明的中国特色法学体系。

三、"习近平法治思想概论"融入"民法学"教学的路径与实现

（一）"习近平法治思想概论"在教学体系中的重要地位与作用路径

在法学专业人才培养中，贯穿始终的政治思想性、中国本土性和知识科学性等元素更为鲜明。所以，要坚持用马克思主义法学思想和中国特色社会主义法治理论全方位占领高校、科研机构法学教育和法学研究阵地。"习近平法治思想概论"已经作为必修思政课程在全国高校开设。在法学专业教学中，习近平法治思想的地位更加凸显。2021 年 5 月，教育部办公厅发布了《关于推进习近平法治思想纳入高校法治理论教学体系的通知》，要求将习近平法治思想贯穿法学专业课程。并且在《法学类专业教学质量国家标准（2021 年版）》中将"习近平法治思想概论"纳入本科法学专业必修课程，作为统领法学课程体系的"第一课"②，即法学专业核心课程采取"1 + 10 + X"分类设置模式，"1"指"习近平法治思想概论"课程。另外，在许多高校的研究生人才培养方案中，"习近平法治思想概论"也作为专业必修课纳入课程体系。因此，"习近平法治思想概论"在法学教学体系中处于重要位置，法学其他专业课程都应该主动与其相融合，实现人才培养效果的最大化。

以天津商业大学法学院为例，"习近平法治思想概论"分别以思政课程与专

---

① 习近平：《论坚持全面依法治国》，中央文献出版社 2020 年版，第 176 页。
② 张文显：《如何讲好〈习近平法治思想概论〉》，《中国大学教学》2021 年第 9 期。

业课程的形式路径,在法学专业教学体系中发挥指引性作用。一方面,在法学本科人才培养方案中,将"习近平新时代中国特色社会主义思想概论"设置为必修思政课程,48 学时,计 3 学分;将"习近平法治思想专题讲座"设置为专业必选课程,8 学时,计 0.5 学分。另一方面,在法学硕士研究生人才培养方案中,将"习近平新时代中国特色社会主义思想研修"作为选修思政课程开设,16 课时,计 1 学分;将"习近平法治思想"作为学位课开设,8 学时,计 0.5 学分。上述做法贯彻了习近平法治思想在法学教学中的统领作用,也为其在"民法学"等其他法学专业课程中的融合奠定了基础。

(二)"习近平法治思想概论"融入"民法学"的实现

为了更好地实现法学专业课课程思政与思政课程的融合,要在深入理解习近平法治思想内涵要义的基础上,充分挖掘其与民法学知识体系的内在关联,以便更好地融入专业教学。

其一,借助宏观价值体系的互通,实现课程融合。任何一个法律部门,任何一部法典都离不开法律价值体系或立法价值体系的支撑,民法与"民法典"也概莫能外。自 2021 年开始正式实施的《中华人民共和国民法典》(以下简称《民法典》),作为新世纪民事立法典范,无论从价值逻辑架构还是具体制度细节,都彰显了正义与自由等法律核心价值。同时,《民法典》也毫无争议地成为我国民法学教学的重要内容。《民法典》明确了民事立法的价值立场在于"适应中国特色社会主义发展要求,弘扬社会主义核心价值观"①。其建构了包括平等原则、自愿原则、公平原则、诚实信用原则、公序良俗原则、生态文明原则在内的多元体系,为具体民事制度提供了价值指引。② 而习近平法治思想的根基在于长期以来的社会主义建设实践,归依于中华优秀传统文化,这种特性使得上述价值体系的内容被极大丰富,也被植入鲜明的中国特色基因。

其二,通过微观具体制度的阐释,实现课程融合。在民法学课程的讲授中,要充分结合习近平法治思想的具体内容,在习近平法治思想的宏观视角下阐释

---

① 参见《民法典》第 1 条。
② 参见《民法典》第 4 条、第 5 条、第 6 条、第 7 条、第 8 条、第 9 条。

具体的民事法律制度的立法目的、内容含义、作用效果,这样才能更好地帮助学生们在学习中形成对二者的整体性认知。例如,作为私法的核心内容之一,民法是以确立和维护个人私权为重要任务的法律部门。对人自身实现性的无限理性追求,亦是各项民事具体制度的终极目标。《民法典》第110条第一款列明了包括生命权、名誉权、隐私权等在内的较为详尽的具体人格权体系,试图为人的精神利益提供坚实的制度基础;《民法典》中人格权首次独立成编,在一般性人格权通则之外分述了生命权、姓名权、肖像权、隐私权和个人信息保护等具体规则。这些都是习近平法治思想中坚持以人民为中心、坚持在法治轨道上推进国家治理体系和治理能力现代化等重要内容的生动反映。因此,在授课中可以通过立法进程历史比较、案例归纳梳理、研究讨论等教学形式,帮助学生深化对此内容的理解和内化,实现课程间的融合。

四、结语

在高等学校法学专业的人才培养中,应格外注重专业课课程思政与思政课程之间的融合互动,其最终都服务于立德树人的总目标,增强青年学生对新时期中国特色社会主义法治建设的认同感和对中华民族伟大复兴中国梦的责任感。在"民法学"的教学中,应该主动实现与"习近平法治思想概论"等思政课程在宏观价值体系和微观制度内容上的相互支撑与印证,以期培养更多高素质的社会主义合格建设者和可靠接班人。

刑法学课程思政实践探索

蔡文霞[①]

2020 年 6 月,教育部印发《高等学校课程思政建设指导纲要》,明确指出:落实立德树人根本任务,必须将价值塑造、知识传授和能力培养三者融为一体、不可割裂。全面推进课程思政建设,就是要寓价值观引导于知识传授和能力培养之中,帮助学生塑造正确的世界观、人生观、价值观,这是人才培养的应有之义,更是必备内容。刑法学作为法学专业的必修课,对于学生法学思维的锻炼和素质能力的培养有着重要作用。刑法学的学习是对刑法专业知识的掌握并能熟练运用于具体刑事案件的定性和分析,然而仅仅如此并不能成为一名合格的刑事法律工作者,毕竟刑事案件纷繁复杂,无法一一规定具体情形,对于法无明确具体规定的情形,如何公正合理地予以定罪量刑,不仅涉及对刑法知识的运用,更关乎社会价值观和法治理念的体现。因此,刑法学课程的学习不仅是对刑法学专业知识的学习,更是帮助学生塑造正确的世界观、人生观、价值观的主要场所。通过刑法学课程的学习,实现课程知识传授和思政育人的目的,在有限的学习时间内如何将思政育人合理自然地融入课程之中,是每位刑法学教师需要认真思考的内容。

一、刑法学课程思政的目标

(一)正确价值观的树立融入刑法学专业知识的学习中

从刑法学的教学内容上看,刑法学的专业性较强,涉及的专业知识点众多,

---

① 蔡文霞,女,法学硕士,天津商业大学法学院讲师,主要研究领域为刑法。

而教学计划中安排的课时往往有限，很难逐一讲解全部知识点，在课堂上只能讲授重点罪名和重要原则、制度等内容。同时刑法作为最能体现阶级统治意志的法律，在制定和执行过程中无不体现了国家的意志和价值观念，因此，刑法学课程思政映射与融入点非常多，几乎所有的知识点都与社会主义核心价值观、习近平法治思想、中华优秀传统文化、马克思主义方法论等内容息息相关。如何在有限时间的教学活动中，既突出刑法教学重点内容，帮助学生理解和掌握专业知识，又在教学活动中贯穿正确的价值观，帮助学生树立正确的价值观，是课程思政的首要目标。

（二）人文关怀理念嵌于刑事法治思维之中

刑事法治思维强调恪守罪刑法定原则，同时保障公民自由权利，倡导消极刑法观，坚守实质刑法立场。在日常的刑法教学中，大多数刑法学教师更注重对刑法知识掌握的准确性和严谨性，毕竟刑事案件的定性问题关乎人身权利和财产权利的重要方面，一旦定性错误，带来的伤害是巨大的。因此，更多的同学关注罪刑法定原则、用刑事法律惩治犯罪人的社会功能，而忽视了刑事法律中的人文关怀理念。刑事法律承担着惩治犯罪人行为和保护犯罪人权利的责任。犯罪人因犯罪行为必然要受到刑罚的惩治，同时因为犯罪原因是诸多原因共同作用的结果，从诸多犯罪原因中一一剖析主次原因、主客观原因，明晰犯罪人的主观恶性在犯罪原因中所占据的地位，才能确定合理的刑罚达到预防犯罪的目的。刑法学的教学更多是从不同罪名犯罪构成要件的差异来确定刑事定性问题，从专业学习的角度来看是无可挑剔的。但是，刑事法治不是教条主义，不同的案件中犯罪人的背景不同、实施犯罪的动机不同都会影响犯罪人主观恶性的判定，规范性法学在比照规范之外，需要具有人文关怀的理念对案件事实进行细致的分析，而这种人文关怀理念需要在分析具体案例时，结合具体情形引导学生逐步建立起来，绝不是一蹴而就的。

（三）公平正义的信念运用于刑事案例之中

一旦谈及刑事案例，无论是学习法律的专业人士还是非专业人士都特别强调在公平正义的理念下对案件进行判决。实际上每个人心中的公平和正义都是存在一定差异的，需要在社会主义核心价值观、习近平法治思想等思想引领下，不断缩小彼此之间的差距而达成共识。在刑法课堂上,针对刑法案例中涉及的争议焦点问题并无详细的司法解释时,不同的学生对于保护被害人还是惩治犯罪人之间的立场问题往往争执不下。客观公正和利弊权衡需要正确的思想引领,而且对公平正义的追求在实践中往往会受到各种因素的阻挠,需要以正确的引导去坚定这种信念。课堂上或者课后的真实案例中对公平正义的坚持更能影响学生的信念。因此,对刑事案例的讲解与分析,特别是推动刑事法治进步的重要案件在刑法学课程中的学习是不可缺少的。实际上,在刑法学教学的过程中,大多数教师更注重刑事案例中法律知识的分析,缺少对案件社会背景的说明和案件公正处理对社会的影响力以及所产生的社会效果的分析,而这些正是刑法学课程思政需要且必须传达出的信息。

二、刑法学课程思政的实施环节

刑法学课程思政的实施不仅在课堂之上,课前预习与课后拓展的环节都可以融入课程思政的内容,而且更容易达到"润物细无声"的教学效果。具体可以表现在以下方面。

(一)课前预习

在课程学习之前预习是必要的,一般而言,对刑法学课程预习内容的要求大多是对课程相关内容的熟悉,提前了解上课所学知识点。实际上,课程思政的内容是完全能够蕴含于课前预习之中的。比如,学习刑法的空间效力时,可以布置学生预习思考,为什么一国的管辖原则中以属地管辖为主?如果以其他管辖原则为主会导致什么样的后果?又如,学习正当防卫内容时,可以布置学生预习思考,如何判断正当防卫的限度?依据什么样的标准最合理?这些问题看似是刑法专业的问题,实则蕴含思政元素。属地管辖权与一国的主权息息相关,是一国领土主权的表现,结合中国近代史中领事裁判权的出现引发学生对维护国家主权利益的思考。而正当防卫是近年来社会关注度较高的刑法问题,一些正当防卫的争议案件在社会上引起极大的反响,在预习环节设置相关案例的问题思考,帮助学生提前进入对争议问题的思考环节,主动思考刑法知识点在司法实践中的应用并关注案件结果的社会效果,从而真正认识到刑事法治的公平正义应如何体现。

（二）课堂讲授与讨论

1. 刑法知识传授中强调现代刑法理念

在刑法学课程思政教学中，一方面，要避免朴素的刑法观、重刑主义理念的影响，树立现代刑法理念，确保入罪判断的明确性与稳定性，进而深入理解"刑法学"理论，对法条予以正确解释；另一方面，需要关注刑法传统理论体系在互联网时代的调适，关注网络空间社会与网络安全法益，树立预防性刑法观念。① 在刑法的课堂讲授中对刑法条文的解释与阐明不仅是立法原意的解读，更需要结合网络时代下，不断变换的社会场景去分析法条具体应用的条件，帮助学生真正理解刑法法条的应用之"道"，而不单纯是记忆法条和司法解释，机械地运用。自动驾驶、云计算、人工智能等高科技不断运用于社会生活，在改变人们生活方式的同时，也为刑事界定犯罪界限设置了一道道难题，刑法的立法存在的滞后性，让刑法实践工作者面临以己之力破解难题的困惑。例如，自动驾驶中出现的交通事故是否可以认定为犯罪？利用人工智能软件的功能去实施犯罪，具体如何界定责任？这些内容都可以在课堂上结合具体知识点提出来供学生深入思考。而这些思考的背后既要运用刑法知识，更需要用现代刑法理念去平衡各种社会利益。现代科技的发展需要在法律允许的轨道上健康发展，而不能无伦理道德地无序成长，特别是人工智能的发展。刑法作为保障法的功能必须有所体现。这些内容在刑法的课堂教学中都应有所体现。

2. 刑事案例讨论中注重法治观念引导

课堂上任课教师讲解的刑事案例多为给定的条件，只要运用逻辑推理进行分析即可，更多考查学生运用刑法知识点的能力，然而，司法实践中刑事案例的争议多集中在案件具体场景的分析。以"余×案"为例，刑法学家和普通民众对余×案是否构成正当防卫的争议就在于余×在母亲受辱，他人围攻的情况下举刀防卫是否属于正当防卫，防卫的具体行为是否过当。最终最高人民法院指出：对非法限制他人人身自由并伴有侮辱、轻微殴打的行为，不应当认定为刑法第二

① 赵雪军：《"互联网＋课程思政"下"刑法学"教学改革探索》，《喀什大学学报》2021 年第 2 期。

十条第三款规定的"严重危及人身安全的暴力犯罪"。① 学生和普通民众更多倾向于当时紧急情形下行为人的反应,代入当时的情形都可能做出过激的行为反应,但正当防卫制度是要保护防卫人的权利,同时禁止滥用伤害他人,必须设定严格的适用条件,结合行为人面临的实际情形来判断可否适用特殊防卫。这样的判断更多依据生活经验、价值取舍判断等,必须以法律为准绳,以客观的判断为依据,保护各方权益而不得存在偏袒。对于初学刑法的学生,任课教师需要通过实践案例逐步引导其去思考其中缘由,形成理性思考,帮助学生理解立法本意,更好地用法律服务人民。

在日常教学中,还必须注意避免教学"娱乐化"现象。部分刑法教师在课堂教学以及期末考试中借用武侠小说、神话小说等编造所谓"神题",如某"刑法分论与实务"课程的期末考试题目为"分析潘金莲、武媚娘、白娘子等女神故事中男女主人公涉及的刑法关系",借用小说人物撰写相爱相杀故事而让考生分析案中人物的罪责等。② 这些教学方式不仅无益于思政内容与法学知识的融合,也无法让学生在真实案例中去认识社会和反思社会现象,严肃认真地对待案件分析,反而容易将刑事案例分析活动视为儿戏或娱乐的素材。

(三)课后拓展延伸

1.课外阅读感想

除了刑法学专业知识的学习,任课教师多数会布置学生阅读相关书籍,开阔视野,拓展知识面,有时会布置写作相关的读后感。大多数同学对课外书籍的选择都是考虑专业性、实用性以及自身的兴趣,鲜少会有同学因思政因素而选择阅读有关书籍。任课教师在推荐课外阅读书籍时,应对推荐书籍的内容全面掌握,推荐符合思政建设要求的书籍,毕竟有些法学书籍极力推崇外国的相关制度而不关注我国的实际情况,以致在学生中产生动辄批判我国制度而学习外国制度的"风尚"。有时学生的读后感中也会呈现相关倾向,对此任课教师应予以关注并通过评语的形式指出问题的关键,帮助学生重新思考相关问题,理性思考不同

---

① 最高人民法院:《指导案例 93 号:于欢故意伤害案》,中华人民共和国最高人民法院官网,https://www.court.gov.cn/shenpan-xiangqing-104262.html。

② 冀洋、刘艳红:《全面推进"课程思政"时代刑法学的教学逻辑》,《法学教育研究》2021 年第 3 期。

国情下刑事法律制度构建的基础和改进的方向。

2. 课后实践活动

课堂上所学的刑法知识如何在实践中具体运用离不开课后实践活动的开展。

刑法课堂之外的实践活动有观摩庭审活动、"送法入社区"活动、实习活动、法律援助行动等。这些活动引导学生深入社会实践,关注现实问题,培育学生德法兼修的职业素养。观摩庭审活动让学生真正见识刑事法律在国家审判活动中的体现,如何运用刑法知识控告犯罪人和为犯罪人辩护,同时遵守法律职业道德和素养,真正实现法律正义。"送法入社区"、法律实习、法律援助等实践活动是在具体实践案例中自我学习应用的过程,学以致用的不仅是刑法学专业知识,更要关注法治理念的坚守和扶危济困的人文关怀精神。通过种种课后实践活动,进一步夯实课堂上所传达的思政建设精神。

3. 线上观影与案例讨论

当今对刑法的学习不仅是线下的学习和活动,线上活动的开展也必不可少。随着影视创作作品对刑法内容的关注,优秀的影视作品引发学生对刑法专业知识的思考以及思政感想日渐增多,如《第二十条》《盲山》《亲爱的》等影片对刑法中正当防卫制度、拐卖妇女、儿童罪、收买被拐卖妇女、儿童罪等在现实生活中的体现都进行了深入的刻画,任课教师完全可以推荐学生观看相关影片,并在线上讨论影片所反映的刑事案例的案情分析、社会效果、案例引发的思考等诸多问题。线上讨论可以帮助学生进一步认识到纷繁复杂的社会中案例的展现是多方面的,包括社会人情、时代背景和风土人情、权力纠缠、利益交织等,不像课堂上所举的案例简单清晰明了、不掺杂人情世故等因素。刑法课程的学习中将公平正义的信念、习近平法治思想等内容融入专业知识,有必要讲清楚复杂真实案例中的前因后果,是真正帮助学生思考如何坚持公平正义的必经之路,毕竟不少公平正义的实现是需要付出个人代价的,而不是简单的法律逻辑推理,这也是课程思政所需要传递的内容。

三、刑法学课程思政的教学过程设计

刑法学的课程内容分为总论和分论两部分,两部分的教学内容各有侧重。

总论强调对刑法基本原则和理论的掌握,分论强调对具体罪名的认知和应用。在课程思政方面,这两部分的内容设计也存在较大差异,具体表现在以下方面。

(一)刑法总论的课程思政设计

按照"马工程教材"的内容编排,刑法总论的内容分为十五章。这些内容较多,大多数都能与课程思政元素有机融合在一起,服务立德树人的目标。重点章节课程思政的设计如表1所示。

表1　重点章节课程思政的设计

教学内容	融入思政元素
第一章 刑法概说	引导学生了解刑法制定和历次修订的历史背景以及国际国内形势,认识到现有刑法是对本民族优良法文化传统的继承和国外先进合理文明成果的融合
第二章 刑法的基本原则	引导学生思考惩罚犯罪与保障人权的价值平衡,坚定社会主义法治理念,提高运用法治思维解决实际案件的能力
第三章 刑法的效力	引导学生思考刑法中属地管辖和属人管辖原则是对主权的维护
第四章 犯罪概念与犯罪构成	重申社会主义法治理念,强调以法律为准绳判定犯罪
第九章 正当防卫	帮助学生准确掌握正当防卫的界限判定标准,鼓励学生实施见义勇为的行为
第十章 故意犯罪的停止形态	引导学生思考刑法规定犯罪中止形态的意义以及犯错以后的选择
第十一章 共同犯罪	引导学生思考共同犯罪的危害以及刑事责任的承担,从具体案例中帮助学生认识到共同犯罪的严重危害以及惩治的必要性
第十三章 刑事责任	引导学生思考犯罪和刑事责任承担的关系,树立防微杜渐的意识
第十五章 刑罚制度	引导学生遵循法治立场,理解刑罚制度设置的初衷,坚守罪刑法定的基本原则

(二)刑法分论的课程思政设计

按照"马工程教材"的内容编排,刑法总论的内容分为十一章。重点章节课程思政的设计可以参考表 2。

表 2　重点章节课程思政的设计

教学内容	融入思政元素
第十七章 危害国家安全罪	引导学生树立国家安全观,并有意识地防范危害国家安全的行为
第十八章 危害公共安全罪	引导学生思考危害公共安全行为的危害性,自觉实施维护公共安全的行为
第十九章 破坏社会主义 市场经济秩序罪	帮助学生了解社会主义市场经济秩序罪中众多罪名之间的区别,认识到社会主义市场经济对社会发展的重要性并自觉抵制破坏市场经济秩序的行为
第二十章 侵犯公民人身权利、 民主权利罪	帮助学生明晰侵犯公民人身权利、民主权利中重点罪名的定性判断,并结合正当防卫的学习内容,有意识地明确保护人身权利的正确做法
第二十一章 侵犯财产罪	帮助学生准确掌握侵犯财产罪中各个罪名之间的区别和联系,并有意识地维护个人财产权利
第二十二章 妨害社会管理秩序罪	帮助学生认识到妨害社会管理秩序行为的危害性,并自觉维护社会管理秩序
第二十四章 贪污贿赂罪	帮助学生认识到腐败对社会造成的危害,形成自觉抵制腐败的意识

聚焦"法治观念和法治思维培养",挖掘思政元素,打造具有法学专业鲜明特色的刑法学课程思政教学体系是每一位刑法学教师孜孜不倦的追求。各教师依托刑法学专业内容,探索思政元素的融入契机与方法,实现法学课程思政元素与法学专业知识之间"化盐于水"的融合效果。

将习近平法治思想融入
"刑事诉讼法"课程教学全过程的探索*

张　晶①

一、将习近平法治思想融入"刑事诉讼法"课程教学全过程的必要性

《中央宣传部、司法部关于开展法治宣传教育的第八个五年规划（2021—2025 年）》提出,要"把习近平法治思想融入学校教育,纳入高校法治理论教学体系,做好进教材、进课堂、进头脑工作"。"八五"普法规划发布以来,教育界围绕着如何将"习近平法治思想融入学校教育,纳入高校法治理论教学体系,做好进教材、进课堂、进头脑工作"进行了不少理论研究和实践。从高等教育来看,目前研究主要集中在如何将习近平法治思想融入高校思政课,而在课程思政领域仅涉及刑法、财税法等专业课,尚未涉及"刑事诉讼法"课程。在教学实践中,包括中国政法大学、西南政法大学在内的少数高校在"刑事诉讼法"课程教学过程中积极探索课程思政,将习近平法治思想融入"刑事诉讼法"课程教学,并取得一定的成效。在刑事司法实践中,最高人民法院、最高人民检察院均在积极探索自觉把习近平法治思想贯穿刑事司法改革全过程、各方面,确保刑事司法改革创新发展,行稳致远,不断推动实现中国特色社会主义司法制度的自我完善和发展。

＊ 本文系天津商业大学 2023 年校级本科教育教学改革项目"将习近平法治思想融入刑事诉讼法课程教学全过程的探索与实践"（项目编号:TJCUJG2023044）的阶段性成果。
① 张晶,法学博士,天津商业大学法学院讲师,主要研究领域为刑事诉讼法学,司法制度,证据法学。

可见，当前司法机关对习近平法治思想融入刑事司法进行了积极的探索，而将习近平法治思想融入"刑事诉讼法"课程教学的理论研究和教学实践尚显不足，理论研究、教学与司法实践之间存在一定的断裂现象。为了探索和完善天津商业大学"刑事诉讼法"课程思政教学与实践体系，健全法治人才培养机制，实现培养能够全面贯彻习近平法治思想，坚定不移走中国特色社会主义法治道路的社会主义建设者和接班人的目标，作为法学教育体系核心课程的"刑事诉讼法"，有必要对习近平法治思想融入该课程教学进行积极而深入的探索。

二、将习近平法治思想融入"刑事诉讼法"课程教学全过程的理论探索

习近平法治思想理论体系博大精深，其内涵丰富、论述深刻、逻辑严密、系统完备，在概念上系统集成、在话语上自成一体、在逻辑上有机衔接。[①] 有学者将习近平法治思想理论体系划分为三个层次三大板块，即法治的基本原理、中国特色社会主义法治的基本理论、全面依法治国的基本观点。[②]

《中华人民共和国刑事诉讼法》（简称《刑事诉讼法》）自 1979 年颁布实施以来，为应对社会实践和社会发展的需要，历经 1996 年、2012 年、2018 年三次修改，这部与国家权力和人民权利密切相关的法律渐趋完善。习近平法治思想指引着刑事诉讼法的修法、法律解释与司法实践，我们进行刑事诉讼法治建设始终以习近平法治思想为根本遵循。我们在习近平法治思想的指引下，改革和完善刑事司法理念，不断提高国家治理水平。在《刑事诉讼法》不断完善的过程中，处处以习近平法治思想为指引，并体现在很多具体的制度设计上。而在"刑事诉讼法"课程教学中，不仅要传授给学生该部门法的理论知识，也要把习近平法治思想融入具体的课程内容中，将两者有机结合。

根据"刑事诉讼法"教材课程体系的安排，本文拟把该课程重点章节体系与习近平法治思想的结合点进行初步梳理，具体如下。

绪论部分包括刑事诉讼的概念、法律渊源、刑事诉讼法的制定目的、刑事诉讼法的任务、刑事诉讼法学的研究对象和研究方法、中国刑事诉讼法的历史发

---

① 张文显：《习近平法治思想的理论体系》，《法治与社会发展》2021 年第 1 期。
② 张文显：《习近平法治思想的理论体系》，《法治与社会发展》2021 年第 1 期。

展。习近平总书记指出:"相比过去,新时代改革开放具有许多新的内涵和特点,其中很重要的一点就是制度建设分量更重,改革更多面对的是深层次体制机制问题,对改革顶层设计的要求更高,对改革的系统性、整体性、协同性要求更强,相应地建章立制、构建体系的任务更重。"①而"刑事诉讼法"课程教材体系中绪论部分,正是刑事诉讼法整个学科体系的深层次体制机制和顶层设计的基本体现,本章内容不仅描述了学科的根本任务,还解释了刑事诉讼法学科中诸如概念、渊源、制定目的、任务以及历史发展等根本问题。

第一章为"马克思、恩格斯的刑事诉讼观"。刑事诉讼的基本理念是依法保障全体公民享有广泛的权利,保障公民的人身权、财产权、基本政治权利等各项权利不受侵犯,不断增强人民群众的获得感、幸福感、安全感,努力让人民群众在每一项法律制度、每一个执法决定、每一宗司法案件中都感到受到公平正义。而习近平法治思想中的"坚持以人民为中心"正与此相关。2020 年 11 月 16 日,习近平总书记在中央全面依法治国工作会议上指出:"全面依法治国最广泛、最深厚的基础是人民,必须坚持为了人民、依靠人民。"②

第二章为"刑事诉讼构造与刑事诉讼主体",具体包括刑事诉讼构造,刑事诉讼中的审判机关、刑事诉讼中的检察机关、刑事诉讼中的侦查机关、当事人与其他诉讼参与人。刑事诉讼的主体指刑事诉讼中的专门机关和诉讼参与人,专门机关指公安机关、检察机关和审判机关。习近平法治思想认为,"司法"是包括侦查、检察、审判、司法行政等国家专门活动在内的一个总概念。《中共中央关于全面推进依法治国若干重大问题的决定》指出:在我国,司法机关包括公安机关、检察机关、审判机关、司法行政机关等在内;优化司法职权配置,就是"健全公安机关、检察机关、审判机关、司法行政机关各司其职,侦查权、检察权、审判权、执行权相互配合、相互制约的体制机制。"习近平法治思想与《刑事诉讼法》中对侦查机关的侦查权、检察机关的检察权以及审判机关的审判权的界定和规定是高度

① 习近平:《关于〈中共中央关于坚持和完善中国特色社会主义制度 推进国家治理体系和治理能力现代化若干重大问题的决定〉的说明》,《人民日报》2019 年 11 月 6 日,第 4 版。
② 习近平:《以科学理论指导全面依法治国各项工作》(2020 年 11 月 16 日),载习近平:《论坚持全面依法治国》,中央文献出版社 2020 年版,第 2 页。

契合的,并对三种机关、三种权力的建设完善方向给出了规划和指引。

第三章为"刑事诉讼基本原则",具体包括刑事诉讼基本原则的含义与体系和我国刑事诉讼基本原则。其中包括人民法院独立行使审判权原则等,而习近平法治思想强调人民法院独立行使职权原则与坚持党的领导并不冲突,中国共产党的领导是中国特色社会主义最本质的特征,是社会主义法治最根本的保证,是社会主义法治之魂。必须推进党的领导制度化、法治化,不断完善党的领导体制和工作机制,把党的领导贯彻到全面依法治国全过程和各方面,具体落实到党领导立法、保证执法、支持司法、带头守法的各环节。

第四章为"管辖",具体包括管辖的概念、管辖制度的意义、管辖的类型(立案管辖、审判管辖、并案管辖)。第五章为"回避",具体包括回避的概念、意义、方式,回避的适用人员,回避的理由、回避的程序。管辖制度和回避制度是司法公正的重要制度保障,习近平总书记曾多次引用英国哲学家培根的话来强调司法公正:"一次不公正的裁判,其恶果甚至超过十次犯罪。因为犯罪虽是无视法律——好比污染了水流,而不公正的审判则毁坏法律——好比污染了水源。"①"努力让人民群众在每一个司法案件中都能感受到公平正义"是习近平法治思想特别强调的。

第六章为"辩护与代理"制度,本章内容不仅包括辩护和代理制度的基本内容,还包含了我党以人民为中心的法治思想,比如法律援助制度的规定,值班律师制度的规定,刑事辩护全覆盖工作的展开等,都是将司法行政部门主管的律师行业充分发动起来,为了人民的利益形成全面依法治国的总体战略布局的一部分,为了人民的利益,通过相应的制度设计和制度保障,为了全面依法治国做出法律职业共同体的应有贡献。这些都是习近平法治思想指引下,坚持以人民为中心以及坚持依法治国、依法执政、依法行政的体现。

第七章为"证据与证明",具体包括证据的概念与要求、理论基础、证据裁判原则、证据的种类与分类、证据规则、证明的概念与分类、证明的要素。本章内容

① 习近平:《严格执法,公正司法》(2014 年 1 月 7 日),载习近平:《论坚持全面依法治国》,中央文献出版社 2020 年版,第 46 页。

正是解决刑事诉讼案件中事实问题的关键点,这里的制度设计关乎如何使刑事诉讼案件中的事实发现更贴近客观真实,从而夯实刑事案件中法律适用的基础,如何进行制度安排,从而才能更好地保障以审判为中心,让证据在法庭上出示、在法庭上质证以及在法庭上认证,使法庭审判真正成为刑事诉讼的中心环节。关于这部分,党的二十大报告明确指出:"深化司法体制综合配套改革,全面准确落实司法责任制,加快建设公正高效权威的社会主义司法制度,努力让人民群众在每一个司法案件中感受到公平正义。"党的十八届四中全会通过的《中共中央关于全面推进依法治国若干重大问题的决定》提出"公正是法治的生命线",部署推进以审判为中心的诉讼制度改革。以审判为中心强调以庭审为中心,以庭审为中心则强调以证据为中心,争取在法庭上实质性地完成举证、质证和认证。

第八章为"强制措施",具体包括强制措施的概念和特点,与其他相关法律措施的区别,强制措施的适用原则、拘传、取保候审、监视居住、刑事拘留。强制措施制度在刑事诉讼中非常重要,它不仅关乎公检法机关打击犯罪的职责所在,还关乎每个刑事案件的嫌疑人和被告人的人权保障需求。刑事强制措施体系中每个具体措施的适用原则为能适用对嫌疑人权利损害小的强制措施就不选择那些损害大的,能不逮捕就不逮捕,能不羁押就不羁押,羁押后还设有羁押必要性审查制度来时时检视羁押的必要性。关于刑事强制措施,不仅在立法的抽象层面要求有措施适用的合法性,在具体执法司法环节也对司法令状的具体许可有着严格的要求。这些制度上的设计和实践中的把握,都是依法治国、严格执法和以人民为中心的体现,也是对全民守法的普法宣传,更是坚持以人民为中心,坚持依法治国、依法执政、依法行政共同推进,坚持全面推进科学立法、严格执法、公正司法、全民守法的体现。

第十二章"侦查",具体包括侦查的概念、特征,任务,工作原则、侦查行为的法律控制和人权保障,侦查行为(讯问犯罪嫌疑人;询问证人、被害人;勘验、检查;搜查;查封、扣押物证、书证;鉴定、辨认、通缉、特殊侦查措施),侦查终结,人民检察院对直接受理案件的侦查,补充侦查与侦查监督。侦查中的侦查行为具有发起的主动性,以及行为的强制性,是对公民权利最直接的干涉,刑事诉讼法律规定对侦查程序中的侦查行为进行了各种各样的规定、限制和例外,体现了科学立法和严格执法的要求。侦查程序中容易出现侵害嫌疑人权利的违法事件，所以在此部分除了需要在立法上有科学的制度设计、执法司法中有严格的审批或报备制度，还需要强调建设德才兼备的高素质法治队伍。而这些正契合了习近平法治思想中关于坚持全面推进科学立法、严格执法、公正司法、全民守法、坚持建设德才兼备的高素质法治工作队伍的精神内核。

第十三章"审查起诉"，具体包括审查起诉的概念、特点和意义，审查起诉的程序，提起公诉，不起诉的概念、种类和适用条件，不起诉的程序，对不起诉决定的制约。在我国，起诉中的公诉主体是检察机关，在我国法治体系中检察机关是法律监督机关，在审查起诉的过程中检察机关不仅行使起诉权，也行使法律监督权，是中国特色法治道路和中国特色社会主义法治体系的重要组成部分。而我国刑事诉讼法律制度对于不起诉制度的规定（比如法定不起诉制度、酌定不起诉制度、证据不足不起诉制度以及未成年人附条件不起诉制度等），还有实践中对于不起诉制度的探索和"企业合规不起诉"试点工作都是坚持以人民为中心的例证，是习近平法治思想中坚持中国特色社会主义法治道路、坚持以人民为中心、坚持建设中国特色社会主义法治体系的具体体现。只有将涉案自然人和法人进行细致区分，严格把关刑事公诉的标准，并不断完善和认真探索落实不起诉制度，才能更好地着眼于刑事诉讼在惩罚犯罪以外的，修复社会关系以及社会综合治理效果方面的考量。

第十四章"第一审程序"，具体包括公诉案件的第一审程序、自诉案件的第一审程序、简易程序、速裁程序、判决、裁定和决定。本章内容是刑事审判程序在刑事诉讼法中完备、基础的制度设定，既体现了刑事诉讼审判程序标准的程序设计，也综合考量了对公正和效率双重价值的追求；既规定了一审普通程序这一基本、完整的程序设计，也在考虑诉讼效率的基础上规定了简易程序和速裁程序，并规定在被告人对程序无异议的前提下才能适用，从而保护了他们的程序利益。习近平总书记指出，"既要创造比资本主义更高的效率，又要更有效地维护社会公平，更好实现效率与公平相兼顾、相促进、相统一"。① 而刑事诉讼简易程序和

---

① 习近平：《推进中国式现代化需要处理好若干重大关系》，《求是》2023年第19期。

刑事速裁程序正是在保证司法公正基础上对司法效率做出的制度化解决方案，既有利于维护司法公正，又能使正义尽快实现，实现有效率的司法公正。

此外，刑事审判制度部分还包括第十五章"第二审程序"、第十六章"死刑复核程序"和第十七章"审判监督程序"以及第二十章至第二十四章中的未成年人刑事案件诉讼程序、刑事和解程序、缺席审判程序、违法所得的没收程序、刑事强制医疗程序在内的特别程序的规定。刑事审判制度对习近平法治思想的贯彻和体现是最丰富的。其中，对于人民法院庭审中被告人"最后陈述"环节的规定是"坚持全面推进科学立法、严格执法、公正司法、全民守法"的体现；特别程序中"缺席审判程序"的规定为境外追逃提供了法律依据，体现了"坚持统筹推进国内法治和涉外法治"的要求和"抓住领导干部这个关键少数"的要求；刑事再审制度的规定则体现了我国刑事诉讼法律体系对自我纠错的决心和坚持以人民为中心的原则。刑事审判制度中多个制度设计都体现了习近平法治思想中坚持全面推进科学立法、严格执法、公正司法、全民守法、坚持统筹推进国内法治和涉外法治、抓住领导干部这个关键少数、以人民为中心的精神内核。

刑事执行制度主要内容体现在第十八章"各种判决、裁定的执行"以及第十九章"死刑的变更与监督"。具体包括执行的概念、试但、执行依据、执行机关和执行的意义，各种判决、裁定的执行程序，死刑、死缓的变更，监外执行，减刑和假释程序，对新罪、漏罪和申诉的处理以及人民检察院对执行的监督等内容。习近平总书记对政法工作一直很重视，2014年1月7日，他在中央政法工作会议上强调，政法机关要完成党和人民赋予的光荣使命，必须严格执法、公正司法。他引用古代《官箴》中的名言"公生明，廉生威"，指出执法司法是否具有公信力，主要看两点：一是公正不公正，二是廉洁不廉洁。我们应当以习近平法治思想为指引，全方位完善刑事执行制度。

习近平法治思想全面而深邃，涵盖刑事诉讼制度的方方面面，囿于篇幅限制，本文不再详述。而我们在课程设计和大纲修订中会持续根据不同的知识模块将习近平法治思想有机融入"刑事诉讼法"的课程教学中，同时也会在具体的课程教学环节中予以呈现。

三、将习近平法治思想融入"刑事诉讼法"课程教学全过程的实践探索

（一）教学环节设计

我们对本科生的培养注重过程性考核，不仅在期末考试中会对学生的学习情况进行考试方式的考核，还注重在教学的整个过程中以丰富的课程设计方式，全程把握和督促学生学习，并将过程中的教学环节纳入学生的最终成绩评价。过程中的教学环节主要包括课程讲授中的雨课堂互动、课堂实践、课后作业与课外阅读等。

（二）具体教学环节实施

1. 课堂讲授环节

在深入学习、全面领会习近平法治思想的基础上，结合"刑事诉讼法"课程体系，全面梳理、架构应融入"刑事诉讼法"课程的知识体系。根据"刑事诉讼法"的课程特点，将上述知识体系融入课程教学大纲，并在实际的课堂教学中全面执行教学大纲。

2. 课堂实践环节

刑事诉讼法课堂实践环节为 6 个学时的案例分析课，在案例分析课中，组织学生对有典型意义的刑事诉讼案例进行分析讲演，并引导学生将习近平法治思想融入案例分析中。

3 课后作业环节

在课后作业环节，引导学生运用习近平法治思想思考和讨论刑事诉讼相关的理论与实践问题，并在读书笔记中形成有意义的记录。

4. 课外阅读环节

在课外阅读的推荐书目和篇目方面，着重推荐有助于引领青年学生形成健康、客观、正确价值观的作品，推荐学生学习习近平法治思想的相关原文，并引导学生对阅读材料进行思考并在读书笔记中形成有意义的记录。

四、结语

我们在深入学习、全面领会习近平法治思想的基础上，结合"刑事诉讼法"课程体系，全面梳理、架构应融入"刑事诉讼法"课程的知识体系。首先根据"刑事诉讼法"的课程特点，将上述知识体系融入课程教学大纲。然后，在实际的课堂

教学中全面执行教学大纲,并形成反馈机制,从人才培养和课程建设上形成理论成果,同时形成课程教学实践中的具体实施方案。

争取在探索和完善天津商业大学"刑事诉讼法"课程思政教学与实践体系,健全法治人才培养体制机制的同时,将习近平法治思想融入"刑事诉讼法"课程教学全过程,培养更多能够全面贯彻习近平法治思想、坚定不移走中国特色社会主义法治道路的社会主义建设者和接班人。

广告心理学课程教学实践
与课程思政建设[*]

王　琦①

一、广告心理学与课程思政结合的重要性

(一)广告心理学与思政教育的意义

广告心理学作为一门研究消费者对广告认知、情感和行为反应的科学,具有深厚的社会学、心理学和人文学基础。广告心理学的本质是研究人(消费者)的心理活动,是一门既有理论性又具有应用价值的学科。广告心理学的研究,有助于我们深入理解广告如何影响消费者的认知、情感和行为,从而更好地理解和引导消费者。

思政教育是我国教育体系的重要组成部分,旨在引导学生树立正确的世界观、人生观和价值观,培养学生的社会责任感和公民素质。思政教育的目的,是通过理论教学和实践活动,使学生充分认识到社会主义核心价值观的重要性,并将其内化为自己的行为准则。《中共中央关于全面深化新时代思想政治教育工作的指导意见》强调了在所有课程中,包括专业课程中都要融入思想政治教育的内容,以提升学生的社会责任感和公民素质。

---

* 本文系天津商业大学课程思政示范课建设项目"广告心理学"(22XJKCSZ0146)成果;天津商业大学"企业法律实务教学团队"(24JXTD0103)阶段性成果。

① 王琦,女,法学博士,天津商业大学法学院讲师,主要研究领域为社会心理学。

在全面深化思政教育的背景下,广告心理学与思政教育的结合尤为重要。广告心理学是一门应用性强的学科,在其教学过程中融入思政教育,既符合政策文件的要求,也有助于提升课程的教学质量。广告心理学与思政教育的有机结合,可以使学生在学习专业知识的同时,提升思政素养,培养社会责任感和公民素质。同时,这也有助于提升广告心理学的社会价值,使其在服务社会、服务人民的大局中发挥更大的作用。广告心理学与思政教育的结合,不仅是教育改革的需要,也是社会发展的需要,对于培养具有社会责任感和公民素质的优秀人才具有重要意义。

(二)研究背景与目的

广告心理学与思政教育的结合是全面深化思政教育的需要。在当前社会环境下,全面深化思政教育已成为我国教育改革的重要方向。随着信息时代的到来,广告作为一种信息传播方式,其对社会、个体的影响力不断加强,特别是对年轻人的影响。因此,在广告心理学课程中融入思政教育,既是教育改革的需要,也是社会发展的需要。广告心理学是一门研究广告与消费者心理关系的科学。广告心理学的研究对象不仅包括广告,还包括广告的接受者——消费者。广告心理学的特殊性决定了其在教学过程中融入思政教育的可能性和必要性。广告心理学作为一门应用性强的课程,其教学质量直接影响到学生的专业素质和职业素养。而思政教育的融入,可以提升广告心理学课程的教学质量,使学生在学习专业知识的同时,提升思想素质和道德修养。

在当前全面深化思政教育的背景下,如何在广告心理学课程中融入思政内容,是我们需要解决的问题。我们需要探索合适的融入方式,使思政教育与广告心理学课程的教学内容相适应,使学生在学习广告心理学的过程中接受有效的思政教育。思政教育的融入需要我们研究有效的教学策略。我们需要根据广告心理学课程的特点,以及学生的学习需求和特点,确定适合的教学策略,使思政教育的融入能够取得实效。融入思政教育的最终目的,就是实现思政教育的目标,即培养学生的社会责任感和公民素质,引导学生树立正确的世界观、人生观和价值观。我们希望通过在广告心理学课程中融入思政教育,使学生在学习专业知识的过程中提升思政素养,成为具有社会责任感和公民素质的优秀人才。

二、广告心理学与思政教育的实践

（一）结合点的识别

广告心理学与思政教育的结合，首先需要识别两者之间的结合点。广告心理学与思政教育的结合点主要在以下几个方面。

广告伦理。广告作为一种传播工具，其内容的真实性、公正性以及对公众的影响是重要的伦理问题。这与思政教育中的公正、诚实、尊重等价值观念相吻合。

社会责任。广告在传播商品信息的同时，也在影响社会观念和价值取向。广告制作者需要对其可能产生的社会影响负责。

消费者权益保护。广告对消费者的影响力是巨大的，消费者的知情权、选择权等基本权益需要得到保障。

（二）结合点案例

案例一：华为手机广告

结合章节：(1)广告心理学概论。讲解广告的功能，指出广告不仅是商业信息的传播手段，也是社会文化价值观的传播渠道。引导学生思考：广告中反映的价值观是什么？(2)需求与广告激发。①请学生回顾需求的概念和类型，以及广告如何通过激发消费者的内在需求和外在需求来推动消费行为。②引导学生理解广告如何通过激发消费者的社会需求和自我实现需求来推动消费行为。思考：广告在激发这些需求的过程中，是否尊重了消费者的权益？(3)记忆与广告强化。讲解广告如何通过塑造品牌形象和品牌故事来影响消费者的记忆。在这个过程中，教师可以引导学生自行查找反例：哪些广告在塑造品牌形象和品牌故事的过程可能存在夸大事实、误导消费者的问题？这涉及商业道德和商业诚信的问题。

案例二：多芬产品广告

结合章节：(1)注意与广告吸引。①讲解广告如何通过视觉、听觉等感官刺激来吸引消费者的注意力。引导学生思考：广告在吸引注意力的过程中，是否存在过度夸大、误导消费者等不道德的行为？②广告如何通过社会热点、文化符号等方式吸引消费者的注意力。思考：广告在使用这些方式吸引注意力的过程中，是否尊重了文化多样性？（2）态度与广告说服。①讲解广告说服的基本原理：广告如何通过各种手段（如权威证明、社会共识、互惠原则等）来说服消费者改变态度。思考：广告在说服过程中，是否存在利用消费者心理漏洞、大众热点等误导消费者的行为？②进一步讲解广告的社会责任，包括提供真实、全面的信息，尊重消费者的选择权，不损害公众利益等。让学生选择一个广告案例，分析这个广告如何平衡商业利益和社会责任，以及这个广告的社会影响。（3）情感与广告诉求。①讲解广告如何通过情感诉求来影响消费者的购买决策。在这个过程中，教师可以引入理性消费的概念，让学生理解在面对这种情感诉求时，如何保持理性，避免冲动购买。②讲解广告如何通过推动消费主义，导致资源浪费和环境污染。引导学生理解环境保护的重要性，以及他们作为消费者如何通过理性消费来保护环境。

案例三：BOSS 直聘广告

结合章节：（1）想象与广告创意。①广告创意的生成。教师可以讲解广告创意的生成过程，包括信息收集、思维碰撞、创新设计等步骤。思考：在创新设计过程中，广告创意是否能够满足消费者的审美需要？②广告创意的评估。讲解广告创意的评估标准，包括创新性、实用性、社会影响等因素。思考：在评估广告创意的过程中，如何平衡商业效果和社会责任？让学生分析这个广告创意的评估过程，以及这个广告创意的社会影响。（2）广告心理的效果测定。①讲解广告效果的测定方法，包括问卷调查、实验研究、焦点小组讨论等。思考：在测定广告效果的过程中，是否存在侵犯消费者隐私的行为？②让学生设计一份简单的广告效果测定问卷，然后进行小规模的调查。在调查结果的分析过程中，教师可以引导学生思考：在收集和分析数据的过程中，如何保护受访者的隐私，如何公正、公平地呈现数据？

（三）结合方式的探究

广告心理学与思政教育的结合有以下几种途径。

1. 课程设计

思政教育的元素被直接融入教学中。例如，在讲解广告伦理时，教师可以引入社会主义核心价值观,讨论广告如何在传递商品信息的同时传递某种价值观念,以及这种价值观念对社会和个人有何影响。在讲解广告效果测定时,引入数据伦理的概念,讨论在收集和处理数据的过程中,如何尊重消费者的隐私权、知情权等基本权益。通过这种方式,思政教育的内容被自然地融入专业教学中,不仅使学生在学习专业知识的同时理解和接受了思政教育的内容,而且使思政教育的内容更具有针对性和实效性。

2. 实践活动

实践活动是思政教育的重要途径。教师设计相关的实践活动,让学生在实践中体验和理解思政教育的内容。例如,让学生分组设计一项广告效果测定的实验,然后进行实际操作。在这个过程中,学生需要考虑如何在保证测定效果的同时,尊重受试者的基本权益,遵守数据伦理的原则。通过这种方式,学生可以在实际的操作过程中深入理解和接受思政教育的内容。

3. 反思和讨论

反思和讨论是培养学生批判性思维和独立思考能力的重要途径。在教学过程中,教师可以鼓励学生对广告的影响、广告的伦理问题等进行深入思考和讨论。例如,学生分析一些实际的广告案例,讨论这些广告是否存在伦理问题,以及这些问题对消费者和社会的影响。通过这种方式,学生可以在思考和讨论的过程中深入理解和接受思政教育的内容。

（四）结合效果的分析

结合效果的分析是评估广告心理学与思政教育结合成效的重要环节。分析的方式可以多样化,主要包括以下几方面。

1. 学生反馈

学生的反馈是评估教学效果的重要指标。教师可以通过问卷调查、面谈、在线反馈等方式,收集学生对课程的认知程度、接受程度以及对思政教育内容的认同程度等信息。这些反馈可以帮助教师了解教学的效果,以及思政教育的实施情况。如果学生反馈他们能理解并接受课程中的思政教育内容,并能在实际生活中应用这些内容,那么就说明广告心理学与思政教育的结合效果良好。

2.观察学生的行为变化

观察学生的行为变化是一种有效的评估方式。教师可以通过观察学生在面对广告时的反应,评估他们是否能做出理性的判断,是否能识别并抵制不道德的广告行为。如果学生看到某个广告后,不仅能分析出广告的策略,还能从伦理角度评价广告,并做出符合自己实际需求的购买决策,那么就说明他们已经理解并接受了课程中的思政教育内容。

3.学生的实践成果

学生的实践成果是评估教学效果的另一个重要指标。在实践活动中,学生是否能体现出对伦理原则和社会责任的理解和尊重,是评价思政教育效果的重要依据。如果学生在设计广告或进行广告效果测定时,能考虑到广告的社会影响,尊重消费者的权益,那么就说明他们已经理解并接受了课程中的思政教育内容。

三、教学策略

(一)以学生为中心的教学策略

学生是教学活动的主体,因此,教学策略应以学生为中心。第一,教师需要充分了解学生的兴趣、需求和学习风格,以此为依据设计教学内容和教学方法。如果学生对实践活动感兴趣,教师可以设计更多的实践活动,让学生在实践中学习和理解广告心理学和思政教育的内容。第二,教师需要注重学生的参与和互动,鼓励学生积极参与讨论和实践活动,发挥学生的主动性和创造性。

(二)创新教学方法,提高教学效果

创新教学方法是提高教学效果的关键。第一,教师可以通过使用多媒体、网络等现代教学手段,使教学内容更生动、有趣。例如,教师可以使用视频、动画等形式,展示广告的制作过程,解析广告的心理技巧。第二,教师可以设计不同的教学活动,如小组讨论、案例分析、角色扮演等,让学生在多样化的教学活动中学习和理解广告心理学和思政教育的内容。第三,教师可以尝试使用翻转课堂、项目式学习等新型教学模式,引导学生自主学习,提高学习效果。

(三)建立评价机制,监控教学效果

建立评价机制是监控教学效果、提高教学质量的重要手段。第一,教师可以通过定期的测试、作业、小组项目等方式,评价学生的学习效果。第二,教师可以通过问卷调查、面谈等方式,收集学生的反馈,了解学生对教学内容、教学方法的看法,以及他们对思政教育内容的理解和接受程度。第三,教师可以根据评价结果,及时调整教学策略,改进教学方法,提高教学效果。同时,教师也可以通过评价机制,了解广告心理学与思政教育结合的效果,为进一步推广和深化这种结合提供参考。

四、效果评估

为了评估广告心理学与思政教育的结合效果,笔者采用了问卷调查的方法,设计了一份包括对广告心理学理解程度、思政教育接受程度以及对二者结合看法的问卷,并邀请了50名大学生参与调研。调查结果表明,大部分参与者(约80%)表示能够理解广告中的心理策略和技巧。绝大多数参与者(约90%)认为思政教育对他们的成长和发展有积极影响。

在广告案例分析中,大部分学生能够准确分析广告中所运用的心理策略,表现出对道德和伦理问题的关注,并提出了对广告内容的合理质疑,大部分学生表现出了积极的学习态度。

通过对广告心理学课程的实证研究,发现融入思政内容的广告心理学课程具有较好的教学效果,学生的思政素质和道德修养得到了显著提升,学习兴趣和学习满意度也得到了提高。这一研究结果证明了广告心理学课程中思政内容的融入和有效教学策略的重要性。

五、总结

广告心理学课程中思政内容的融入与有效教学,是提升课程教学质量、实现思政教育目标的重要途径。通过创新教学内容,利用案例教学,加强实践教学,以学生为中心的教学策略,可以有效提升广告心理学课程的思政教育效果。未来可以进一步探讨其他专业课程中思政内容的融入和教学策略,为高校思政教育提供更多的实践经验和理论支持。

人工智能背景下
课程思政教学改革与创新路径研究探索

谢　峰①

一、课程思政建设现状

课程思政这一概念出自上海某高校,为的是解决大学生思想教育的困境,特别是现在的思想政治课如近代史纲要、形势政策等课程与其他专业课弱相关或不相关的问题。当前我们主要利用思想政治相关案例资源激发学生对爱国主义教育的深刻认识。

什么是课程思政呢?从以往经验来看,思政指的是思想政治教育,比如思政专业课学习或者思想政治相关的实践活动。课程就是学校开设的基础课、专业课等所有以课堂为主的学科学习。课程思政就是把专业课、通识课与思想政治教育结合在一起。② 以往的思想政治教育主要放在思想政治相关课程上,思想政治教育更多是借助课程达到育人的目的。

课程思政与大思政的提法有相似之处,不是单纯依靠思想政治相关课程教育学生,更多是挖掘与思想政治相关的要素及其与所有课程的相关关系,形成教育合力。

① 谢峰,天津商业大学法学院,中级政工师。
② 王秀阁:《关于"课程思政"的几个基本问题——基于体育"课程思政"的思考》,《天津体育学院报》2019 年第 3 期。

以前我们的思想政治教育往往是显性教育，像古代的孟母三迁、现代的学区房都是我们对教育重视的直接表现。以美国为代表的西方国家，往往采取隐性教育的方式，他们通过各类媒体控制舆论导向。课程思政强调的是合力，把思想政治教育融入学科教育，使大学生潜移默化地受到思想教育。①

近年来，人工智能技术快速发展，国外一些科学家甚至提出，文明的主体未必需要人类。作为教育工作者，我们要对人工智能这一新兴技术给予足够的重视。我们要利用好人工智能这一工具，探索思政教学改革的路径，占领高校学生思想政治教育的主阵地。

二、人工智能发展现状

（一）人工智能发展历程

20 世纪 40 年代，很多实验室开始研究信息技术，智能控制相关技术研究也由此开始，当时有科学研究人员提出自动进行二进制编码。1956 年达特茅斯会议上，正式提出人工智能这一概念。当前，人工智能日益影响人们生活的方方面面。很多科学研究人员提出，人工智能在伦理道德、数字安全等方面具有安全隐患。

国内对于人工智能与思政教学的关系研究较少，以美国为代表的西方国家更加重视现代科技与思想教育。他们的思想教育比较普遍，多以媒体传播，具有隐蔽性和渗透性。一些国家还成立了监测机构以监督学生，人工智能技术在国外终归是服务于统治阶级的。美国在人工智能的研究方面占据绝对领先地位，这对我国大学生的思想意识构成了潜在威胁。②

2016 年以来，我国出台了很多政策支持人工智能技术的发展。国务院还把智能教育作为国家发展战略的内容之一。毫无疑问，人工智能作为新一代的技术引擎，将对人们生活的方方面面产生深刻的影响。如今我国十分重视人工智能技术的发展与研究，积极推动人工智能与教育的融合，所以人工智能与思想政治教学改革创新是当前研究的一个重点。随着人工智能技术的发展，技术与思

---

① 王艳平：《高校"三全育人"的特征及其实施路径》，《思想理论教育》2019 年第 9 期。
② 赵富学、陈蔚、王杰，等：《"立德树人"视域下体育课程思政建设的五重维度及实践路向研究》，《武汉体育学院学报》2020 年第 4 期。

想政治教育的融合越发重要。

2019年以来,我们加快人工智能方面法律体系的建设,为今后技术的发展奠定了法律基础。主要考虑以下几个方面。首先,人工智能是一门新兴技术,是技术就要为人民服务,所以我们要保证人工智能技术的应用不会损害人权。其次,法律要具有前瞻性,人工智能技术突飞猛进,防止产生法律滞后于技术迭代的情况产生。最后,要对人工智能的运行原理进行普及,对于出现的问题要及时调整解决,更好地为人民服务。

人工智能集成了数据库、自适应学习、语言处理、图像处理、数据分析等技术,综合适用于图文处理、视频生成的环节,今后也许会在机器上大规模应用,由机器人完成复杂、危险的工作,进而推动科技的进步。

（二）人工智能应用场景

现阶段人工智能是运用电脑或其他硬件设备,通过感知获取模拟环境实现对现实的模仿技术。随着计算机芯片等设备的发展,人工智能应用的范围越来越广泛,世界各国越来越重视人工智能技术。[1] 人工智能系统通过学习模仿人类大脑的工作方式,可以逐步学习,今后由机器人完成纷繁复杂的体力劳动。人机配合可以各取所长,机器人做危险的重复性工作,使工厂自动化程度进一步增强。

数字化是人工智能的重要特点。充足的信息输入是人工智能发展的重要基础。编程是计算机的基础,计算机是人工智能的重要工具,人工智能在解决问题的同时也为人类进步提供了宝贵经验。例如,雨课堂、微信小程序等多媒体工具使课堂教学变得更加丰富,实现了多维度的交流互动。高校要利用好人工智能这一工具,通过专业的思想政治教育教师队伍,将人工智能与思政教学融会贯通。

三、人工智能赋能课程思政

（一）人工智能为思想政治教育搭建平台

无论是传统意义的课堂讲授还是现代的新媒体都需要以工具为载体。人工

---

[1] 严远亭、张以文、陈洁,等:《高年级本科生人工智能课程教学实践与探究》,《计算机教育》2018年第7期。

智能这一新兴工具使思想政治教育多出一种选择形式。人工智能可以使沟通互动更加顺畅,利用大数据技术为大学生量身打造适应性教育环境。该技术对于思想调研、舆情监督等分析工作具有很大帮助。总之,人工智能既可以作为技术供教育工作者进行选择,也可以作为一种观念加以普及。我们要着眼于时代变化,适应新环境,为教育工作增添活力。

（二）人工智能带来的机遇和挑战

随着人工智能的快速发展,国家出台了相关政策,推动技术与教育的深度融合。① 与传统课堂相比,人工智能大大改变了传统的教和学。首先,在大思政背景下,人工智能技术高度模拟还原真实场景,赋予图片、文字、视频更大的选择性和拓展性,再通过虚拟现实(VR)等技术使学生身临其境地接受爱国主义熏陶。其次,从教师方面来说,教师是思想政治教育的生力军,借助人工智能工具,教师可以掌握学生思想动态,通过大数据分析观察学生的思想变化,及时调整教学方式和内容。最后,人工智能突破传统的空间限制,减少了学生对传统教室的依赖。

（三）人工智能可以完善课程思政评价体系

传统的教学考核方式,大多依赖教学督导和学生评价。督导不可能天天跟着一位老师听课,一次听课也不能展现任课教师的全部水平。在新技术的支持下,借助智慧教室、视频播报等可以准确掌握教师的上课情况。利用人工智能图像语音识别技术可以及时预警并采取措施。

（四）教师如何看待人工智能

经调查了解,部分教师对于人工智能技术的发展持观望态度,少部分教师有抵触情绪,还有个别教师认为人工智能类似于接入电脑新媒体相关技术。课程思政需要教师投入感情、认知、共鸣等各项主观能力,要根据学生群体、语言环境、课堂内容等因素与学生进行互动,而不是照本宣科,所以部分老师认为人工智能应用于思想政治教学的意义不大。

---

① 王兴梅、赵一旭、战歌:《"新工科"背景下机器学习课程思政建设的研究与实践》,《高教学刊》2022 年第 5 期。

（五）提升教学水平

大多数从事思想政治教学的教师具备专业本领，多是文科专业出身，对于人工智能工具①的运用并不熟练。尤其是年龄偏大的教师，单是新媒体产品的使用就是一个很大的障碍。人工智能并不是一个设备或者一套系统，不能直接套用到思政教学上。这就要求社会、学校统筹规划，通过信息类学科专业培训、不定期的技术培训、教师技能大赛等多种方式促进教师的专业成长。

四、课程思政教学改革路径探索

人是社会中的一员，多个个体组成了现在的社会。思想政治教育就是针对社会人的共性教育，思政教育做得越到位，越有利于社会团结、社会稳定。人存在于社会大环境中，潜移默化地受到社会大环境的影响。

（一）高校思政教学改革与人工智能的关系

在高校思想政治教育中，我们不能完全依赖人工智能，更多是发挥人工智能的技术优势，同时又不受限于该技术。算法是软件的核心，人工智能的核心是数据库，我们需要建立符合当代大学生特点的数据库，精准定位思政教学，避免产生负面言论。

思想政治教育是一个长期而复杂的系统工程，我们要根据时代变化不断优化和补充，还要形成好的经验和示范。人工智能只是教师使用的一种工具，上好思政课教师是关键因素。思政教学改革不是简单地增加一项工具、增加一门课程，而是利用好现有资源进行整合、优化和融入，由各专业课教师在课堂上以适当的形式传授给学生，达到润物细无声的目的，毫不夸张地说，思想政治教育是一门艺术。

（二）人工智能在课程思政中的作用

传统的思想政治教育很多是单向传导，从老师到学生，从课本到课堂，基本是单链路传递。随着科技的发展，人工智能技术逐渐进入思政教学，单一化的教学变得丰富起来。虚拟数字人、VR 投影技术使现代教育多了一些选择的余地。此外，针对偏远地区师资力量薄弱的问题，人工智能也能在一定程度上予以

---

① 佚名：《新一代人工智能发展规划出炉》，《政策》2017 年第 8 期。

缓解。

现代社会纷繁复杂，利用人工智能技术进行筛选、过滤、检测，能在一定程度上避免学生受到不良信息的侵害。不符合社会主义核心价值观的言论观点也可以第一时间屏蔽，确保大学生所处的网络环境健康积极向上。

（三）使用人工智能的注意事项

人工智能应用于思想政治教育改革存在潜在的风险。[①] 我们要考虑全体师生的知情权，使用前要调查征求全体师生的意见建议。再者，要有长远的统筹安排。使用人工智能不是一时兴起，要考虑学生、学校的长期发展。人工智能更像是电脑里的软件，随着时间的推移需要进行相应的迭代升级，以更好地满足学生个性化的学习需求。

人工智能更多的是聚集教学资源，充分发挥各专业各学科的优势，打造统一的大平台，把教育资源汇聚共享。挖掘红色教育资源，发挥课程思政的育人作用。

在应用人工智能技术的同时还要注意以人为本。例如，使用大数据技术可以获取贫困生在学校食堂消费的金额和次数、勤工俭学收入等信息，用于判断学生是否真正贫困，另一方面我们也要保护好学生的隐私，维护好学生的自尊心。

（四）人工智能应用于思政教学的路径探索

现代很多高校都在建设智慧校园，我们可以依托智慧校园的建设加上人工智能技术，推进思政教育改革。思想政治教育的本质是人的教育，人工智能只是丰富教育手段的工具，也要随时代变化而变化。就当前技术水平而言，人工智能并不是真正的智能，还不能自主地产生创造力，只是通过人为的输入输出训练产生新的内容。

人工智能技术的算法多是神经网络[②]，通过模拟大脑神经的思考方式产生对系列事件的辨识结果。好的人工智能是通过大量的数据"喂养"，根据这些数据特点做出分析推理。这些预测模型的输入就显得尤为重要。

---

① 高文超、张国英、钱旭：《高校人工智能课程思政的实践探索》，《计算机教育》2021 年第 3 期。

② 周良发：《智能思政：人工智能时代的思想政治教育变革》，《重庆邮电大学学报（社会科学版）》2019 年第 5 期。

为了更好地满足思政教学的需要,增加学生的学习效果,我们可以从课上课下两个维度出发。课上,通过对于学生数据的分析,及时调整思路、语气等内容。课下,对于讲授内容、课后作业、学生困惑等内容及时纳入下次课程的讲解。

人工智能毕竟是新兴技术,在用于思政教学改革方面也是一种新的尝试。为了保证教学效果正常有序,我们还要做好监督管理工作,加大对于不良信息的传播处罚力度。一旦发现传播利用不良信息等违法违规情况,相关监管部门要一追到底,严格追究相关责任人的法律责任和采取处罚措施,将不良影响降到最低,起到震慑和警示作用,为人工智能在思想政治教育改革中的创新奠定坚实基础。

(五)人工智能技术发展对于思政教育者提出新的要求

人工智能技术的逐步发展,对思想政治教育从业者提出了新的要求。首先,传统的思政教育者多具有文科背景,这就要求思政教育者克服挑战,努力提高技术和能力,进一步提高育人效果。在当前技术飞速发展的时代,我们作为思政教育教师只有不断提高技术使用水平,才能更好地将人工智能与思政教学结合起来使用,更好地完成立德树人的根本任务。其次,我们可以利用人工智能模拟当代大学生的思想状况。[①] 高校教师毕业后经过学习走上教师岗位,基本上年轻的教师与学生之间的年龄也要相差十岁,年长的教师与学生的年龄差距更大,这也决定了我们不能很好地理解当代大学生的一些行为习惯。人工智能可以在这方面拉近我们与学生之间的距离,使我们更好地融入学生。思政教育的根本是人的教育,我们要提高思政教育的温度,而不是冷冰冰地用技术、念课本。人工智能发展到目前阶段,还是无法取代人们的情感关怀。

作为思政教学的一线教育工作者,我们要树立教学新观念,及时学习调整运用新技术,创新思政教育新方法、新思路。[②] 人工智能不是与现实生活截然不同的,而是相辅相成、互相促进的。我们要兼顾人工智能的技术虚拟性和教育的实

---

① 崔建西、白显良:《智能思政:思想政治教育创新发展的新形态》,《思想理论教育》2021 年第 10 期。

② 王莎、徐建军:《运用大数据增强大学生思想政治教育实效性研究》,《思想理论教育》2016 年第 9 期。

际效果,实现人工智能在思政教学中的有机融入。人工智能技术可以突破空间局限,将课堂学习与课外学习相结合,为不同学生定制个性化、多样化的学习需求,做到因材施教。

学校层面也需要工科和理科技术类专业提供相关技术支持,为人工智能赋能思想教育提供技术保障。我们也要顺应时代变化,培养相关技术储备人才,做好思政专业知识储备,携手在人工智能与思政教学上创新,共同为大学生思政教育提供更多选择。

课程建设与教学创新

平等理念下国际私法课程教学的几点思考[*]

邹淑环[①]

　　平等作为人类社会共同的价值观,不仅是马克思主义的终极价值诉求,也是中国特色社会主义的内在要求和中华优秀传统文化的重要体现。正因如此,社会主义核心价值观倡导平等。[②] 国际私法作为我国法学专业本科教学核心课程,是以含有涉外因素的民商事关系为调整对象,以解决国际民商事法律冲突为中心任务。作为"私法",它不仅从调整对象上具有平等的特点,更是把平等的要求贯彻其具体制度中。在平等理念指导下的国际私法课程教学,要注重以下几点。

一、将平等互利原则作为国际私法的基本原则予以强调

　　我国法理学界认为"法律原则是可以作为众多法律规则之基础或本源的综合性、稳定性的原理和准则"[③],包括基本原则和具体原则。其中基本原则是指调整的社会关系领域比较宽广,体现了法律的基本精神和根本价值的原则。基本原则是整个法律体系或某个部门法所适用的原则。[④] 在特定的部门法中,基本原

　　* 本文系 2022 年天津商业大学校级课程思政示范课程建设项目(国际私法)阶段性成果之一。
　　① 邹淑环,法学硕士,天津商业大学法学院副教授,主要研究方向为国际私法。
　　② 郑流云:《试论社会主义核心价值观中的平等理念》,《学术论坛》2016 年第 10 期。
　　③ 姚建宗:《法理学》,科学出版社 2010 年版,第 39 页。
　　④ 舒国滢:《法理学导论》,北京大学出版社 2012 年版,第 111 页。

则居于"基石"地位,起"统领"作用,它要求该法律部门的其他规定都不得违背其精神。

关于国际私法的基本原则,我国国际私法学和西方国际私法学有不同的认识。国际私法是以解决各国民商事实体法对于一个民商事关系规定不同,且都竞相适用该民商事关系而产生的冲突为主要任务,因而西方国际私法学就将指导法官进行法律选择的原则视为国际私法的基本原则,认为它们起到了基本原则的作用。具体体现为依法律的性质决定法律的选择,依法律关系的性质决定法律的选择,依最密切联系原则决定法律的选择,依"利益分析"决定法律的选择,依案件应取得的结果决定法律的选择,依有利于判决在外国得到承认与执行决定法律的选择,依当事人的自主意思决定法律的选择等。① 但本文认为,在现代国际私法领域,国际私法规范分为三个层次:基本原则、指导法律选择的原则和具体的法律规则。其中国际私法的基本原则是从其全部领域中抽象得出,其他规则都不得违背其精神,于国际私法中处于基础地位。而上述指导法律选择的原则只是解决国际民商事法律冲突问题的基本准则,不能用于国际私法要解决的其他问题,如涉外民商事案件管辖权,因而它们不是作用于国际私法全部领域的基本原则。

国际私法的基本原则到底有哪几项? 国内教本有的不予谈及,如高等教育出版社出版的"马克思主义理论研究和建设工程重点教材"《国际私法学》,高等教育出版社和北京大学出版社联合出版的韩德培教授主编并由肖永平教授主持修订的第三版《国际私法》,中国政法大学出版社出版的张仲伯教授著第三版《国际私法学》等。有的教本涉及了这一问题,如北京大学出版社出版的李双元教授和欧福永教授主编的《国际私法》(第六版),书中认为国际私法的基本原则包括主权原则、平等互利原则、法律协调与合作原则、保护弱方当事人合法权益原则和条约信守原则②;杜新丽教授等主编的《国际私法》(第六版)列举了国家主权独立原则、平等互利原则、保护弱方当事人合法权益原则和维护和促进国际民商

---

① 李双元、欧福永:《国际私法》,北京大学出版社2022年版,第92－95页。
② 李双元、欧福永:《国际私法》,北京大学出版社2022年版,第31－34页。

事交往发展原则。① 后一类虽然在国际私法基本原则具体有几项的提法上略有差异,但都认为平等互利是调整涉外民商事关系应该遵循的基本准则,是国际私法的一项基本原则。

在国际私法领域内,坚持平等互利原则是建立国际正常民商事秩序的要求。其发展历史证明,当今对平等互利原则的漠视或违背的做法已经行不通了,如大量采用只指定适用内国法的单边冲突规则的做法已经被现代各国国内立法抛弃,扩大涉及本国公民案件的专属管辖也得到了抑制等。我国《涉外民事关系法律适用法》以内外国法律地位平等为基础,从立法技术上绝大多数采用了双边冲突规范和选择适用冲突规范。双边冲突规范的特点是适用内国法或外国法都有可能,关键看具体案件中系属的指定;而选择适用冲突规范更为灵活,在其规定的多个系属中,可能是有条件也可是无条件地选择,不限制系属必须与内国有关。可见,该法对外国法的适用持开放态度,将平等的理念贯穿始终。

综上所述,在国际私法课程教学中,要明确平等互利的基本原则和地位并加以强调,使学生认识其具有"指导性"作用。

二、使学生牢固树立内外国当事人法律地位平等的理念

国际私法之所以冠以"国际"二字,是因为它调整的对象具有涉外因素。这种涉外因素的判断,按照我国现行规定,从主体的角度,要么当事人一方或双方是外国公民、外国法人或者其他组织、无国籍人,要么当事人一方或双方的经常居所地在中华人民共和国领域外。由此可见,外国人成为国际私法的主体是无法避免的。

在当今国际社会,坚持内外国当事人法律地位平等,是外国人作为国际私法主体正常进行涉外民商事活动的重要前提。在此基础上,国家全面考虑自己承担的国际义务、国际法的基本原则、国际关系和本国的国家利益以及公民利益等因素,在不同的具体方面给予不同国家的外国人或国民待遇或最惠国待遇或不歧视待遇等。但基本前提是内外国当事人法律地位平等,只是在某一方面享有的具体权利和承担的具体义务有差异,对于外国当事人合法权益的保护不应因其是"外国人"而有所不同。只有这样,国际民商事交往才能得以正常进行。否

---

① 杜新丽、宣增益:《国际私法》,中国政法大学出版社 2022 年版,第 16 – 19 页。

则,不论内外国当事人谁的地位高,都无法进行平等交流,无法达到合作共赢、共同发展的目的。

国际私法的发展历史证明,承认或赋予外国当事人与内国人平等的法律地位是其产生的重要前提。从远古到 13 世纪左右,在欧洲大陆一些国家已经有了对外交往。但在古代文明国家,外国人或外来人仅仅具有奴隶身份,不得成为法律关系的主体。如在古罗马建国初期,轻视外国人,罗马法只承认罗马市民是权利主体,外国人被视为敌人。只是后来罗马征服了大片土地,为了发展对外商业贸易,才逐渐给予非罗马市民一定的法律地位,并用"万民法"来调整罗马市民与非罗马市民之间的民事关系,但"万民法"并不是今天国际私法的雏形,原因还是与平等相关,即罗马人不承认外国或外邦法和罗马法一样具有"法律"的地位。13 世纪,意大利的学者在寻求解决城邦之间的法则冲突时,围绕的问题之一是本城邦的法律能否适用于域内的一切人包括非城邦居民,这依然与当事人的法律地位有关。赋予在内国的外国人以平等的地位不是从来就有的,它是对外交往发展到一定阶段的必然要求,到了资本主义时期,采取相互待遇和平等待遇,这才加快了国际私法的发展。主体地位平等是私法类法律的基本特性,国际私法是调整平等主体之间国际民商事关系、解决国际民商事法律冲突的法律部门。

因此,在国际私法课程教学中,要将内外国当事人法律地位平等的理念深深植根于学生的头脑中,以此为思考问题、解决问题的一个重要的出发点。

三、立足内外国法律平等,揭示国际民商事法律冲突的实质

为了解决不同法域①之间的民商事法律冲突,在欧洲,公元 13—14 世纪意大利的法则区别说创立了冲突规则,标志着国际私法在西方出现。但如何看待这种法律冲突呢?

国际民商事法律冲突是"涉及两个或两个以上不同法域的民事法律对某一民事关系的规定各不相同,而又竞相要求适用于该民事关系,从而造成的该民事关系在法律适用上的抵触的现象,即适用所涉各法域互有差异的实体民法规范

---

① 法域是指适用独特法律制度的特定范围。见"马克思主义理论研究和建设工程重点教材"《国际私法学》,高等教育出版社 2023 年版,第 436 页。

会得出不同的判决结果的现象,从而必须解决究竟应该适用哪一个国家的法律来作出判决的问题,也就是法律选择的问题"①。由此界定可见,这种冲突是一种"适用你的法律、还是适用我的法律"的动态冲突,不是简单的内外国法律不同的静态冲突。这种"竞相要求适用"的前提是涉及不同国家的法律地位平等,也只有各国法律地位平等才能提出"适用谁的法律"问题。进一步分析可知,这种冲突是各国法律具有域内效力的同时,由于外国法律的适用,内国法的域内效力与外国法的域外效力发生了碰撞,产生了冲突,进而需要进行法律选择。内国法的域内效力与外国法的域外效力,或表述为内国法的域外效力与外国法的域内效力的冲突才是这种国际民商事法律冲突的实质。由此可见,在肯定了内外国法律平等的条件下,才出现了国际民商事法律冲突。如果内外国法律地位不具有平等地位,也就没有了国际民商事法律冲突,更不会出现适用外国法的情形。

讲国际私法离不开法律冲突,要讲清法律冲突,离不开内外国法律平等这一前提,平等的理念与国际私法相伴而生。

四、解学生对坚持国家主权原则为何还要适用外国法之惑

主权是一个国家对其管辖区域所拥有的至高无上的、排他性的政治权力,其基本特性之一就是具有平等性。国家主权原则是国际法体系中各法律部门都遵循的基本原则,但其在不同的法律部门具体表现不同。为了解决国家之间的民商事法律冲突才产生了国际私法,也只有在所涉国家之间坚持主权原则、国家之间相互尊重对方国家的立法权和司法管辖权,才会发生这种冲突,所以说国际私法是在坚持国家主权原则基础上产生的。国际私法的一些规则和制度与该原则也密不可分。比如,当一个国家法院决定适用外国法或为他国提供司法协助时,如果出现有害本国公共利益时可以启动公共秩序保留制度,果断予以拒绝,该制度确立的根据是国家主权原则,其作用也是为了维护国家主权,它是维护国家主权的"安全阀"。

按照国家主权原则,每一立法者颁布的法律都应在其管辖范围内发生效力,都必须承认和尊重每一个国家在处理涉外民商事关系时法律适用的权利和独立自主行使国际民事管辖权的权利。如果将国家主权推向绝对化,那么每一个主

---

① 李双元、欧福永:《国际私法》,北京大学出版社 2022 年版,第 5 页。

权者在其管辖范围内只能适用自己颁布的法律,外国法在他国不应具有域外效力。但国际关系发展的历史表明,这种将国家主权绝对化的极端做法是行不通的。因为主权国家为了开展国际合作,发展彼此的平等互利关系,对自己的主权不得不进行自我限制,允许外国法在一定条件下在本国内发生域外效力,这既是适用本国冲突规范的结果,也是发展对外交往的必然要求。而且在某种情况下,适用外国法对本国不是不利,而是更有利,更能保护本国当事人的利益。1973 年中国某轮船与希腊"神皇号"轮船在马六甲海峡相撞案件就证明了这一点。[1] 当然,这种对主权的自我限制是以对等为前提的。在国际私法中,既要讲坚持国家主权原则,同时要处理好适用外国法与尊重国家主权之间的关系。

在国际私法课程教学中,讲授者要摆事实、讲道理,将适用外国法的原因阐释清楚,通过实例让学生了解到适用外国法的真实结果,打消其顾虑,以积极的心态去接受在解决涉外民商事纠纷中可能适用外国法这一事实。不要一味地从绝对主权出发,盲目地认为不论何种涉外民商事纠纷,其解决时适用法院地法是唯一的选择。特别是在涉外民商事关系当事人选择外国法作为准据法的情况下,只要这种选择是法院地的法律赋予当事人的权利,那么在法律允许的范围内,当事人的选择结果就应该得到尊重,哪怕选择的法律不仅是外国法,而且可能是与系争的民商事纠纷没有实际联系的外国法。通过课上的分析,让学生明白坚持国家主权原则与适用外国法之间是可以协调的,外国法的适用无论是法官根据本国冲突规范的援引还是当事人行使选择权的结果,都是实施自己本国法律的体现,也是尊重国家主权的一种具体表现。

任何一门课程的教学,不仅要传授基础知识和基本理论,更为重要的是要将本学科中的基本理念传递给学生。在国际私法课程教学中,注意贯彻平等理念,将有助于学生对本课程内容的理解,抓住其关键。为此,教师要在具体知识点的讲授中,将平等理念渗透其中,通过分析具体知识点,使学生领会其中的原理,这样才能达到国际私法课程的教学目的,使学生掌握本课程的精髓。

---

[1] 袁成第:《涉外法律适用原理》,同济大学出版社 1988 年版,第 21 页。

论商法课程教学中的基本矛盾
及其解决方法

刘　涛①

商法是商事交易的直接规则,是市场行为最直接、最重要的法律表现形式,商法知识已经成为法学、财经、管理等相关专业研习者知识结构中的必备要素。在这个意义上,商法课程教学的重要性毋庸多言。

由于历史和现实的复杂原因,我国商法课程经历了从无到有、从外国法到中国法、从民商合一到民商分立、从整体商法到部门商法、从选修到必修、从简单到丰富的快速发展过程。② 在这一发展过程中,商法课程教学中的科学性问题、特殊性问题开始得到越来越多有识之士的关注,一些研究者以商法的内在品性与规律性为根据,结合我国高校法学课程教学的实际,提出了不少真知灼见。③ 沿着先见者开辟的道路,结合个人在商法课程教学中的经验反思,本文拟从商法课程教学中的基本矛盾分析入手,就其解决方法谈一点个人的思考。

一、商法课程教学中的基本矛盾分析

按照现代教育理论,教学内容、教学目的与教育对象是决定教学方法的三要

① 刘涛,法学硕士,天津商业大学法学院讲师,研究方向为公司法、证券法。
② 赵旭东:《商法课程的历史、现状与未来》,《中国大学教学》2009 年第 9 期。
③ 王涌:《我们需要怎样的商法教学——全国商法课程与教学建设研讨会评述》,《中国大学教学》2009 年第 9 期。

素,笔者认为,教学内容与教学对象是其中的重中之重,是教学任务基本矛盾构成的基础因素。其中,教学内容的特殊性、教学对象的特殊性又需要在授课过程中予以特别重视。进一步看,如果说作为教学对象的主体,也就是学生方面的特殊性对于所有本科法学课程的教学是一个共性问题的话,那么教学内容方面的特殊性则决定了整个商法课程教学基本矛盾的内容和性质。以商法课程教学为例,其在教学内容方面的特殊性具体表现为以下三个矛盾。

（一）商法理论的系统性与商法渊源的庞杂性之间的矛盾

从目前我国商法课程的构成来看,商法总论是教学内容的一个基本组成部分,其主要承担着商法理论系统化的任务。尽管在实际的教学中,商法总论往往沦为一个可有可无的"帽子",其对后续商法分论学习的助益极其有限,但是直到当下,无论是在整个法学教材的撰写上还是在法学课程教育的过程中,这种基于潘德克顿法学构建论的、体系化的思维仍然根深蒂固,乃至于实现"商法理论系统化"的努力仍是一种在事实上具有重要影响力的思想取向与行为取向。这种影响力现实化的结果直接表现为作为商法教材中的总论部分在形式上日益"系统化",这种"系统化"不仅体现在对商法的特征、基本原则的演绎归纳,更体现在对商主体、商行为等基本概念的抽象化与规范化。如果不是刻意的挑剔,仅仅从形式上观察,这种形构商法理论并努力使其"系统化"以至于终要使其达到"类民法总论"高度的工作方向已经明明白白。客观地说,这种努力在一定程度上推动了商法研究与教学的理性化水平,但也随之产生一个越来越严重的问题,那就是这种"系统化"与商法渊源的庞杂性之间的矛盾。按照传统的认识方法,可能大多数人难以认同这一观点,因为辩证法讲究对立统一,越是渊源庞杂越有系统化之必要,两者即便可称为"矛盾",恐怕也是统一高于对立。笔者认为,这种思维方式用于民法尚可,却不可用于商法。为什么? 归根到底,要考虑到商法的特殊性。商法渊源的庞杂性是指商法渊源不仅包括商制定法,也包括商判例法;不仅包括成文法,也包括习惯法;不仅包括商主体法,也包括商行为法;不仅包括国内商法,也包括国外商法,等等。单就上述内容来看,要在这些具体制度规范之上抽象出系统化的商法总则、总论谈何容易? 更为重要的是,商法制度具有更高的灵活性与易变性,市场中潜在的、新兴的商业模式、商业主体、商业行为使得任何抽象、归纳都充其量是"有限抽象""不完全归纳"。如果在商法课程中把这种"有限抽象""不完全归纳"以"商法总论""商法原理"等"高大上"的名义教授给学生,其结果利弊如何呢?就笔者的教学实践来看,有两种可能:一是带来更多不必要的迷惑。因为商法总论形式上的系统性、授课时的先入性导致学生在后续商法具体制度规则的学习中有意无意地去对照对比,这种"套公式"的思维与行为背离了商法的精神和商法的本性,影响到学生对商法微观规则背后制度成因、价值等问题的具体思考与分析。二是导致"两张皮"。学生基于后续的商法具体制度规则的学习一旦认识到商法总论部分理论"系统性"的无效与虚假,就会自然选择"分而治之",这在客观上实际等于因无效知识系统而增加了学生的课业负担,削弱了商法课程教学的针对性与实效性。

(二)商法规范形式的法律性与商法规范内容的经济性之间的矛盾

商法规范是商法课程教学中的核心内容,但是商法调整对象的特殊性决定了其规范形式的法律性与规范内容的经济性之间存在着矛盾。这种矛盾首先表现为规范的表述形式,即所谓"法言法语"与规范内容的经济性的对立。比如,我国公司法中的公司资本在法律形式上一般被确认为"注册资本",那么这种主要是在公司章程与工商登记材料中存在的静态记载在经济上有何意义?其被法律关注是否意味着它对各利益相关者是非常重要的?上述问题在授课过程中如果仅从法律解释学的角度考虑恐怕难以回答,必须从经济或者市场实践的角度加以理解,而这是所谓"纯粹的法学"教学教育力所不及的。其次,这种矛盾表现为规范的逻辑形式的法律性与规范内容的经济性之间的对立。换句话说,商法规范中的公平、公正等法律逻辑与作为调整对象的市场关系据以建立和维持的成本计算、利益博弈等这样的经济逻辑之间存在着紧张关系。比如,我国破产法中由法院指定破产管理人的规定,抽象来看,法院作为司法权主体在破产关系中具有超越性、中立性,由法院安排管理人有利于充分保障债权人集团与债务人双方利益的公平与公正。但是,如果考虑到我国具体的制度环境,考虑到债权人与债务人作为市场主体的自利动机及其将与不利于其利益实现的制度反复博弈的可能性,那么上述制度安排所存在与衍生的问题可能导致其在实践中失效,而这在授课过程中同样难以仅从偏向于静态的法律逻辑的角度去给予充分的解释与回应。实际上，类似问题在商事合同、证券、保险等其他商法具体规范的课程教学中随处可见，不胜枚举。在传统的商法教学观念下，由于固守法学纯粹化的观念或者缺乏知识融合的能力，这一矛盾的存在直接导致学生在理解上的表面化、静止化与片面化，由于不能或无力从规范内容的经济性出发来理解和思考商事制度的安排，使得大量的时间被浪费在法条对比、语义分析、立法目的解释等枝节问题上，实际上抹杀了商法与经济对象和市场实践之间的内在的紧密联系。

（三）商法制定法的形式理性与商法习惯法的经验理性之间的矛盾

众所周知，商法起源于商人习惯法，商法的生命也根植于商人习惯法中。这里的商人习惯法宜取广义的理解，可视为支配市场主体交易行为的那些直接的市场规则，既包括已经被法律化的，也包括尚未被法律化的市场规则。我国的商法渊源主要是制定法，这在客观上导致商法作为制定法的形式理性与商法作为习惯法的经验理性之间的矛盾，当然，这一矛盾可以通过立法程序、立法机制的调整得到一定程度的缓解和改善。从商法课程教学过程来看，受学时、授课人数等因素的限制，目前普遍采取的以制定法为主体的系统性、讲授式的教学方法，无论从教师的角度还是从学生的角度，这种授课模式都在一定程度上放大、加剧了商法制定法的形式理性与商法习惯法的经验理性之间的矛盾，容易产生两种不利后果：一是难以形成"自下而上"生成制度的商法思维观念。面对白纸黑字的制定法文本，听着讲台上正襟危坐的专家的权威讲解，难免不让人陷入"权威出商法"、商法"自上而下"而出的思维误区，最后形成一个颠倒了的商法世界观，忘记了无论在历史上还是在现实中，商人习惯法、市场主体的自发行为才是商法孕育发展的母体。二是难以形成"经验理性优先"的商法思维观念。在商法制定法的讲授中，通行的模式是一个典型的形式理性的演绎过程，即从一般概念、特征、原则开始到阐述具体法条规则要件结束。该模式下，师生的思维方式必然趋于收敛，对作为演绎前提的概念、原则的追问与反思必然趋于消极，且不论最终对规则中权利义务等问题的理解是否到位，其对商法制度生成逻辑的理解观念必然取向于一个类似几何学中的演绎的公理系统，而这对以经验理性、实践性为精神的商法来说无异于一场灾难，尽管这种模式可能在短期内是最有效率的一种授课模式或学习模式。

二、商法课程教学中基本矛盾的解决方法

商法课程教学中的三个基本矛盾,从根本上说,是商法实践性的本性与商法在特定时空下的存在形式之间的矛盾,只要商法还是商法,上述基本矛盾就必然存在,其不以人的意志为转移。传统的教学方法与模式的问题在于无意识地加剧了矛盾双方的对立程度,最终使教学结果与"全面、准确认识商法、合理地运用商法"这样的基本教学目相背离。因此,最重要的一步是意识到基本矛盾的存在,然后应根据矛盾的性质去寻找相应的解决方法。结合个人在商法教学中的经验反思,笔者认为有以下三种方法值得重视。

(一)问题导入法

问题导入法是指针对商法理论的系统性与商法渊源的庞杂性这一矛盾,弱化商法总论部分的抽象功能,强化其问题发现功能,跳出商法课程的形式化系统,将授课内容从观点、理论还原为问题,并结合学生兴趣与社会生活实际情况,进行内容与形式上的提炼与修饰,力争内容上"有货",形式上"有趣",然后将授课过程由单向度的讲授灌输变为双向度的问题抛出与发现、分析与解决。比如,在讲公司设立程序时,将枯燥的法律规定尽可能问题化为"你知道个人如何开公司吗?""市场上有没有办公司的快速通道?""你知道开公司最合算的方法吗?"由这些可能引发学生主动学习兴趣的问题开始,导入对具体制度安排的学习和对具体制度安排的反思。问题导入法取得成效的关键是既要"有货"又要"有趣"。"有货"的实质是指问题能够容纳、包含拟授课的相关商法制度的主要部分,在此基础上,问题具有的开放性、延伸性越大越好;"有趣"是指问题有一定的新奇性,能够激发学生学习、思考。兴趣是最好的老师,这个道理如果应用到商法课程的教学中,"问题导入"这四个字是适宜的,用好、用活问题导入法可以达到事半功倍的效果。

(二)知识融合法

知识融合法是指针对商法规范形式的法律性与商法规范内容的经济性这一矛盾,不惧怕对其背后非法学因素的挖掘分析,积极主动地运用经济学、社会学等跨学科的知识对商法规范内容的形成与演化、价值与逻辑进行多维度、多层面的立体思考。知识融合是20世纪以来在知识生产方式上出现的对传统专业学科跨域、交叉、综合的潮流与趋势,也是对法学教育整体的内在的要求。① 就商法课程教学而言,其对知识融合所应达到的广度、深度的要求也许是所有法学课程教学中最高的。比如,上市公司财务造假的法律规制问题,其不仅涉及多个法学分支学科的知识,诸如公司法、证券法、会计法、民法、刑法、民事诉讼法、证据法等,而且涉及这些法律制度背后或与之相关的会计、财务、税收、金融等多方面的知识。这就要求商法教师具备开放的、知识融合的心态与胸怀,彻底摆脱"法学纯粹论"的思想羁绊,博览群书,从而形成一个开放的、复合的知识结构与思维结构。从更高意义上说,这种知识融合不仅要包括法学学科内部各分支学科之间的知识融合,而且要包括法学学科与非法学学科之间的知识融合;不仅要包括逻辑推导与实务经验之间的知识融合,而且要包括科学教育与人文教育之间的知识融合等。

（三）案例辅助法

案例辅助法是指针对商法制定法的形式理性与商法习惯法的经验理性这一矛盾,由所要发现或分析的问题入手,从市场实践、法院判例中精选典型案例、差异化案例等原始素材供学生研讨,作为问题导入法的辅助,增强学生学习的主动性,并借此在学生头脑中强化商法作为习惯法"自下而上"的衍生逻辑与观念。案例辅助法可以用于商法课程教学的全过程:在学习新知识之前,可以分析型的案例开路,激发学生的学习兴趣,促使学生自主思考,挖掘、提炼出所要解决的问题;在新知识的学习过程中,可添加讨论型的案例,鼓励学生分组讨论,活跃学习气氛,强化多角度、多层面思考的求变、求新意识;学习新知识之后,可借描述型的案例联系市场实际,加深对刚刚学过的知识点的理解。案例辅助法取得成效的关键在于课前准备。在准备案例时,教师除了要熟悉案例的内容结构,还要着重把握案例中的重点与难点,以便上课时将其充分呈现给学生,以此激发学生分析的兴趣与思维的主动性。在此基础上,教师应明确与案例有关的基本原理,明了案例背后可能涉及的基本问题及其主要观点,根据商法课程的课时与学生人数,就其中适宜深入分析、思考的问题做充分的准备,在授课过程中引导学生予

---

① 刘涛:《论"知识融合"观念下的法学教育》,《首都法学教育研究》2015 年第 5 期。

以关注,并在最后给出清晰的回应与讲解。值得强调的一点是,作为案例辅助法运用的起点,商法课程案例的筛选与发现应满足典型性、新颖性、丰富性三个标准,即通过典型性来提高案例教学的针对性,通过新颖性来提高案例教学的趣味性,通过丰富性来提高案例教学的思想性。

三、不可忽略的约束条件

综上所述,商法课程的教学效果有赖于对其基本矛盾的正确认知与合理解决。从整体上看,商法课程教学中存在着若干基本矛盾,即商法理论的系统性与商法渊源的庞杂性之间的矛盾,商法规范形式的法律性与商法规范内容的经济性之间的矛盾,商法制定法的形式理性与商法习惯法的经验理性之间的矛盾。为了应对这些基本矛盾,可以在课程教学中尝试系统性地运用问题导入法、知识融合法、案例辅助法等方法作为解决之道。但正像哲学解释学上的一句名言"矛盾困惑着具有方法的人",矛盾分析不能脱离具体的约束条件,而作为辅助认知工具的方法框架,如果过于静态和机械地套用,就会适得其反,成为矛盾解决的新的障碍。因此,在商法课程教学中,上述认识框架仍属于参照系统的性质,在强调以矛盾视角尊重课程内在规律性的大前提下,要认真细致地考虑到商法课程教学目标、对象、学时等基本约束条件。对于商法课程的初学者而言,一定数量的生动的、简短的、与其生活世界密切联系甚至对其有直接影响的案例辅助教学应是优先的教学方法,在接触多元、充分的感性材料的基础上,逐渐引导其发掘、思考其中隐藏的商法制度问题与理论问题,并在问题解决过程中有意识、有步骤地尝试运用知识融合的思维与方法。对于商法课程的进阶研究者而言,应在课程教学中把更多的注意力放在问题导入的方法上,通过多视角、多维度的批判思维训练使其对商法制度问题与理论问题有新的、更为深度的认知,帮助其建立更为敏锐的问题意识与更为健全的判断力。

规范保护目的思维下的
"刑法(总论)"教学模式改革

苏　轲①

"刑法(总论)"与"刑法(分论)"共同组成了刑法学本科教育的两大基石,在新时代中国的建设发展中离不开刑法学课程为社会培养优质法治人才,这就需要刑法学教育因应时代发展要求,推陈出新。因此,应当适时对"刑法(总论)"课程进行教学模式改革的路径探索。

一、"刑法(总论)"教学模式改革的必要性解读

(一)刑法是社会治理的重要法治手段

刑法在我国的社会治理中占据着重要地位,进入新时代,伴随着中国特色社会主义法治体系的完善,刑法更是与其他部门法一道承担着社会治理的重要功能。一方面,当社会面临热点问题或者亟待解决的困难时,刑法总是人民群众第一时间想到的社会治理手段,虽然"刑法万能主义""重刑主义"并不值得提倡,但是人民群众的重视,使得刑法学教育尤为重要;另一方面,刑法作为"二次法""保障法",还为其他部门法社会治理效果的良好发挥提供了兜底保障,不少部门法内容都有着附属刑法的表述。因而,刑法作为社会治理的重要法治手段,其相

---

① 苏轲,男,刑法学博士,天津商业大学法学院讲师,主要从事刑法解释学、经济犯罪、公共危险犯相关理论研究工作。

关课程教学改革是十分必要的。

（二）"刑法（总论）"是法学本科教育的主干课程

刑法学是研究犯罪、刑事责任以及刑罚问题的法学分支学科，同时也是教育部确定的全国高等学校法学专业 14 门核心课程中的基础学科，在法学专业课程体系中居于重要的地位。[①]"刑法（总论）"与"刑法（分论）"是本科刑法学教学中最重要的两门课程，总论在前，分论在后。"刑法（总论）"课程要让学生了解刑法与刑法学的基本问题，继而引入对犯罪论的深入学习，最后引导学生学习刑事责任与刑罚论问题。"刑法（分论）"则是总论课程知识在个罪中的展开与运用。"刑法（总论）"课程在刑法学教育中位于先导性、关键性地位，若总论内容的学习效果不佳，将导致整个"刑法学"课程学习知识体系构建的失败，继而影响后续分论内容的学习以及后续相关课程的深入。因此，"刑法（总论）"作为法学本科教育的主干课程，其重要性不言而喻，其教学改革问题理应引起人们的重视。

（三）"刑法（总论）"为法律职业资格考试的关键出题方向

法律职业资格考试作为法律从业人员的入门资格考试，以庞大的部门法知识点体量与注册会计师考试并称"天下第一考"，而在法考培训界又有着"得民刑者得天下"的经验之谈。究其原因，是民法、刑法知识在考试题目分数占比中分列第一、二位，且二者偏重于体系性考查，无法短期速成，因此考生往往会在复习上付出大量的时间。"刑法（总论）"的授课内容与"刑法（分论）"紧密相连，且因果关系、认识错误、正当行为、共同犯罪、罪数形态、刑罚裁量等总论内容皆为法律职业资格考试中的重点与难点，虽然教学难度与深度同法考有别，但是良好的本科教育有助于学生后续的法考复习及通过，进而影响学生后续毕业就业、考研、考公等发展。有鉴于此，"刑法（总论）"作为法律职业资格考试的关键出题方向，其本科教育改革之成效对于学生发展有着重要意义。

二、"刑法（总论）"传统教学模式既有问题剖析

正如前文所述，"刑法（总论）"的教学模式改革是具有必要性的，然而，任何

---

① 张阳平:《二本院校刑法学教改浅议》,《长春大学学报》2014 年第 8 期。

改革完善之举，不可泛泛而谈，需要针对现实问题进行深入剖析，如此方可对症下药。具体而言，"刑法（总论）"传统教学模式的既有问题可归纳为以下三个方面。

（一）学情与总论特性交织授课难度增大

"刑法（总论）"课程安排在大一下学期，此时的学生已经学习了"法学导论""宪法"等基础性课程，具备了一定的法律素养，但总体而言，此时学生的法律思维与法学体系尚未正式形成，这就意味着"刑法（总论）"教学需要照顾到学生情况，授课时不可过于急切，应注意从生活中举例，使学生尽快适应刑法学内容，开始构筑自身的刑法学知识体系，如此才能为之后学习"刑法（分论）"打下良好的基础。同时，"刑法（总论）"的固有特点也应引起重视，总论较之分论具有抽象的特点，且总论课程的讲授必然先于分论课程，然而，鉴于总论内容常需要借助分论个罪进行展示，这就使得传统教学模式中学生要通过没有学习过的个罪案例去理解正在学习的总论知识，这样的授课模式无疑会增加学生理解的难度。此外，总论内容体系性较强，这就意味着某些章节内容的表述要借由后续待学章节的内容进行举例，这显然是置学生于概念海洋中，容易迷失方向。在学情与总论特性的交织下，在"刑法（总论）"的传统授课模式中，学生往往搭建知识体系较为缓慢，也容易在概念中产生困惑，这对于刑法初学者而言，显然不利于其学习兴趣与学术热情的培养。

（二）课后练习与知识应用途径相对匮乏

如前所述，由于尚未学习刑法分论部分，在"刑法（总论）"的教学过程中，使用分论个罪案例其实并不顺畅，甚至有可能给学生带来额外的基于未学知识的疑惑。"刑法（总论）"的授课对象是大一学生，大一学生尚未脱离高中时期的学习模式，然而，无论是本科教育还是法考复习，刑法的学习重点都在于体系性理解，而非串联知识点，这与刑法案例的多样性与考查方式的灵活性是分不开的。另外，市面上现有的刑法相关练习题大多为法律职业资格考试的真题或模拟题，法考的命题特点决定了其总分相关、案例为主的状态，这就使得没有学习刑法分论知识的学生无法顺利找到题眼，如果为了掌握"刑法（总论）"知识点进行巩固练习，只会适得其反，学生往往纠结于总论知识点而不得其解，但最终答案是分论知识导向的,这样学生对于已学知识产生困顿的同时,也大大挫伤了学生的自信。除此之外,刑法的适用形式以具体案例中行为人相关行为的罪与非罪问题及此罪与彼罪问题的判断,以及刑罚的裁量评价为主,对于只学习了"刑法(总论)"的学生来说,知晓了抽象的犯罪构成理论,却无法进行个罪的定性评价,了解了刑罚裁量的步骤,却无法对具体案例进行科学量刑,进而使学生对总论知识产生一种"学会了又没完全学会"的挫败感。综上所述,可供选择的课后练习不足,知识应用途径又相对匮乏,以上二者皆不利于"刑法(总论)"学习过程中学生对于知识的巩固与掌握。

(三)教材与法律职业资格考试衔接不畅

法律职业资格考试几乎是所有法律从业者的必经之路,正如前文所述,刑法在法考中占有重要地位,且法考的通过难度较大。在"刑法(总论)"的传统本科教学中,其教材内容与法律职业资格考试的大纲内容存在较大差异。其差异可以分为学派(观点)选择不同与详略难易的区别。具体而言,就学派(观点)选择不同而言,本科传统教材中坚持的是耦合式犯罪构成理论,也就是理论与实务界所说的"四要件",然而,法律职业资格考试在命题人个人观点的影响下,历经数次演变,目前采用的是张明楷教授所谓的两阶层式犯罪构成理论;传统教材中,不认为可以对未成年人进行正当防卫,也不承认偶然防卫,然而,由于犯罪构成理论的不同,法考观点认为可以对未成年人进行正当防卫,也承认偶然防卫属于正当防卫的一种,如此等等。就详略难易程度的区别而言,传统教材整体难度较小,如因果关系部分、认识错误部分、共同犯罪部分所涉内容相对浅显,然而,在法律职业资格考试中,以上三者在难度和深度上都大幅增加,成了不少考生的"绝望之章";更有甚者,在罪数形态部分,传统教材主要掌握三类九种的"一罪"内容,虽有难度,但尚属异同区分、简答记忆之类考查,然而在法律职业资格考试中,对罪数形态部分与分论个罪结合进行考查,即使法考培训界的资深教师也鲜有全面精炼的复习材料,这就成了相当一部分考生的"泥潭"。正是以上传统教材与法律职业资格考试内容的差异,导致二者衔接不畅,明明已经系统学习了法学本科知识的学生,仍然需要倚仗法考培训机构才能顺利通过法考,这不得不说是传统刑法教育模式的无奈与悲哀。

三、"刑法（总论）"教学模式改革完善进路探究

对于上述三点问题，如果细究其原因，笔者认为，可以考虑从规范保护目的入手，寻求破局之道。所谓"规范保护目的"，是指立法者制定法规范时所欲实现的目的[①]，常用于刑法解释或条文适用。当然，笔者所述的"规范保护目的"，其规范并不局限于刑法，偏向于对广义规则的思考，主旨在于通过对规则制定者目的的把握，反客为主，充分发挥主观能动性，最终解决前述三种问题，并实现"刑法（总论）"教学模式的完善与创新。具体而言，可分为课上、课后、法考承接三个阶段。

（一）规范保护目的思维促进课上高效理解

无论是司法实践中争议案件的产生，还是教学中学生对于刑法总论知识的困惑，都需注意其过程中对规范保护目的的漠视问题。在司法实践中，相当一部分争议案件是机械适用刑法造成的，一般学界将其称为"机械司法"[②]，即仅从形式或字面意义上理解刑法，而未能掌握刑法条文所述犯罪之实质（规范保护目的），从而产生罪与非罪的判断失误，进而引发社会讨论。事实上，利用规范保护目的进行实质解释或目的解释，也是刑法解释学领域常用的解释学理由。而在"刑法（总论）"课程的教学中，由于总论内容较为抽象，学生容易深陷书本文字，而忽视知识背后的规范创设缘由，增加了许多无谓的记忆成本，混淆了一些形式类似但实质迥异的学术概念，割裂了课程所蕴含的内在刑法学体系，这些无疑都严重阻碍了"刑法（总论）"课程教学效果的实现。

因而，将规范保护目的作为一种思维方式或学习工具引入授课过程中，具体可从以下几个方面展开。首先，在教学中加强教材知识与法条之间的联系，这种联系不仅体现在知识源头的展示，而且注重引导学生研读法条之间的互关系，同时培养学生对于法条背后规范保护目的的敏感性。其次，在授课过程中，尤其是知识点的收束部分，要注意通过课堂互动等方式引出学生对于规范保护目的的思考，例如，刑法的空间效力要导出对司法权威的思考，累犯、缓刑、假释等制度

---

① 于改之：《法域协调视角下规范保护目的的理论之重构》，《中国法学》2021 年第 2 期。
② 李勇：《走出机械司法的怪圈》，北京大学出版社 2023 年版，第 1 页。

要导出对人身危险性的思考,这不仅有利于学生迅速掌握知识点,还有助于学生增强反向记忆,降低记忆成本、强化体系建构。再次,让学生将教材知识点当作"规范"进行思考,将知识点结构并再重构。例如,学生了解了概念与特征之间的关系后,二者可以统合记忆,实现把书读"薄"的效果。最后,还要教导学生熟练掌握规范保护目的思维工具后,学会跳出教材学教材。例如,意外事件、不可抗力、期待可能性等概念,如果使用学术用语进行解释难免滞涩,利用生活语言或最简单的语文知识,便可以直白简洁地进行解释,同时还可以锻炼学生的应对能力。综上所述,规范保护目的的引入可以有效促进学生在课上高效理解要掌握的知识点。

(二)规范保护目的思维助力课后复习应用

针对前述课后练习与知识应用途径相对匮乏的问题,规范保护目的同样可以妥当解决,其主要方式就是学生自主进行练习题的编写,简言之,便是学生根据授课内容的重点与否按照单选、多选、判断、名词解释及简答题等类型自拟题目。乍看这种教学模式似乎偏于应试教育,与其说是规范保护目的的运用,不如说是对命题人思维的揣摩。诚然,一方面,这的确是命题人思维的体现,即引导学生从命题者角度思考知识的重要程度、可考性、分数分布、出题角度与技巧,命题规范需要命题者进行规范,因为命题人思维是先有答案后有题目拟定。然而,这绝非应试教育。毛泽东曾在《中国革命战争的战略问题》一文中指出,要在战争中学习战争,在游泳中学会游泳。① 想要让学生走得更远,便要让学生改变占位,由题目考查对象变为知识的主人。另一方面,在学生的成长过程中,会遇到无数次"考试",无论是考博考公、应聘求偶、晋升抉择,还是为人父母,都有一定规则或规范要去研习,正确把握规范保护目的,便是抓住主要矛盾、实事求是,因而从这个层面讲,规范保护目的不仅是思维工具,也是课程思政。

需要注意的是,在学生自拟题目的过程中,教师必须根据"刑法(总论)"的知识内容,对题型及考察角度进行匹配性判断,对于不必要的题目、不恰当的表述方式以及无关的干扰性题目要素应当果断剔除,同时要对答案及作答方式进

---

① 《毛泽东选集》(第一卷),人民出版社1991年版,第171页。

行核对,确保学生在练习过程中可以强化自信而非平添新的困惑。

(三)规范保护目的思维强化法考观点承接

关于本科教材观点与法律职业资格考试衔接不畅的问题,规范保护目的可作为一种良好的思维脚手架,为二者的顺利衔接提供助力。事实上,二者的衔接不畅之处,往往是刑法条文没有明确规定的部分,其内容却是基于刑法条文进行延展的。"围点打援",把握规范保护目的的核心才是关键所在。虽然刑法免不了学派之争与观点对立,但归根结底是对同一问题基于不同面向或侧重提出的不同策略,因而深入掌握本科教学内容的实质,而非让学生困于某种理论中,伴随学生阅历的增长以及知识的丰富,学生自然可以举一反三、触类旁通。刑法总论中所涉理论皆是工具,掌握了规范保护目的,就是掌握了其中的关键。事实上,困顿于本科教材与法考观点矛盾之中的人,往往是只习皮毛而未得精髓者。而前述课中、课后之举措,亦是刑法知识体系构筑的一环。可以想见,一名学生在"刑法(总论)"的授课过程中通过运用规范保护目的,不断思考理解总论知识,并在课后根据详略及知识特性,正确分配时间和精力,进行及时有效练习,其自身刑法知识体系是完整的,其对于知识的掌握是通透的,其学习状态也是积极且自信的,当这样一名学生面对法考大纲给出的不同于本科教材的观点时,会比一般人更加快速地完成知识体系的转换与衔接,从而在新的规则体系之下,寻找出更具成效的破局之路,而这样的学生,无论在今后的生活中遇到怎样的新问题、新挑战,都一定可以成为自己命运的主人,奋勇向前。

中国法制史教学中司法档案的运用

薛　锐①

在现代部门法教学中,司法档案的运用已经是较为成熟的教学方法,往往通过案例分析的形式融入课堂。但在中国法律史的授课中,司法档案受限于材料发掘、语言差异和课时安排,与课程的结合有待加强。从历史研究的视角来看,司法档案是法官的劳动成果,不仅具有重要的史料价值,学界一些新的成果也围绕司法档案的研究展开。将司法档案运用于中国法律史教学,可以加深学生对传统法律文化中天理、国法与人情的理解,对古代法的运行,以及对当下的影响形成更深刻的认识。

一、司法档案的教学功能

（一）司法档案对法律史概念的解释

从高中历史向大学法律史学习的转变过程中,首先要正视"法"的内在逻辑。高中历史重视法律文化现象,学生对中国古代法天理、国法、人情的关系有了初步理解,能够认识到法律与礼教的融合。但法作为一种社会规范,其产生与发展都是为了规范人的行为、调整相应的社会关系。为国以礼、执法原情更多是作为一种国家法律理念,而非司法活动的真实做法。大学《中国法制史》教材注重立

① 薛锐,男,博士,天津商业大学法学院讲师,主要研究领域为中国法律史。

法的讲授,司法的相关知识集中于"司法制度"部分,对法的运行讲授较少,清代司法档案能够在教材之外,为学生提供直观了解古代法运行的媒介。

"州县官为民父母……听讼者所以行法令而施劝惩恶者也,明是非,剖曲直,锄豪强,安良懦,使善者从风而向化,恶者革面而洗心。则由听讼以训至无讼,法令行而德化亦与之俱行矣。"这是雍正皇帝在《钦颁州县事宜》中的训诫,反映了传统法文化中的"诉讼"观念。诉讼是州县官为民父母的义务,也是推行教化实现无讼的手段。诉讼的起点是受理词讼。从司法功能上讲,受理是讼的起点,是民间纠纷与官府审理的枢纽。基于和为贵的伦理传统和息讼的司法诉求,案件进入司法系统的程序受到了严格的规范,以至于在州县的司法中案件受理表现出了与审理过程不同的诸多特性。在清代法律中,制度是围绕着控、审、判来构建的,案件受理最多只能称为司法活动的一个环节,而非一种规定明确的诉讼程序。作为审判的逻辑起点,受理活动的存在是不言而喻的,但作为审判的程序起点,受理的规定并没有从审判中独立出来。《大清律例》中除了告诉不受理和农忙止讼的规定外,鲜有专门规范受理活动的律文,因而官员在审理时裁量空间十分模糊;而统治者对息讼的要求也塑造了司法官尽力把案件拦在审理程序之外的印象。法律史学者通过对判牍批词、诉讼书状和官箴笔记的研究,发现尽管自由裁量和息讼的认识并没有偏离清代州县司法的实况,却难以真实反映法的实践理性。在官方文献的记载中,司法官对案件受理的考量表现出司法活动应有的法律意识,而民间诉讼也在情理中隐藏着一条因循法律的线索。因此,将司法档案引入法律史教学,能够让学生摆脱对司法的刻板印象,学习如何通过历史资料解读社会现象。

(二)司法档案对古代司法活动的真实反映

司法档案真实地反映了地方司法活动的原貌,是对司法制度讲授的有力补充。当前法律史教材中对司法着墨不多,主要关注会官审录、死刑复核等中央司法制度,以及审级、管辖等法律体系层面的问题。从案件受理到宣判,完整的基层司法程序并未在教学中直接体现。尽管清律的规定与当代全然相异,但诉讼的过程依然要遵循实践的基本逻辑,告诉—受理—审理是所有朝代司法的基本顺序。加强对司法程序的讲授,能够让学生深入了解法是一种人类理性的产物,这一点在东西法律文化中虽然形态各异,但内核都是对社会关系的调整。因此以司法档案为素材开展清代法制教学,通过专题的形式讲授基层司法活动,能够真实反映古代基层司法实践,帮助学生将课本知识转变为对法的认识。

中国法律史课程主要面向大一新生与专业学位的研一新生,此时学生的法学知识框架尚处于构建中,因此适合使用描述性语言而非学术性语言来构建教学框架。司法档案包含了大量描述性的批词、判词、公文,虽然古文内容偏多,但其表述方式和语词含义更接近中文原本的含义,没有附带过多西法东渐过程中的文化移植,因此可以将繁复的内容抽象成对法律的一般性描述。具体内容围绕案件的受理、审判与书状效力展开,通过分析历史上司法官的表述,让学生直观理解中国古代法的效力与程序,对中国传统法理性的一面产生更深刻的印象,对传统文化如何影响人们的法律意识形成更深刻的认识。

二、以司法档案为中心的教学设计

(一)案件受理程序

中国法律史"马工程教材"中,清代司法的内容包括一般程序与会审制度。其中会审制度是考试的重点,而一般程序往往只要求了解。相比前朝,由于有司法档案的支撑,清代司法活动是封建法制史中内容最为丰富、材料支撑性最强的部分,是了解古代司法实践最好的窗口。

以案件受理程序为例,由于大清律例中有农忙止讼的规定①,除了"谋反、叛逆、盗贼、人命及贪赃坏法等重情",四月初一至七月三十日"时正农忙"时通常是不受理词讼的,但在司法档案的发掘中也出现很多不依放告时间受理的案件。②八月初一之后,州县衙门会放告表明接受民人控告,而放告的日期略有不同,通常清代前期(17—18 世纪)多以每月三六九日放告,后期多以每月三八放告。③

---

① 《大清律例》卷三十"告状不受理"规定:"每年自四月初一至七月三十日,时正农忙,一切民词,除谋反、叛逆、盗贼、人命及贪赃坏法等重情,并奸牙铺户骗劫客货,查有确据者,俱照常受理外,其一应户婚、田土等细事,一概不准受理;自八月初一以后方许听断。若农忙期内受理细事者,该督抚指名题参。"

② 吴佩林:《清代县域民事纠纷与法律秩序考察》,《清代县域民事纠纷与法律秩序考察》,中华书局2013 年版,第 289 页。

③ 黄六鸿:《福惠全书》卷十一,转引自那思陆:《清代州县衙门审判制度》,中国政法大学出版社2006 年版,第 62、63 页。

放告是官府公示受理词讼的日期时间，以便乡民在放告日集中提起诉讼。根据黄六鸿的记载："凡遇告期，乡民远来城市，免令守候，升堂宜早，先为放告，后收投文。放告时，官坐卷棚，桌置墀砌上，安放重压纸一枚，东角门放告状人鱼贯而进，不许投文混入其内。逐名挨次，将状展开，亲压桌上，仍退跪阶下，随命直堂吏点明张数，高声报若干张，逐张唤名点过甬道西，由西角门鱼贯而出。点名时有应名不对及举动可疑者，即取状审讯。如系顶替匿名，立时差牌拘拿，雇请匿名之人，一并究惩。收状已完，即将白纸封束，写明内共若干张，呈堂朱笔点封，门子接置文匣带进内衙。"①收告程序值得关注的有两点：一是在收取乡民诉状时，"不许投文混入其内"；二是"点名时有应名不对及举动可疑者，即取状审讯"，以防有人"顶替匿名"。清律中的"投匿名文书告人罪"，严令禁止"投隐匿姓名文书告言人""诡写他人姓名词帖讦人阴私陷人"等匿名、冒名词讼的行为。作为案件受理第一个环节的收告，除了收取状词外，还有一个程序功能——预防投文。无论是"官坐卷棚"，还是民人要"逐名挨次"，抑或是堂吏"点明张数，高声报若干张，逐张唤名"，都是为了发现匿名与冒名词讼者。

州县官放告收呈是案件受理的起点。收了起诉书状之后，案件能否顺利进入审判程序，还要经过州县官对书状的审查，有相当一部分诉讼书状会在受理阶段被驳回。收到书状后，州县官通常会当堂阅状查问，根据查问的情况与诉状的内容决定是否受理。如果案件复杂或讯问内容与诉状多有疑点，州县官还要回府详查或与刑名幕友再做审查。受理的最终依据是批词，只有批词明确准予受理的案件，才最终得以进入真正的查案程序。② 预审与批词是受理的实质环节，也是州县官将案件发往不同解决机制的决定性程序。批词之于讼的重要性，可以归结为一句话："善听者只能剖析于讼成之后，善批者可以解释诬妄于讼起之初。"③批词一方面是案件是否被受理的裁断，决定"讼成"与否；另一方面也作为

---

① 黄六鸿：《福惠全书》卷十一，转引自那思陆：《清代州县衙门审判制度》，中国政法大学出版社2006年版，第63页。
② 那思陆：《清代州县衙门审判制度》，中国政法大学出版社2006年版，第76-77页；王静：《清代州县官的民事审判——一个法律文化视角的考察》，吉林大学博士学位论文，2005年，第10页。
③ 白如珍：《论批呈词》，《牧书令》卷十八。

初步阅状讯问之后的意见,可以明辨"诬妄",施行教化。

（二）批词的撰写

既然批词是决定是否受理案件的裁断,凭着逻辑上的直觉当然可以分为受理与不受理两类。但在州县官的实践中,受理与否不若逻辑上那般界限分明。实际上批词的做出意味着案件程序上的最终走向,通过批词可将案件导向不同的处理方式,具有分流案件的功能。同时,为了实现息讼,除了决定是否受理之外,批词还可以将案件暂时搁置,要求当事人自行调解,以观后效。

受理的批词通常简单明确,最简单的批词直接批一个"准"字就表示"准状"。"准予受理"的批词在写法上也相当灵活,无统一的格式和要求,只要表明"准予受理"之意就可以了。① 在"准予受理"的批词中常有"仰原差即日送审""候即日传案严讯究惩""姑候唤案讯夺""候集案讯惩""着唤究"等字样。例如,巴县档案"道光元年六月二十五日瞿应文程文富告状"的批词中表明受理的是"候差拘一并严讯察拘究","道光十六年三月初九日张梁氏诉状"的批词中曰"候集讯察夺"。② 在樊增祥的"批雷益寿呈词"中,关于受理的决定是"着唤究"。③ 南部县档案中准予受理的批词则有"准拘究"等。④ 准予受理的批词之所以简单,无外乎案件依律确有详查的必要。

"不予受理"的批词情况要复杂一些。州县官员在决定不予受理时,要考察案件的事实与法律,有些时候还要参酌情理,批词用语多为"不准"。受理阶段官员的信息来源有限,主要基于书状描述的案件事实。事实描述存在瑕疵,如事实逻辑不清、有所隐瞒、事实定性有误等。事实叙述缺乏逻辑、有所隐瞒而被批词驳回的,比如南部县档案中"庙树既请封,岂容违禁抽卖? 至取常土余价究竟如何取法,词内隐而不言,显欲串通矜士、地邻败坏寺产,何得混请存案,不准。"⑤ 而

① 王静:《清代州县官的民事审判——一个法律文化视角的考察》,吉林大学博士学位论文,2005年,第10页。

② 四川省档案馆:《清代乾嘉道巴县档案选编》,四川大学历史系编印,1989年版,第376、377页。

③ 樊增祥:《樊山判牍》,新文化书社1934年版,第87页。

④ 吴佩林:《巴县档案清代县域民事纠纷与法律秩序考察》,中华书局2013年版,第74页。

⑤ 《南部档案》4－122－1－d11－6,转引自吴佩林:《清代县域民事纠纷与法律秩序考察》,中华书局2013年版,第232页。

批词认为事实定性有误的案件，比如"批王殿荣呈词"，原告在书状中控诉被告强卖其寡嫂，知县决定不予受理的理由是根据案情推断，其寡嫂是心甘情愿再嫁，并非被卖，而"朝廷有旌节妇之条，并无阻止寡妇再嫁之例"①。在一些案件中，官员阅状时会发现过多疑点，也会成为不批的理由。如"批白邓氏呈词"中，樊增祥就提出一系列质疑："大凡买物到手后，方才交价。尔何以交钱而不拉车？""秋天即思回籍，何以年终犹在此地？尔丈夫出外未归，究竟身在何处，何日回来？买车之时，尔自卖乎，抑尔丈夫所买乎？姚玉兴宋老三串抗不交，与高正宽何涉，何以窥尔来控，辙于夜半叫门，拿尔衣物？"②

（三）调解与驳回

前述不准受理的理由可以归纳为事实不清、有违程序和无法可依，但还有很多批词并没有写明准或不准。有些批词将案件引向调解，还有一些则是抱有怀疑，"查明再夺再夺"③。由于案件受理的实质是预审，在州县官员形成内心确信、写就批词前必然存在着考虑罪和刑的过程。斟酌的标准，则主要是法律的解释和适用。

有律可依是官员受理案件的基本条件。前述批词不准的各类情况，有一些是因为事实叙述不清，有一些是因为纠纷属于细故，但只要这些案件在清律中有明确的规定，官员就不能轻易驳回。在司法档案中，对有律可依而官员不希望详审的案件，通常会采用训诫、教化、调解，寻求当事人主动息讼。在"批雷昌五禀词"中，知县樊增祥批词写道："俗语云：'欠债还钱'，又云：'父债子还'，乃是一定之理。胡宅与该职，均系衣冠士族，何忍构讼公庭？况借钱现有原中，首县岂无局面？胡大令甫从长安交卸，胡公子旋被咸宁票传，此本县所不忍也。乃屡次传语，速为了结，毫不为动，必欲批示县门，此又本县所不解也。此禀呈递两旬，势难再阁，为此批仰该职。寻同原中谢宝珊王玉阶，前往理讨好，好话多说，有钱还钱，无钱以衣物公评价值，抵还欠项。庶殁者不欠来生之债，存者无伤现在之

---

① 樊增祥：《樊山判牍》，新文化书社 1934 年版，第 177 页。
② 樊增祥：《樊山判牍》，新文化书社 1934 年版，第 79 页。
③ 四川省档案馆：《清代乾嘉道巴县档案选编》，四川大学历史系编印，1989 年版。

颜。如其置若罔闻,则本县将有不得已之举。"①相比直接做出"准"与"不准",这份批词耐人寻味地展开了教化。先是从情理上阐述"欠债还钱""父债子还"的道理,使得案件被置于道德和伦理的话语体系内,再从案情出发,对父子之间因钱债纠纷而"构讼公庭",表达"何忍构讼公庭"的哀矜与批评,最终提出案件的解决途径"有钱还钱,无钱以衣物公评价值,抵还欠项"。到此为止,批词的内容都是基于家族伦理和道德情感而阐发,希望被告能主动还债化解纠纷于诉讼之外,显然是典型的教化。如果就此以"不准"结案,整个批词似乎就与法律无关了,也就可以划归到教化息讼的范畴。但批词最后不但未见"不准",知县还笔锋一转"如其置若罔闻,则本县将有不得已之举",让批词有了一种峰回路转的感觉。从情感的角度出发,最后的说辞显然是一种威吓,详考该案却不难发现,欠债依大清律例"违禁取利"条规定,"其负欠私债,违约不还者,五两以上,违三月,笞一十,每一月加一等,罪止笞四十;五十两以上,违三月,笞二十,每一月加一等,罪止笞五十;百两以上,违三月,笞三十,每一月加一等,罪止杖六十,并追本利给主"。不但有律可依,而且依律当罚。

在受理案件的过程中,法律是必须考虑的因素。即使是循吏重视教化,在受理依据上也绝不能违背法律。施行教化是对事实判断的结果,在事实判断之前,首先要解决案件是否属于法律的受理范围。如果案件有律可依,官员选择从情理角度训诫和教化,与不受理案件的性质完全不同。这种处理方式从司法的实质效果来看与受理并无区别,显然是官员认为案情简单或希望息讼,才尝试训诫教化。

三、司法档案融入法律史教学的意义

中国法制史教材中,司法是一个着墨不多的领域,却是认识法律的重要环节。学生学习古代司法知识时的谬误,大多源于教学中缺乏承载法律活动的具体素材。中国古代法的案例分析受限于古代案例的编纂形式,往往收不到良好的效果。而清代私法档案由于直面基层,其措辞、表述不同于中央司法机构的考究,选择将法律蕴含于朴实的语言中,在可读性上优于刑部文书和官修史书,能

---

① 樊增祥:《樊山判牍》,新文化书社 1934 年版,第 83 页。

够为本科阶段的学习提供简约易懂的材料。

以司法档案为中心的教学设计,旨在去除法律的"神圣"光环与"公正"等抽象概念,通过世俗化的基层司法实践,理解官与民都处在法律构筑的秩序中。中国古代法中,天理、国法与人情的协调既是特点,又是局限,处理不好两者的关系容易引发学生的误读。随着司法档案的不断整理,当代学界对古代司法逐渐有了新的认识,鲜活的案例摆脱概念的束缚而跃然纸上。清代幕友王又槐在《办案要略》中曾言:"一批而不准,再渎而亦不准者,必须将不准缘由批驳透彻,指摘恰当。"如果对案件"滥准滥驳",则"词日积而多矣"。袁守定在《听讼》中也提到:"事有不可已者,屡控不准,势必忿然不平,归而寻衅,转滋事矣。"这些都反映了中国古代司法中的程序理性。

司法档案反映出的法律效力,直观表明了民间诉讼并非一片乱象,而是有效丰富了教材关于"民间细故"的解释。在四川巴县、南部县的司法档案中,很多书状言语朴实,诉求明确。平民百姓的控告行为,通过官员依据法律对书状的审查、对事实的审理以及颁布状式条例,受到法律的规范与调整,表现出法律的约束力。官员在案件受理中需要因循法律的规定,依法批词;即使法无明文,也考虑比附援引的入罪规则,将重案纳入国法的评价之下。司法档案的运用,能够为学生展示中国古代法的动态运行与基层实践,帮助学生树立严谨的法律史观念,为了解现代法治发展打下知识与方法的铺垫。

课程教学中反馈对学习效果的
影响与应用探讨

慕德芳①

一、反馈的内涵

在教育领域中,反馈是提高知识及技能习得的关键,是教学设计中最强大的教学功能之一,也是最难以理解的功能之一。反馈是在为目标绩效与实际绩效之间的差距提供信息,这构成后来学术界界定反馈的内涵及定义的基础。

在课程教学中,反馈是指教师向学生提供关于学习表现、进步或行为的信息,是一种及时、明确和具体的信息,用来评估学生的学习过程和结果,以便指导和促进学生的学习。作为支持学习过程的一种策略、手段,反馈旨在突出学业成绩和预期的目标成绩之间的差异,并产生行为改变的动机,因此,反馈不仅是一种信息,还包含完整的作用过程,学习者可以通过该过程获取有关学习任务的信息,以便综合学习任务本身的相似性和联系,从而产生系统的学习内容。近年来在线教育及视频学习模式缺乏以教师为主导的外在反馈调节,何时以及如何提供反馈是教学设计的重要问题。在传统的面授或混合课程面对面教学模式下,大多数情况下学生可以获得教师的即时反馈,但也存在以教师讲授为主,缺乏对教学效果反馈的问题,因此,很多研究者尝试利用技术实时监控学习者的学习进

---

① 慕德芳,女,心理学博士,天津商业大学法学院教授,主要研究方向为发展与教育心理。

展和需求。本文旨在阐述课程授课中教学反馈的相关理论,反馈对课程教学的作用或效果,以及在教学实践中如何设计和提供有效的反馈。

二、课程教学反馈相关理论

在学习理论中,从行为主义到建构主义都对教学反馈的内涵和功能提出了不同理解,比如,建构主义理论认为,学习者可以积极主动地利用外部、内部反馈信息对学习过程进行调控并建构知识。学习者并不是被动地接受知识。来自学习环境的外部反馈信息包含了教师提供的反馈信息。同时,学习者也会对学习过程及效果进行监察和调整,即内部反馈信息。在学习过程中,教师提供的反馈要能够优化学生对学习内容的理解,激发学习者的内在学习动机。相关理论包括自我调节学习、动机模型等。

(一)自我调节学习

自我调节学习是学习者主动、灵活地运用学习策略,对学习行为进行自我观察、自我判断和自我反应的过程。反馈是自我调节学习的重要特征,也可以理解为自我调节的元认知过程。反馈可以通过加强自我监控、策略选择和调整等支持自我调节学习。反馈在自我调节学习中的作用路径是:在已有知识和经验的基础上,学习者主动建构对任务性质和要求的解释,然后设定合适的学习或任务目标,选用适当的学习策略与技巧来达成任务目标。自我调节学习者与非自我调节学习者相比,会产生更多内部反馈,对外部反馈也能做出积极回应并努力实现学习目标。

(二)反馈的动机模型

该模型是指向学习者学习动机激发与维持的动机模型,具体包括注意、相关度、自信度、满意度四个部分。该模型强调了内在学习动机的重要性,并提出教学内容和设计应该吸引学习者的注意,让学习者产生学习意义感和价值感,从而提高其自我效能。

在激发学习者的内在学习动机时,如何吸引注意是第一步。在学习过程中,学习者会主动选择自己感兴趣的内容予以注意并进行认知加工。为了让学习者保持学习兴趣,教学设计要考虑学习内容是不是学习者感兴趣的、是不是有价值的、是不是能够满足学习者的学习需求等。在增强学习坚定性时,应该考虑如何让学习者感觉到自己有信心与能力完成学习任务。学习者对学习成果的满意程度也会影响学习的内部动机。

根据反馈的动机理论,在线上教学或视频学习中,仅对学习过程进行监控以及简单的提示,或者对学习结果进行总结性评价只是优化了整个学习过程。课程教学中的反馈应该是激发学习者的积极性和主动性,让学习者产生内在学习动机,从而能够积极、主动、持续性地学习。由于学习者的学习目标和学习过程具有个体差异,因此,要根据学生的具体学习目标或过程来进行适当的反馈。

三、反馈在课程教学中的作用

(一)反馈信息的精细化程度影响课程教学效果

有效反馈的本质是教师能够对学生的错误概念进行解析,提供学习机会和支架,让学习内容和原有知识体联结。教学的精细反馈,比如,告诉学生其答案为什么是对的(或错的),或者给学生机会回顾之前的学习任务,能够明显提高学生的学习成绩。

反馈的复杂性与纠正错误的能力、有效学习的能力成反比。复杂反馈包括验证、正确答案以及解释为什么错误答案是错误的组合。一些教学研究结果表明:精心设计的反馈提高了低能力学生的学习成绩;指向任务的反馈信息比指向学习者的反馈信息更加有效;对具体学习任务或目标的反馈信息能促进学习者的任务表现。因为与任务相关的反馈信息填补了学习者原有知识体系和学习目标之间的差距,使学习者付出更大的努力,使用更加合适的学习策略,指明进一步学习或跟进的方向。

(二)反馈信息的内容属性对课程教学的作用

结果反馈内容是学生问题回答是否正确或问题解决的方法是否有效,其功能只是让学生"知悉考试或回答结果"。因此,结果反馈对学习者自我调节的促进作用小。认知反馈可以让学生了解自己的认知过程和结果,发现和纠正思维中的偏见、错误和盲点,帮助学生获得学习线索,有助于提高学习者的元认知监控水平,因此更有利于提高学生的学业表现,提高其学习兴趣和学习动机。

此外,即时反馈和延迟反馈也可以促进不同学习成绩学生的学习发展。比如,即时反馈有利于成绩较差的学生,而延迟反馈适合成绩较好的学生。教学反馈也与学生情绪互相作用。学生的情绪状态会影响其对反馈信息的使用,具有压力的学生较少使用消极反馈信息。同时,反馈可能影响学生的情绪状态,比如产生愉悦、失望等情绪,进而影响行为调节以及后续的学习成绩。

四、反馈在课程教学中的应用

(一)采用指向任务的反馈信息

宽泛的、无意义的评论并不是有效的教学反馈,比如,"继续努力"等。单纯的表扬与批评也不利于课程教学效果。表扬的最大问题是会干扰和稀释关于任务的信息,减少对有用信息的关注。再者,表扬可能引发学习者的反向诠释,学生会理解为自己缺乏能力,或者教师对他们期望太低,或者是因为学生成绩一般,教师用表扬来鼓励和增强他们的自信。在教学中,教师应该将表扬与学习的反馈区分开来,不要使用包含社会比较或泛泛而谈的认可。反馈信息的精细化程度越高,对自我效能感的促进作用越明显。反馈应以公平、合适的方式进行,让学生只关注任务表现,而不是转移有限的认知能量来修复或保护自我概念和自尊。

有效的反馈应该能够让学生知道下一步该怎么做以及如何做,将教学反馈聚焦学生作业的质量,而不是将其与其他学生做比较,指出作业改进或掌握知识的具体方式,尤其是告诉学生,与前一个阶段相比取得了哪些进步。

(二)设置适合学生水平的教学和任务目标

对于学生而言,保持动力和投入取决于学习者的目标和期望之间的紧密匹配以及这些目标是否可以实现。如果目标设定得太高,以至于无法实现,学习者很可能经历失败,变得气馁。当目标设定得太低,以至于成功结果是肯定的,就失去了推动进一步努力的力量。此外,目标必须具有一定的特征,使其对学生具有挑战性。例如,目标必须对个人有意义,并且容易产生意义感,学生还要获得关于目标是否正在实现的反馈。对于学生"想要做"的任务,积极的反馈能提高其学习动机;对于学生"不得不做"的任务,消极反馈则会降低其学习动机,因此,在教学中多设置学生感兴趣或有意义感的目标,从而提高反馈信息的有效性。学习目标不要太难,也不能太容易实现。

学习目标会影响学生对反馈信息的采纳。过程定向的学生更容易接受消极反馈信息。掌握目标定向的学生认为反馈信息是有益且必要的,这是因为他们的学习目标是自我提高,从而倾向于选择诊断性反馈信息。因此,首先,教师要引导学生建立过程定向目标,也可以与学生分享学习目标。同时,目标要具有清晰度,要面向解决学生希望解决的问题,这样能够让学习者感觉自己可以控制学习过程。其次,在教学中教师要提出明确的、循环嵌套的、反复的学习任务,同时关注学生自我监控、自我调整能力的发展,让学生参与学习对话,帮助其意识到学习质量并提供反馈意见,以鼓励学生进行自我评价,促进学生不断学习、计划目标和实现目标的过程。最后,在教学的不同阶段提出不同的教学任务或为学生设置不同的任务。

(三)选择最佳的反馈内容和策略

在教学中反馈的效果受多个因素的影响,包括学生的认知和情绪状态、任务的性质和复杂性、目标的清晰度等。反馈干预主要是通过提高学生的自我效能感,增强元认知策略使用能力,设置合适的学习目标等进行干预促进教学与学习。因此,在教学测验中教师提供丰富的反馈信息,包括认知策略的改进建议,通过内置启发性的问题引发学习者反思,并采用积极的反馈效价,从而促进考生的学习与发展。

在学习的不同阶段提供不同的反馈形式和内容。在教学的早期阶段,学生在刚开始学习一个主题或内容领域时,可能对相关知识和技能了解较少,需要更多的指导和纠正,教师提供指导性反馈更有效。而在教学的后期阶段,当学生在某个主题或内容领域已经有了一定的基础和理解时,他们可能更需要促进性反馈来激发思考和自主学习,教师提供促进性反馈可能更有效。反馈的信息与学习意图和任务的成功标准相关联,更有助于提高教学效果。

在教学中,要注意反馈呈现时机。教学反馈是在学习过程中还是在学习结束时呈现?反馈信息是反复呈现,还是有些反馈信息同时呈现,都需要根据教学内容进行详细的教学设计。此外,要根据学习者的发展需求或学习偏好进行互动、多维的反馈。在教学中,教师点评做事方式,回答学生在课堂上的提问,对学生作业提出积极和建构性的反思,以及纠正、批评、肯定等都是可以采取的反馈形式。

此外,教学设计可以让学生积极参加与讲授主题相关的教学活动,增强其学习动机和积极性。在教学中建立交流或合作小组并定时更换,有助于学生发展复合型能力,激发学生互相学习的积极性,提高学生的自我效能。比如,实验课中进行有效的同伴合作讨论,并通过实验报告或研究报告形成更有利于思考的总结和建议。教学中有效提问贯穿整个课堂也是很好地了解学生学习进展、提供反馈的方式。教师通过课中的学习暂停和对仍在完善中的学生作品进行分析,提供课上反馈,帮助学生更努力地应对学习的挑战。

综上所述,在课程教学中反馈是非常重要的环节,教师可以在教学中根据反馈相关理论设置合适的教学目标,指导学生制定合适的任务目标,在教学过程中提供关于学习任务的精细化反馈,对任务完成情况给予丰富的反馈信息,通过内置启发性的问题引发学习者反思,激发学生内在学习动机,提高学生的元认知和自我调节学习水平,从而促进学生的学习与发展。

面向数智化技术渗透的
人力资源管理课程建设

姜　鹤[①]

全球化背景下,企业发展过程中的人才优势效应逐渐凸显,人力资源管理对于企业而言愈加重要。随着数字技术的迅猛发展,互联网、云计算、大数据、物联网等技术与传统领域融合度越来越高,传统的商业模式、业务模式与行业形态在不断变化。近年来,伴随 ChatGPT 的问世,人工智能时代悄然拉开序幕,生成式人工智能(AIGC)的加速应用更是颠覆性变革了现代生产生活方式[②]。从 2022 年起,"AIGC + HR"市场的关注度开始攀升,到 2023 年人力资源数字化厂商发布的新人力资源产品如人工智能(AI)面试、自动化简历筛选等在企业管理中的运用,使人力资源部门的职能受到冲击。数智化技术正重塑人力资源行业秩序,并对人力资源行业从业者所需的技能与素质提出了新要求。

高校作为人才输出重地,核心目的是培养满足生产实践需求的高素质人才。当前绝大部分高校人力资源管理课程仍然聚焦于传统的人力资源管理六大职能的讲授,无论是职位分析方法还是招聘培训方式都与现实企业需求脱节,对行业新发展的捕捉能力不足。近年来,高校在不断加强专业课程创新,以学生就业、

---

① 姜鹤,女,法学博士,天津商业大学法学院讲师,主要研究领域为社会心理学。
② 彭剑锋:《新一代人工智能对组织与人力资源管理的影响与挑战》,《中国人力资源开发》2023 年第 7 期。

服务社会实践需求为导向,更需要重新设计人力资源管理课程,培养能适应人力资源行业变革的新时代专业复合型人才。

一、数智技术对人力资源管理的影响

(一)组织变革中的人力资源价值取向转型

在传统的组织中,组织运行的核心资本就是人力资本,进入数智化时代后,数字资本正在替代人力资本,国内领先的汽车企业生产线的数智化替代率已高达 80%,有助于企业实现降本增效的目标。与此同时,企业内部的联结模式也由传统的人人互联转变为人机互联。前往银行办理业务时,工作人员不再需要处理基础的流程,而是引导顾客使用自助机器办理业务。在这种复杂化的人、机、物互联关系中完成相互赋能、相互驱动与进化,进一步促使企业组织结构和组织模式不断创新。企业组织结构由常规的直线职能制、事业部制、矩阵制等控制严格的科层体系转向了更适合多样化工作场景与工作关系的扁平化、去中心化、去中介化、去边界化的自组织和平台型组织等新组织生态。在新的组织管理体系中,人力资源部门的工作重心随之发生转变。权威化组织的人力资源管理强调用流程化的标准管理人员,因此人力资源部门的主要职能在于标准的制定与执行的监督。而新组织生态可赋予人更多的自主性,更强调对人的赋能,这就要求人力资源部门除了基础的劳动关系管理,更需关注企业文化建设与员工体验管理。从选人、育人、留人的全链路重构员工关系、员工与组织的关系,开发企业文化圈,构筑企业员工的共同体,减少员工与组织的对抗,提升组织对人才的吸引力与员工的工作体验。未来这种以人为本的价值理念将成为人力资源管理部门的核心职能。

(二)数字化人力资源产品的职能重塑与再创

实际上,数智化技术对人力资源行业最直接的冲击就是人力资源管理产品的出现,实现了人力资源管理基本职能的加速。人力资源管理的基本职能如招聘、培训、人事安排等,具有流程化强、可重复度高的特点,正在逐渐被人力资源数字产品替代。到 2023 年,人力资源数字化厂商发布的新产品(如用于 JD 撰写、招聘海报制作、AI 面试的北森 AI 家族产品等),已经逐步应用于企业人力资源管理的各个流程。目前 AIGC 在人力资源管理中应用最广泛,市场认知度最高的领域就是智能面试、JD 撰写、自动排班等。而面向新生代员工的人力资源管理的重要内容如员工关系管理、员工体验管理和企业文化建设等职能,也有赖于相应数字产品的开发和使用,能够给予形式更丰富、反应更便捷的培训、文化交流、团建等。如用于个人领导力训练的 Mr. Sen,用于培训学习、文化建设的腾讯乐享。以重庆江小白酒业为例,其对如何拓宽线下培训的覆盖面、如何提升员工的培训效能、如何完善内部沟通渠道、如何加强企业凝聚力方面都有迫切的需求。依赖腾讯乐享开发的功能,结合企业的特点与需求,在培训方面,通过学习地图等培训工具,为员工提供个性化课程方案。通过打造多元化论坛、生活分享和互动交友的社区平台,凝聚企业员工智慧,拉近员工感情。很多企业开始建立离职员工社群,如百度离职员工组成的"百老汇"、阿里巴巴离职员工组成的"前橙会"等企业与员工自建社群,都更好地联结了企业与员工的关系。目前各项应用的运用还只是对现有人力资源管理职能的丰富和加速,未来随着互联网等技术的进一步成熟,AIGC 可融合的领域将进一步扩大,其所能提供的数据资本将成为人才流失预警、人才追踪、人才判断、人力资源规划乃至为企业战略的制定提供支撑,有助于提高决策的准确性,人力资源管理也实现了从管理到服务的转型。

显而易见,数智化技术正在逐步替代人力资源管理的基础职能。而另一方面,随着数智技术的发展,数智化技术的变革也为人力资源职能的创新提供了新契机。在当今社会,滴滴、美团等平台型组织中有丰富的员工和组织关系,人力资源管理的范围也在逐步扩大,如何对入驻平台的员工进行薪酬与绩效分配、如何激励员工入驻、如何监管员工的行为都成为其职责的一环。未来随着平台经济的发展,相关的管理内容将更复杂、更丰富,共享服务中心(SSC)的需求度也将随之提升。SSC 将分散的人力资源业务单元中的大体量、强事务性、标准化活动集中到一起,帮助人力资源管理朝向体系化、系统化和自动化方向发展,提升服务与交付速度,帮助人力资源管理者深入挖掘数据价值,服务企业战略,为人力资源职能的再创造提供强大的数字支持。如何创建人力资源共享服务中心,如何处理好共享中心的响应速度也是人力资源部门需要思考的新问题。同时,我们看到随着互联网技术发展,直播经济势不可当,明星员工的管理也成为当前人力资源管理行业的新领域。如何进行良好的绩效分配，如何避免明星员工流失而造成的毁灭性损失，如何给明星员工提供发展空间等，都是新时代对人力资源管理职能再造的新要求。

三、人力资源管理课程现状

人力资源管理课程是一门实践性极强的课程，其目的是培养满足企业人力资源管理需求的人才。然而当前人力资源管理课程内容存在诸多问题。

第一，教学理念的偏差和教学内容的脱节。在传统的人力资源课程讲授过程中，多数教师并未重视这门课程的应用性，而是将其视为专业基础课程，侧重知识的讲授，而缺乏对学生能力培养的系统认识。课程设置中主要是理论介绍，缺乏实践训练。[①] 部分院校虽然设置了实践训练环节，但是多集中于招聘与培训这一环节的练习，对于其他职能的实践训练则几乎没有涉及。此外，各类人力资源管理教材中虽然开始关注新兴企业的新管理实践，但是往往以课后思考案例的形式呈现，尚未很好地融合在知识介绍中，没有对人力资源管理内容的变革进行充分的理解，更未展示出新时代下人力资源职责是如何因时因事进行整合和拆解的，不能让学生真正了解企业中现代人力资源管理模式究竟发生了怎样的转变，也不能理解人力资源管理在企业发展中的重要作用，无法激发学生的学习热情。我们知道，在互联网、物联网、人工智能各项技术的冲击下，企业组织形式早已发生变革，人力资源各项职能也在新需求的要求下进行了职能的更新与重组，课本上的基础性知识介绍与现实企业中的管理实践正在逐步脱节。当学生在学习过程中察觉书本上的知识与企业现实中的表现形式不同时，就会丧失对课程学习的重视，认为该课程是陈年旧调，不必花费过多精力去学习，无法实现本门课程设置的目的。

第二，师资团队的局限性。人力资源管理课程是一门实践性极强的应用型课程，而高校中人力资源管理课程讲授的师资队伍绝大多数是科研研究者，缺少真正的企业人力资源管理实践经验，也很少参与实际组织中人力资源管理的规

---

① 王洪青、肖久灵：《数字化时代"人力资源管理"课程教学改革探究》，《浙江工商职业技术学院学报》2023 年第 4 期。

划设计,对人力资源管理的理解主要源于课本上的陈旧知识,与自己获取的并不充分的信息。对基础型的课程讲授而言,扎实的理论知识和前沿的文献支撑足以使课程内容丰富完整,但是对于应用型的课程,如果教师缺乏相应的经验,则会导致课程设计缺乏规划性、课程讲授偏离实践、对产业理解不够深刻、对新发展模式难以把握等一系列问题。再者,人力资源管理已经朝着综合性的方向发展,企业中的人力资源管理者不仅要具备专业的人力资源管理知识进行劳动人事管理,更需要具备企业的业务知识,以"合作伙伴"的身份服务企业的发展。如现代人力资源部门设置的 HRBP(人力资源业务合作伙伴)岗位,就明确强调人力资源管理者要兼具跨专业的业务知识。而当前人力资源管理师资队伍仍然以本专业知识背景的教师为主,尚未意识到需要组建跨专业的综合性师资团队来满足现实需求。整理主流招聘网站和大型企业中人力资源部门的招聘信息不难发现,人力资源数据分析人才已成为重要的发展趋势。例如,腾讯研究院 HR 科技中心设置了 people analytics 研究室,从人才管理的问题出发,搭建理论和数据模型,收集、整合、分析与解读数据,并将结果应用于人力资源决策与实践。字节跳动也专门设置了全球化人才数据专家岗位,通过数据分析手段支持全球化业务发展等。当前的人力资源数据型人才缺口,也对课程开发提出了要求。这一实践需求落在师资队伍建设中,就要求团队具备讲授数据分析、数据挖掘的师资储备。

第三,课程形式的单一性。高校中的人力资源管理课程形式比较单一,通常为理论讲授加少量的课堂演练。现代高校课程建设强调形式创新与内容创新,而这种创新往往体现在使用的多媒体技术等手段的创新。实际上,形式创新更要求课堂内容能够引进来和走出去。将专业的企业人力资源管理人才引入课堂,通过实际案例介绍帮助学生更好地理解课程内容。另一方面则强调带领学生真正深入企业管理,通过实际案例的完成去了解、学习人力资源管理的职能与价值,丰富课程学习形式,培养能力与素质兼备的实践型人才。

四、心理系人力资源管理课程重构思路

(一)面向实践能力培养的课程目标设置

正如前面多次提及的,人力资源管理是一门应用性和实践性较强的课程。

尤其对于心理学系,不同于其他专业基础课,这门课程的就业导向性极强。因此课程目标的设置不能同其他基础课程一样,应更加注重知识的掌握。人力资源管理课程的课程目标设置应当注重学生人力资源管理实践能力的培养和专业素质的提升①,培养兼具心理学专业性,具备人力资源管理实践应用能力的专业复合型人才。在这一课程目标的引领下,重新进行课程内容的设计、课程形式的设计以及师资队伍的组建。进一步将课程目标拆解,从知识、能力和素质目标三个维度进行课程目标的设置。知识目标维度要求学生掌握数字化时代下的人力资源选人、用人、育人、留人的基本职能,尤其是要求学生掌握各基本职能环节中如何使用数字产品、数字工具,并进一步引导学生转换视角,以产品经理的视角去思考如何开发加速人力资源各职能的服务产品。能力维度的目标设置包括三个方面。第一,要求学生掌握基本的人力资源职能实操能力,通过自主完成工作分析报告、薪酬设计方案并进行检验。第二,要求学生具备综合使用人力资源管理知识、针对具体企业实际案例展开问题分析和建议方案设计的综合能力。第三,要求学生掌握人力资源数据分析能力,尤其是激励政策的收益分析、企业员工满意度调查测量工具开发等内容。素质目标层面要求学生在课堂学习和企业实践中形成团队合作意识、问题意识、综合分析意识等。

(二)数智技术渗透视角下的基本职能更新

人力资源管理课程的逻辑是围绕其基本职能架构起来的,职能讲授是课程的核心内容。重构的课程也不能脱离这一基础性内容,为了帮助学生更充分地理解现代企业、数智化技术如何对人力资源管理职能进行加速与再造,课程需要将每一职能模块内容进行重组,尤其要关注到互联网技术与数字智能技术在各项职能中的应用。

以招聘这一重要职能为例,企业招聘过程中提出了许多现实问题。例如,如何精准识别人才、如何书写清晰完整的职位说明书、如何优化面试评估流程、降低面试成本、如何扩大企业的人才储备库、如何快速甄别人才能力? 以往的课程

---

① 王丽静、王丽芳:《数字经济背景下高职院校课程教学改革研究——以〈人力资源管理〉课程为例》,《山西青年》2023 年第 24 期。

内容中介绍的招聘方式如招聘会、平台广告等形式的信息传播速度慢、使用成本高,筛选范围小,无法回应现实企业中越来越多、越来越精准的需求。而在互联网和数字智能蓬勃发展的时代,面对企业招聘过程中涌现的新问题,技术的加持使企业有了丰富的解决方案。[①]从招聘模式来看,现代的招聘模式在互联网时代表现出数字化、移动化和社交化的特征。传统的面试交流提取面试者的有效特征极为困难,招聘决策的产生往往带有较强的主观性。而数字技术的使用能够基于追踪的海量数据比较候选人与岗位的需求程度,通过搭建胜任素质模型,以人岗匹配而非孰优原则作为决策标准,能够减少错误决策造成的资源浪费。此外,现代企业的招聘渠道随着更多的招聘平台的开发范围随之拓展,形式也更多样化。基于社交网络平台的招聘如领英的先社交再求职的理念下,用户建立个人档案,以人脉为核心,搭建职场社交网络,致力于转变招聘模式,建立社交网络,实现人岗的精准匹配。此外,社交网络招聘等新形式的出现,也能够减少招聘成本。例如,近期某电商团队通过在线直播连线的形式进行招聘,老板和求职者直接交流,要求更清晰,筛选更迅速,对于建立企业文化和影响力也有一定程度上的溢出效果。总结而言,在招聘职能的讲授中,主要从新招聘渠道、新招聘模式分析入手,帮助学生理解当下企业招聘所亟待解决的痛点与难点问题,引导学生思考如何开发出更便捷高效的招聘渠道与招聘方法。并且引导学生采用多重技术、多平台形成人才画像,以及深入观察企业案例,追踪代表性企业人才招聘的全流程。

以薪酬绩效管理职能为例。除了传统的绩效考核体系的介绍,更注重当下新的绩效管理工具的介绍,为学生介绍传统绩效管理工具为何在当今的互联网时代不再适用,以及OKR(目标与关键成果法)和KSF(关键成功因素法)的优势以及具体的实施方法。此外,在降本增效的大趋势下,除了标准的雇佣模式,外包等灵活用工方式也成为企业人力资源获取的重要渠道,然而灵活用工虽然能够降低人才成本,但是随之而来的是薪酬设计、风险规避等问题。针对这一新兴的企业用工问题,以实际案例剖析为授课方式,引导学生对该问题进行方案解

① 贺文博:《数字化加速人才招聘效率提升的现实路径》,《人才资源开发》2022年第19期。

决。例如,通过分析某企业的案例了解该企业为实现企业灵活用工模式提供的可视化数据后台、丰富的支付渠道和迅速响应的到账结算系统、线上开票和数据安全保障等环节。① 引导学生思考面对愈加丰富的用工模式,可以怎样利用数字技术实现人力资源管理等。

总之,通过行业前沿案例研讨,引导学生理解数智技术引发的人力资源职能变革将是整个课程开发最重要的内容。

（三）增添数据分析板块

数字化浪潮下,人力资源数据的价值也得以体现。知名企业中已经开始设置相应的人力资源数据分析部门,如腾讯 HR 科技中心描述其招聘的人力资源数据分析专家的岗位职责是运用工业和组织心理学原理,综合使用问卷、实验、访谈等定量、定型研究方法,分析数据,撰写研究报告,服务于识别和界定关键人才管理问题,开发优化人才识别和测评工具,为 HR 数据产品团队提供专业输入。这一新兴岗位的产生对于心理学专业想要从事人力资源管理的学生而言更具专业性。目前部分在线平台已经发布了人力资源数据分析的部分课程,也有部分教材开始关注人力资源数据化分析思维与数据建模。针对人力资本分析人才的短缺现状,可以有针对性地在心理系的人力资源管理课程中增加相应的模块。通过搭建跨学科师资团队的方式,为学生提供心理测量学的问卷编制方法、商业分析领域的成本回报分析和社会科学的定性探究方法设计培训,以企业真实案例为课堂学习内容,提高学生的人力数据分析能力,为企业输送前沿人才。

整体而言,随着数字智能技术的更新迭代,互联网经济的日新月异,人力资源管理行业的工作价值取向正在悄然转变,各项管理职能也被不断替代和提升,业务板块也有了更深入的拓展。为响应国家对人才培养的需求,高校的人力资源管理课程随之需要创新,以培养满足生产实践的复合专业型人才为导向,重构课程内容,强调学生能力培养而非知识传授。

---

① 艾瑞咨询:《2023 年中国人力资源数字化研究报告》。

基于创新能力培养的司法心理学
教学改革与探索

贾丽娜[①]

一、培养创新能力的重要性

创新能力是当今社会发展的重要驱动[②]。对于大学生来说,创新能力、创新思维与创新意识的发展不仅能够促进自身综合能力的提升,也能够帮助其优化解决问题的策略,利于今后更好地适应社会。在高校的教育教学发展过程中,逐渐开始重视学生创新能力的培养。这一培养过程不仅体现在专门开设的创新创业课程中,也越来越多地体现在专业课程中。在日常的教学过程中,教师应努力激发学生的创新性,以培养学生养成创新性思考的良好习惯与思维品质,促进学生的全面发展,努力成为创新型人才。

"司法心理学"课程是研究人们在司法活动中各种心理特点和活动规律,并运用心理学的基本原理揭露犯罪、改造罪犯、提高司法人员心理素质的一门心理学与法学的交叉学科。该课程同时面向法学专业和应用心理学专业的学生。课程包括 32 学时,计 2 学分,在大三上学期进行,即法学专业的学生已经掌握基本

① 贾丽娜,女,心理学博士,天津商业大学法学院讲师,主要研究领域为社会认知心理。
② 赵霞:《基于创新能力培养的高校教育教学改革研究》,《黑龙江教师发展学院学报》2024 年第 2 期。

的司法领域相关的知识,同时心理学专业的学生已经掌握心理学领域的基本知识。在此基础上,进一步向学生传授法学与心理学结合的课程"司法心理学"。"司法心理学"所包含的课程内容较多,涉及不同人员和不同司法过程的心理过程,如侦查心理、犯罪嫌疑人心理、被告人心理、被害人心理、审讯心理、证人心理、公诉与审判心理、罪犯心理矫治等,学生在掌握各类心理特点时容易发生混淆,在学习理论知识时积极性不够高。这就需要通过教学改革,提高学生的学习兴趣与积极性,将培养学生的创新能力融入课程中,以帮助学生更好地掌握专业知识,同时提高创新思维与创新能力。基于此,改革司法心理学课程,培养学生的创新能力成了提高教育质量和适应未来挑战的关键。

二、教学现状的分析与思考

在目前的教学过程中,主要采用传统的教学方法。在授课内容上,只是简单地将教学大纲涉及的内容传授给学生,局限于当前的知识和理论现状,缺乏内容之外的进一步拓展。以证人心理这一节的内容为例,在介绍影响证人感知案情的主客观因素时,以教材上介绍的一项问卷调查研究结果为主,向学生介绍了该问卷调查所发现的一些主观影响因素(注意程度、情绪状态等)和客观影响因素(地形位置、时间长短等)。这一内容的传授虽然全面介绍了教材上的知识,但并未进行研究拓展,如一些研究成果可能又发现了新的影响因素。

在教学方法上,缺乏一定的灵活性与创新性,没有调动学生的积极性与兴趣。授课过程中更多的是教师讲授,理论知识的灌输,没有体现出学生的主动性。仍以证人心理这一节的讲授为例。在授课过程中,教师按照传统的教学方法向学生介绍影响证人感知的因素。在这一过程中,由于影响因素较多,依次呈现和讲解的过程中学生的兴趣较低,未能和教师形成积极的互动。当学生习惯于遵循预设的步骤而不是自主探索时,他们在面对新的挑战和问题时可能缺乏必要的适应性和创造力[①]。因此,这一传统的教学方法没有为学生提供思考和发挥的空间,导致学生出现"少动脑"甚至"不动脑"的现象,从而无法培养学生的

---

① 王恩通:《创新能力培养下无机化学实验教学模式改革与探索》,《化纤与纺织技术》2024 年第
1 期。

创新能力。

三、基于创新能力培养的教学理念探索

基于目前司法心理学教学现状,以培养学生创新能力为基础的教学改革是有必要的。在基于创新能力培养的教学改革中,首先要改变的是教学理念。"教书育人"是每一位教师的职责,但在实际的教学过程中,一些老师侧重"教书",即认为将知识全部传授给学生,学生学会了、学好了,就很好地完成了任务。然而,这一过程中的"育人"与"教书"有着同等重要的作用。因此,教师在备课时需要做好课程设计,在授课的过程中体现出育人的作用。例如,在讲到司法人员应具备的职业心理素质时,告诉学生如果想要成为一名司法工作人员,需要具备多方面的心理素质,如良好的认识品质(注意力、感知力、想象力和思维力等)、高尚的情操(神圣的职业使命感、高度的社会责任感和爱憎分明的正义感等)、坚强的意志品质(抗干扰、维护法律权威的自觉性,遇到困难和挫折的坚韧性等)以及成熟、健全的人格(正确的世界观、人生观导向等)。在这一知识点的介绍中,进一步培养学生正确的价值观和人生观,增强学生的正义感和思维的灵活性与创新性。

从"以教师为中心"转变为"以学生为中心"[1]。在传统教学中之所以会出现学生学习的积极性不高,可能就是由于教师没有将学生当成课堂的主角,而是将自己当成了课堂的主角,一味地传授与灌输知识只会让学生缺少动力与积极性。在介绍证人感知案情的影响因素时,如果教学过程"以教师为中心",则是教师向学生逐条介绍可能的影响因素。如果教学过程"以学生为中心",那么完全可以让学生先去探索、发现、讨论,在这个过程中,学生会更有兴趣,同时也有利于培养学生的发散思维和创新思维。因此,在教学过程中,教师应该逐渐转变观念,明确以学生为中心的教学目标,培养学生的创新精神[2]。

构建创新能力的培养机制。在司法心理学的课程中,构建一个有效的评估与反馈机制对于培养学生的创新能力是至关重要的,该机制不仅能够帮助教师

[1] 张京良、解朋朋、曾雪迎:《高等数学创新性教学的探索与实践》,《高等数学研究》2024年第1期。
[2] 肖霄、李明:《基于应用型创新人才培养的展示设计教学改革研究》,《赤峰学院学报(自然科学版)》2023年第12期。

了解学生的学习进度和掌握情况,还能够促进学生的自我反思和持续学习。因此,教师要突破传统的考核评估方式,创新性地融合多种不同的形式,以形成多元化的评估方法。例如,可以通过课堂讨论、小组作业、实践调查等方式,以实时监控学生的学习进度,及时提供反馈和支持。在这一过程中,学生的讨论、调查等环节,不仅可以增强团队合作意识,更有利于创新能力的培养。作为教师,也需要给予学生即时的反馈。例如,在课堂上或通过数字平台即时提供对学生作业、讨论和提问的反馈,帮助学生及时发现问题,加深理解。通过这样的评估和反馈机制,教师可以更精确地把握学生的学习状态,及时调整教学策略,同时激励学生积极参与学习过程,促进学生创新能力和实践技能的发展。

四、基于创新能力培养的教学模式改革

(一)课程内容的更新

在司法心理课程改革中,需要对现有课程内容进行审视和调整。例如,审查最新的司法心理学研究和实践发展,将课程内容进行一定的拓展,以提高创新性。公诉与审判心理这一章节,主要围绕法庭上各种相关人员及活动的心理进行介绍。课程内容的更新,可以在教材知识的基础上,加入一些新的主题和新的研究成果,如法庭审判过程中可能存在的认知偏差。同时也可以利用在线资源和开放课程提供额外的学习材料,增强学生的自主学习能力。在罪犯心理矫治的章节中,可以引导学生进一步思考科技的进步、人工智能的发展和大数据的预测对预测和分析犯罪行为的影响。

司法心理学本身就是一门交叉学科,在该课程的教学中,要注意跨学科内容的整合。结合法律、心理学、社会学、数据科学等相关学科的知识,以促进学生对司法心理学问题的全面理解。例如,对于心理学专业的学生来说,要引导学生将之前学习的心理学知识灵活地应用到司法研究领域,利用心理学的基本原理解释司法领域中的一些心理现象,做到触类旁通、举一反三。在课程内容的更新与改革中,还可以将理论与实践串联到一起,让学生"在学中练、在练中学"①。如

---

① 陈健、张晓南、邵迪、等:《基于应用型人才培养的创新教学改革研与探索》,《北华航天工业学院学报》2023 年第 6 期。

结合法学专业当中的模拟法庭审判,让学生在模拟法庭的过程中进行心理评估练习,提高学生的实践创新能力。

(二)案例教学

案例教学是通过模拟或重现现实生活中的一些场景,将学生代入案例场景①,以加深学生对知识的理解。例如,侦查心理这一章,涉及侦查人员在侦查过程中的认识活动。其中在讲到侦查中直觉思维的作用时,如果仅是向学生介绍什么是直觉思维,直觉思维在侦查过程中发挥什么样的作用等,学生可能理解得不够深刻。如果此时提供一个实际的案例,即某侦察人员凭多年的工作经验,迅速破案的具体例子,那么学生通过这个案例就能更好地理解直觉思维的概念以及在侦查中的作用。当然,在提供案例的同时,也可以引导学生主动思考、积极发现问题。例如,侦查人员在侦查过程中的联想分为类似联想、接近联想、对比联想和因果关系联想。想让学生理解这几种联想过程的意义且有效进行区分,可以向学生展示一系列的案例。在案例的展示过程中,组织学生进行小组讨论,让学生辨别某案例是运用了何种联想方式,以此拓展学生的发散思维。因此,案例教学可以鼓励学生批判性地分析案例,提出自己的见解和解决方案,培养创新能力。

(三)翻转课堂

转变传统的教师为主导、学生为学习主体的教育教学理念,明确师生都为学习主体。② 翻转课堂的教学方法很好地体现了"以学生为中心"的教学理念。在翻转课堂中,课堂的主动权主要交给了学生,即给学生提供一个展示自我的平台和思维发展的空间。例如,在司法心理课程中,在介绍现场心理痕迹与物质痕迹的分析与侦查破案时,教师可以在前一节课布置学习任务,向学生提供一个案发现场待分析的场景,如"某市发生一起警察家里被盗的案件,室内的柜子被撬,所有衣物被翻得乱七八糟、钱物被盗、厨房内所剩饭菜也被吃光,现场还留下一顶

---

① 马登学、夏其英、徐守芳,等:《基于创新能力培养的"高分子物理"课程教学模式改革路径》,《西部素质教育》2024 年第 5 期。

② 靳开宇:《师生合作共建:跨学科应用型人才培养目标下"语言学概论"教学改革与实践创新研究》,《成都中医药大学学报(教育科学版)》2023 年第 4 期。

破旧的帽子和吃剩下半截的黄瓜"。对此，让学生以小组为单位，利用学过的知识、查阅相关文献，分析作案人的心理状态与形象。在下一节课时，由学生来汇报本组的分析结果，并进行讨论。这样一个过程就让学生有了"主角"的意识，他们也愿意积极地思考和参与，同时汇报的过程也是锻炼学生口头表达能力的过程。因此，将翻转课程的教学方法融入传统的教学中，可以有效提高学生的学习兴趣，促进学生创新能力的发展。

（四）充分利用教学平台与工具

在现代的教学课堂中，有许多先进的技术和辅助教学工具可以为我们所用。在之前的教学过程中，任课教师想要通过点名的方式与学生互动、调动学生的积极性，有时可能无法达到预期的效果。一些学生可能性格内向或腼腆，即便被提问，也只是简单地回复："我没想好""我不会"，等等。这样一种课堂提问实则没有发挥作用。为避免此类现象在课堂上频繁发生，在教学改革的过程中，教师可以充分利用"雨课堂""学习通"等多种辅助教学工具。例如，利用雨课堂软件，教师提前设置一些问题，课堂上可以让学生在线上回答问题，提高学生的参与率。因此，教师熟练地掌握一些教辅工具和软件，合理地使用相关工具，可以调动课堂气氛，引导学生主动思考。

五、教师的提升与发展

在基于学生创新能力培养的教学改革中，教师的发展与提升也是十分重要的。作为授课教师，可以定期参加一些与专业和课程相关的研讨和培训，不断更新知识与积累经验。对于青年教师来说，可以多去听其他优秀教师的课，在实际的课堂中对比自己的差距和不足，不断提升自己的教学能力和水平。教师创新能力的发展还体现在关注相关领域的最新研究成果，实时更新储备的知识。同时教师也可以参与司法心理学的研究项目，提升研究能力和学术水平。因此，想要激发和培养学生的创新意识与创新能力，教师首先应该不断自我学习与创新，提升自身的创新能力。

六、结语

在对司法心理学教学现状进行深入的分析后，本文提出，要实现司法心理学课程的有效改革，需要对课程内容进行全面的更新与整合，将最新的司法心理学研究成果、案例和技术融入课程中,以确保学生掌握当前领域内的前沿知识。教师应该转变教学理念,做到"以学生为中心","教书"和"育人"并重。此外,采用案例教学、翻转课堂等互动式教学方法,提高学生的学习兴趣和参与度,加深学生对理论知识的理解和应用。教师作为教育改革的关键执行者,其专业能力、思维广度和教学水平等是教学改革中的关键因素。教师应该及时更新知识,不断学习与提升自身的综合素质。

课程改革不是一蹴而就的,而是一个持续的过程,需要在实践中不断摸索。当社会的需求发生变化时,我们要及时调整改革的方案,以适应学科的发展。未来可借鉴其他新兴的教学方法与教学理念,以有效培养学生的创新思维和能力,为学生步入社会奠定基础。

形成性评价在应用心理学专业
教学运用中的探析

张　霓[①]

　　形成性评价是一种持续的、过程性评价方法。与终结性评价不同,形成性评价的核心目的在于监测和促进学生的学习进展,而非仅评判学习成果。[②] 这种评价方式贯穿整个教学过程,通过及时的反馈和调整,帮助学生识别学习中的优势和不足,促进学生认知和技能的发展。[③] 与此同时,形成性评价还可以为教师提供宝贵的教学改进信息,有利于改进教学实践,提高教学质量。[④]

　　根据我国教育部制定的《普通高等学校本科专业目录和专业介绍》,高校应用心理学专业本科人才的培养目标要注重实践创新能力的培养并服务当前社会需要。[⑤] 对创新精神和实践能力的着重培养决定了在应用心理学专业的本科教学过程中,应重视对不同培养阶段进行过程性和持续性评价,而形成性评价正符合对应用心理学专业人才培养的评价要求。

---

　　① 张霓,女,教育学博士,天津商业大学法学院心理学系讲师,主要研究方向为发展与教育心理学。

　　② Bloom, B. S. "Some Theoretical Issues Relating to Educational Evaluation". *In Educational Evaluation: New Roles, New Means*. Chicago: University of Chicago Press, 1969:102.

　　③ Council of Chief State School Officers (CCSSO). *Distinguishing Formative Assessment From Other Educational Assessment Labels*. http://www.ccsso.org/Documents/FASTLabels.pdf.

　　④ John - Brooks, C. S. *Formative Assessment: Improving Learning in Secondary Classrooms*. OECD, 2005.

　　⑤ 王吉春、谭小宏、王金霞:《密歇根州立大学心理学专业人才培养模式概述》,《黑龙江高教研究》2018 年第 1 期。

近年来,形成性评价在应用心理学专业的实际教学运用中取得了一些成效,但也存在一系列问题和挑战,如评价范围窄化、评价方法单一、评价结果的应用和反馈机制不完善等。本文将对以上问题进行梳理,并结合形成性评价的前沿动向,探索形成性评价在应用心理学专业教学中的新运用,以期为优化应用心理学专业的教学活动提供参考。

一、形成性评价在应用心理学专业教学中的运用成效

(一)促进学生自我反思与自主学习

形成性评价鼓励学生在学习过程中通过多种形式、多种渠道进行自我评估和反思。自我评价是指学生对自己的学习过程和成果进行反思和评估,这有助于培养学生的自主学习能力和自我监控能力。[①] 同伴评价则是指学生之间相互评价,这种方式可以增加学生之间的互动,促进学生从他人的角度理解学习内容。[②] 教师反馈通常包括对学生作业的及时反馈、课堂表现的评价以及一对一的指导会谈。项目作业和口头报告能够评价学生综合运用知识解决问题的能力,而课堂参与度评价侧重学生在课堂上的互动和参与情况。[③] 通过形成性评价提升学习的内驱力,一方面提高了学习效率,另一方面也加深专业了解,为将来的职业生涯打下坚实的基础。

(二)多方面提升学生的学习成果

在专业学习,特别是实践教学过程中,形成性评价能够为学生提供及时的、建设性的反馈,有助于学生更好地理解心理学理论和实践技能,促进学生的专业成长。

在应用心理学专业的课程教学中,教师通过多种方式,如案例研究讨论、角色扮演、模拟咨询会话等实施形成性评价。这些活动不仅让学生体验到心理咨询技术的实际应用,还能够在实践中通过同伴和教师的反馈,帮助学生认识到自

---

① Black, P., & Wiliam, D. "Assessment and Classroom Learning". *Assessment in Education: Principles, Policy & Practice*, 1988, 5(1): 7 – 74.

② Shepard, L. A. "The Role of Assessment in A Learning Culture". *Educational Researcher*, 2000, 29(7): 4 – 14.

③ Hattie, J., & Timperley, H. "The Power of Feedback". *Review of Educational Research*, 2007, 77(1): 81 – 112.

身在沟通、同理心和问题解决等方面的强项和弱点,及时调整学习策略,优化学习效果。[1]

形成性评价对应用心理学专业学生学习成果的提升作用还体现在促进学生的职业认同和伦理意识上。心理学专业的学生需要在严格的伦理准则下开展工作,形成性评价可以引导学生思考和讨论伦理问题,培养学生的职业责任感。通过案例分析和小组讨论,学生能够在实际情境中应用心理学知识,同时通过教师和同伴的反馈,能够更好地理解伦理决策的重要性。[2]

(三)为教师和学生提供双向反馈

已有研究表明,单向反馈在某种程度上无益于学生的发展,甚至会形成负向作用,而双向反馈更有效。[3] 形成性评价的核心在于提供及时、具有建设性的反馈,这不仅包括教师对学生的评价,也包括学生对教师教学方法的反馈。[4] 教师反馈的目的在于帮助学生理解当前的学习状态,并提供行动指导,指导他们如何改进学习方法和策略,以及如何更好地达到学习目标。[5] 有效的教师反馈是具体的、及时的,并且能够激发学生的自我反思和自主学习,可以通过书面评语、一对一辅导、课堂讨论或者作业批改等形式进行。教师在提供反馈时,应注重学生的努力和进步,这样可以增强学生的内在动机和学习成就感。[6]

学生对教师的反馈能够帮助教师了解教学方法的有效性,以及学生在学习过程中的需求和面临的挑战。可通过问卷调查、小组讨论、个别访谈等方式收集学生反馈。教师应该鼓励学生提供诚实、建设性的反馈,并且在接收到反馈后进行适当的调整。这种双向反馈机制不仅对教学质量的提升有帮助,还加深了师

① Carless, D. "Differing Perceptions in the Feedback Dialogue". *Studies in Higher Education*, 2006, 31(2):207 – 222.

② McAllister, L. , & McKinnon, R. "Using Formative Assessment to Improve Learning in psychology". *Teaching of Psychology*, 2009, 36(2):97 – 102.

③ 贾瑜、张佳慧:《PISA2018 解读:中国四省市教师课堂教学现状分析——基于中国四省市PISA2018数据的分析与国际比较》,《中小学管理》2020 年第 1 期。

④ Hattie, J. , & Timperley, H. "The Power of Feedback". *Review of Educational Research*, 2007, 77(1):81 – 112.

⑤ 贾瑜、辛涛:《关注过程:落实综合素质评价育人目标的关键》,《中国教育学刊》2023 年第 12 期。

⑥ Nicol, D. J. , & Macfarlane – Dick, D. J. "Formative Assessment and Self – regulated Learning:A Model and Seven Principles of Good Feedback Practice". *Studies in Higher Education*, 2006, 31(2):199 – 218.

生之间的信任和尊重,从而营造一个积极和包容的学习环境。

形成性评价中的教师和学生反馈是一个互动的过程,需要教师和学生共同努力,以实现最佳的学习效果。教师需要持续地学习和实践如何提供有效的反馈,同时也要培养学生的自主学习能力,使学生成为学习的主人。

二、形成性评价在应用心理学专业教学中存在的问题

(一)评价内容狭隘,评价范围窄化

形成性评价在应用心理学专业教学中的实施,旨在通过持续的评估和反馈过程促进学生的学习和发展。然而,这一评价体系在实际应用中面临着评价内容狭隘、评价范围窄化的问题①,这可能影响评价的有效性和全面性。

第一,形成性评价在应用心理学专业教学中侧重对学生认知技能的评估,如理论知识的掌握和概念理解,而忽视了对学生非认知技能的评价,如沟通能力、社会服务、实践创新能力等。这些非认知技能对于心理学专业的学生来说同样重要,因为这些非认知技能直接影响到学生未来在职业生涯中的表现。此外,评价内容局限于传统的书面作业和考试,而缺乏对学生在实际情境中应用心理学知识能力的评估。这种狭隘的评价内容无法全面反映学生在应用心理学专业所掌握的各项知识和技能,也不利于学生的全面发展。

第二,形成性评价的实施过于集中在课程的某些特定部分或特定的学习活动上,而忽视了对学生整个学习过程的持续监测和评估。例如,教师可能只关注学生在课堂讨论或实验报告中的表现,而忽略了学生在课外学习、自主研究和社会实践中的经历和成就。狭窄的评价范围容易导致学生对学科专业的片面理解,认为只有被评价的部分才是重要的,从而忽视了对其他方面的学习掌握。这种情况不仅限制了学生对本专业了解的深度和广度,也影响了教师对学生学习进展和需求的全面了解。

(二)评价方法的单一性和不适应性

除了评价内容狭隘、评价范围窄化之外,形成性评价在教学过程中还常常面临着评价方法单一和不适应的问题,这些问题可能影响学生的学习体验和学习

---

① Moss,P. A. "Can There Be Validity Without Reliability?". *Education Researcher*,1994,23(2):5 – 12.

效果。

单一性问题指的是在形成性评价中过度依赖某一种评价方法,如书面作业、在线测验或教师的主观判断,而忽视了评价方法的多样性。这种单一的评价方法不能全面反映学生在理论知识和专业技能上的学习进展。例如,如果教师单纯运用书面作业或在线测试的评价方式,可能侧重对学生理论知识学习的把握,而这种方式并不能检测学生专业技能的掌握情况,运用单一手段对学生的学业成果进行评价,缺乏评价的全面性。

不适应性问题则涉及评价方法与学生学习需求、课程目标以及教学环境之间的不匹配。在应用心理学的教学中,学生可能需要在真实或模拟的环境中进行实践,而传统的书面考试或课堂评估可能无法有效评价学生在这些情境下的表现。此外,不同学生的学习风格和需求也可能要求评价方法具有一定的灵活性和个性化,以适应每个学生的特定情况。

(三)评价结果的应用和反馈机制不完善

评价过程中只有建立师生之间的"反馈回路"才能有效发挥形成性评价的改进功能。然而,在实际教学中,作为有效反馈的展示与交流、学习与反思等环节往往被忽视。[1]

第一,评价结果的应用不够具体和即时。在应用心理学的教学实践中,教师往往不能充分利用评价所提供的数据来调整教学策略或改进课程内容。这与过程性数据的供给、反馈等环节存在不规范和形式化倾向,缺乏有效的评价结果分析技术,以及教师对如何应用这些评价信息缺乏明确的指导等因素有关。这样会导致即使评价结果显示学生在某些关键领域存在学习困难,教师也可能无法及时提供针对性的支持或干预。

第二,反馈机制的不一致性和主观性。反馈是形成性评价的核心组成部分,但在应用心理学的教学中,反馈可能存在不一致性和主观性的问题。教师在提供反馈时可能缺乏统一的标准和明确的指导原则,导致教师难以从原始记录中提炼出相对完整的评价数据,也难以形成教育教学改进的证据。此外,反馈缺乏

---

① 贾瑜、辛涛:《关注过程:落实综合素质评价育人目标的关键》,《中国教育学刊》2023 年第 12 期。

客观性标准,使得学生难以准确理解评价结果的含义和根据反馈进行学习改进。

第三,形成性评价游离于教学工作和课程体系建设之外。① 评价过程外在于教学过程和学习过程,导致评价手段无法及时服务于学生的发展变化、找出影响学生发展的关键因素,并指导学生学业的发展,进而难以制定有针对性的发展规划和改进建议。

三、形成性评价在应用心理学专业教学中的新运用

近年来,形成性评价的内涵有了新发展,科研团体、非政府组织、考试服务企业、专家团队等从不同角度对形成性评价进行了新的界定②,进一步深化了形成性评价一贯强调反馈与改进的目标定位,并发展了新内涵。结合形成性评价的新内涵,在应用心理学专业教学中可以尝试如下新做法。

(一)将形成性评价融合进教学全过程

形成性评价策略框架③已广泛应用于研究与实践,整体包含五个关键策略,分别是明确目标、设计任务、教师反馈、学生自评、同伴互评。这五个关键策略融合在一个教学单元中,并不要求每节课都要做,也没有绝对的顺序步骤。最新研究提出的形成性评价反馈循环模型④又把系统的评价策略转化为完整的教学模型。该模型依据全国统一的大学和职业准备标准(College and Career - Ready Standards,CCRS)来细化学习目标,并明确这些目标在具体学习活动中达成的成功准则。通过设计学习任务来激发学习证据的产生,同时采用教师评价、学生自评、同伴互评等关键措施来收集这些证据。评价体系包含了教师和学生双方的改进措施,教师的改进措施可以涵盖示范、提示、提问、反馈等方面。最后,教师根据学生的最近发展区提出相应的要求,鼓励学生按照个人的节奏发展。在这一反馈过程中,一旦现有的差距得以缩小,新的学习目标和差距便会被创建,进

① 贾瑜、辛涛:《关注过程:落实综合素质评价育人目标的关键》,《中国教育学刊》2023 年第 12 期。

② 曹飞:《形成性评价前沿动向及借鉴》,《湖南师范大学教育科学学报》2024 年第 1 期。

③ Wiliam, D, Thompson, M. "Integrating Assessment With Instruction: What Will It Take to Make It Work?" Dwyer, C. A. *The Future of Assessment: Shaping Teaching and Learning*, New York: Taylor & Francis, 2013: 69 - 101.

④ Heritage, M. *Formative Assessment: Making It Happen in the Classroom*. 2nd ed. California: Thousand Oaks: SAGE Publications Ltd, 2022: 32.

而开始新一轮的形成性评价反馈循环。①

将形成性评价融入应用心理学教学全过程,需要教师在课程设计、教学实施、学生学习活动以及评价反馈等各个环节有意识地整合评价活动,以促进学生的持续学习和进步。第一,明确教学目标与学习成果。在课程开始之前,教师应明确教学目标,确保学生理解将要达成的学习成果。教学目标应涵盖知识、技能、态度和价值观等多个维度,以促进学生全面发展。第二,根据教学目标,设计一系列形成性评价活动,如自我评价、同伴评价、小组讨论、课堂观察、角色扮演、案例分析等,这些活动应当提供关于学生学习进度和理解程度的及时反馈。第三,在教学过程中,教师应持续收集学生的学习表现数据,并提供及时、具体、建设性的反馈,并根据反馈结果及时调整教学策略和内容,以满足学生的学习需求。第四,鼓励学生进行自我反思,识别自身学习强项和弱点,并制订个人学习计划,通过自我评价和反思,学生可以更好地理解自己的学习过程和成果。第五,将形成性评价的结果整合到课程和教学的持续改进中,确保教学活动始终与学生的学习需求保持一致。定期回顾和分析数据,识别教学中的问题和挑战,从而不断优化教学方法。②

（二）强调获得真正用于改进后续教学的学习证据

美国教育考试服务中心(ETS)认为,形成性评价具有促进学习的价值,取决于对学生学习证据的收集和分析,并做出准确的判断③。获取证据后,基于证据的解释只有用于指导后续改进教学过程,才能称为形成性评价。改进的目标是缩小学生学习现状与目标的差距。所以解释证据时要帮助学生认清当前所在位置,并理解与目标和标准的差距。改进的直接表现包括教和学两方面,即教师根据多个来源的证据改进教的过程,学生根据自己、同伴和教师等多主体反馈调整学习策略和方法。

---

① 曹飞:《形成性评价前沿动向及借鉴》,《湖南师范大学教育科学学报》2024 年第 1 期。

② 朱雪梅、潘竹娟:《基于数据分析的数字化课堂教学评价研究》,《中国教育信息化》2023 年第 9 期。

③ American Educational Research Association, American Psychological Association, National Council on Measurement in Education. *Standards for Educational and Psychological Testing*. Washington, D. C. : American Psychological Association,2014:219.

收集和分析数据是获得学习证据的关键步骤。教师应利用各种工具和技术手段,如学习管理系统(LMS)、电子投票系统、在线测验平台等,系统收集学生的学习数据。数据分析应当结合定量和定性方法,以揭示学生的学习模式、理解程度以及可能存在的问题。通过对学生学习数据的分析,教师可以识别教学中的优势和不足,从而为教学改进提供依据。

根据收集的证据进行教学调整是实现教学改进的核心环节。教师需要根据数据分析的结果,通过改变教学方法、引入新的学习资源、提供额外的支持等方式,及时调整教学内容、方法和进度,以更好地满足学生的学习需求。此外,教师向学生提供及时、具体、建设性的反馈,帮助学生了解自己的学习状态,并指导他们如何改进。通过这样的循环过程,教师可以不断改进教学实践,促进学生深入学习[1]。

(三)重视形成性评价与自我调节学习相融合

自我调节学习(Self – Regulated Learning)强调学习者对整个学习过程的主动把控和调整,具有能动性、有效性和相对独立性等特点。[2] 形成性评价和自我调节学习之间在目的、过程和功能上呈现出一定共性。从目的上看,两者均着眼于培养学生终身学习的能力。从过程上看,两者都是长期、循环的过程,且均涉及认知、元认知、行为三方面的调整。从功能上看,两者均能够有效促进学生的学业成绩,且已得到大量实证研究的证明。今后两大领域将不断走向融合。

明确目标是决定教学效果和学习效果的关键环节。课堂中常见的目标是由教师下达的外部目标,而自我调节学习强调的是学生自主设定的学习目标。这就意味着教师和学生的目标应当是匹配的和共同认可的。然而在实际教学过程中,教师和学生的目标往往并不一致,鉴于此,形成性评价强调分享评价目标或标准的重要性,并将其视为形成性评价的起点。学生在明确学习目标并与教师达成教学共识的情况下,自主进入学习过程,主动将同伴评价和教师评价与目标

---

① 余胜泉、吴斓:《证据导向的 STEM 教学模式研究》,《现代远程教育研究》2019 年第 5 期;朱雪梅、潘竹娟:《基于数据分析的数字化课堂教学评价研究》,《中国教育信息化》2023 年第 9 期。
② 周琳、周文叶:《形成性评价:促进学生自我调节学习能力的养成》,《上海教育科研》2020 年第 2 期。

联系起来,对自己的表现进行客观评价。

当学生发现当前学习表现与目标要求存在一定差距时,会采取适当行动缩小两者之间的差距。① 发现差距的过程便是自我监控的过程。自我监控过程中发现的问题,更能引起学生的注意,启发学生的思考。根据自我监控理论,自我监控对整个自我调节学习的过程起着关键作用,能够直接促进学生的自我调节学习能力。然而,在学习过程中单纯依靠学生的自我监控是远远不够的,很重要的一点是依靠教师更加直接和精确的课堂反馈。通过课堂形成性评价的反馈信息,作用于学生的自我监控,才能更有效地提升学生的自我调节学习能力,优化教学效果。

四、总结

形成性评价是一种促学评估形式,学生在教师引导下通过自我评价与学生互评等多种途径,主动参与评价过程,促进学习,增强主人翁意识。形成性评价在教学过程中的有效发挥,一方面,需要高校教师恰当转变传统的教学评价观念,以学生为中心,积极营造自由开放的教学评价环境;另一方面,需要高校教师在评价形式和内容上精心设计,让学生主动参与评估的过程,学会自我监控、自我反思,真正成为学习的主人。

---

① Panadero E,Andrade H,Brookhart S. "Fusing Self - Regulated Learning and Formative Assessment:A Roadmap of Where We Are,How We Got Here,and Where We Are Going". *The Australian Educational Researcher*,2018,45(1).

人才培养与实践改革

商科院校创业法律教育问题刍议[*]

王　硕[①]

　　在"大众创业、万众创新"以及地方普通高校向应用型转型的大背景下,加强应用型本科院校创新创业教育是推动国家向创新型国家转变的重要途径。对于高校自身而言,加强创新创业教育、培养"双创"型人才是社会形势发展的客观需要,也是改革和发展的重要目标。普遍设置了金融学、会计学、市场营销、审计学、财务管理、电子商务、物流管理、旅游管理、人力资源管理等诸多"赚钱"专业的商科院校,在创业教育方面有着天然的技术优势。当然,创业教育的内容不仅需要前述技术层面的知识,也需要其他方面的专业知识来保驾护航。在全面贯彻依法治国基本方略的大背景下,法律教育就是创业教育中不可或缺的内容。创业法律教育有助于学生树立良好的创业法律思想观念、创业法律心理和创业法律认知,获得必备的创业法律运用能力,以规避法律风险,维护自身合法权益。初出校门的大学生创业者如果没有基本的法律素养,其合理解决纠纷和维护权益的能力必然低下,无形中大大提高了企业的运营成本,降低了企业的竞争力,

　　* 本文系天津商业大学校级教改项目"商科院校创业法律教育问题研究"(24JGXM02063)的阶段性成果。
　　① 王硕,法学博士,天津商业大学法学院讲师,硕士生导师,研究方向为商法、劳动法。

增加了创业失败的风险。因此有必要对商科院校创业法律教育问题展开探讨,建立完善创业法律教育制度体系,提升复合型人才培养质量。

一、创业法律教育的内涵及意义

创业作为一种劳动方式,是指通过优化整合各种创业资源以创造出相应经济效益以及社会价值的过程。[①] 创业活动在本质上属于一种创新行为,创新则属于创业活动的具体实现方式。对于缺乏社会资源和创业经验的在校大学生而言,在创新创业过程中、在各种主客观因素的共同作用下,必然产生各种风险。在日益激烈的市场经济竞争中,创业者可能面临市场、资金、技术、管理、法律等层面的风险。总体而言,由于市场机制、市场活动固有的不确定性,创业领域的多数风险虽然可以预见,却难以从根本层面有效预防。唯独法律层面的风险往往可以有效预见且可以规避。因此,适当的法律教育课程对于“双创”时代背景下大学生创业活动的有效开展具有极为重要的现实意义。进言之,大学生创业教育是一个系统工程,需要专业教育、创业教育与创业法律教育等要素紧密结合,既要在专业教育的基础上,面向全体学生普及基本知识和创业意识,又要针对部分学生提升创业能力,培育孵化创业项目和实体。在任何环节中,创业法律教育都必不可少。

大学生创业法律教育既是其全面发展的必然要求,也是强化其创业法律素质和能力的重要手段。具体而言,创业法律教育的意义主要体现在以下几个方面。其一,创业法律教育是建设法治社会的内在要求。社会主义法治国家要求社会成员在进行包括创新创业活动在内的各项活动时应严格遵守法律,而在校大学生作为社会主义接班人更应在创新创业过程中始终坚持法治理念。其二,创业法律教育是创业者全面发展的必然要求。随着技术迭代革新频率的不断加速、就业市场需求的剧烈变动,所谓“终身性职业”的时代已逐渐消亡。高等教育理应立足于学生的多元化发展需求,充分赋予学生适应社会职业环境变迁的终身性就业知识与生存技能,赋予学生开拓创新的精神品质和基于专业知识技能的自我学习与创新、自我发现与创造商机的能力。创业法律教育能够满足大学

---

① 黄静、刘子奋:《“双创”背景下大学生创业法律教育问题探析》,《长春大学学报》2017 年第 6 期。

生创业的法律知识与能力需求,而且大学生创业法律素质反映了人的全面发展程度,决定了其适应社会职业环境变迁的能力与素质。高水平的创业法律教育有利于在校大学生提升法律技能,增强维权意识,进而有效降低创业过程中可能发生的各种法律风险,维护自身合法权益。其三,创业法律教育是促进创业活动健康理性发展的重要手段。创业法律教育是树立正确创业价值理念和依法创办企业的前提,强化大学生创业法律意识和法律知识教育,可以确保企业设立运行等相关工作遵循法治轨道,在法律的框架下寻找商机,依法投资、生产和经营,并且充分运用法律赋予经营者的权利,维护自身合法权益,有效防范相关法律风险,依法妥善解决纠纷,促进创业活动的健康良性发展。[1]

综上,在全面推进依法治国和建设创新型国家的时代背景下,应当将防范和应对各种法律风险,尤其是创新创业法律风险作为大学生法律素质教育的核心内容。法律风险防范能力在整个创新创业能力体系中具有重要作用,居于大学生法律素质、法律能力的核心位置。而法律风险防范能力的获得只能以高水平的创业法律教育为基础。[2]

二、商科院校创业法律教育的现状暨存在的主要问题[3]

总体而言,商科院校创业法律教育在宏观层面没有得到足够的重视,在创业教育的框架内存在缺位倾向。大学生创业教育初始阶段,由于经验不足,对创业教育缺乏深入认识和研究,片面强调创业教育应聚焦创业精神品质和企业管理、金融财会、市场营销等商业运行方面的知识、能力培养,而忽视了创业法律教育的重要作用。[4] 具体而言,商科院校创业法律教育存在的问题主要体现在以下方面。

---

① 翟新明、李博:《大学生创业法律教育的价值、误区与目标建构》,《陕西理工大学学报(社会科学版)》2022 年第 2 期。

② 高志宏:《大学生创新创业法律风险防范能力提升及其教育路径研究》,《江苏高教》2018 年第 4 期。

③ 相关论述参见谢仁海:《风险理论视角下的大学生创业法律保障机制研究》,《高校教育管理》2017 年第 6 期;曲宁:《高校创业法律教育课程改革探索》,《法制博览》2021 年第 10 期;王胜伟:《大学生创业法律风险防范能力提升教育路径研究》,《黑龙江工业学院学报(综合版)》2023 年第 10 期。

④ 翟新明、李博:《大学生创业法律教育的价值、误区与目标建构》,《陕西理工大学学报(社会科学版)》2022 年第 2 期。

其一,缺少有针对性的创业法律教育课程,难以为大学生未来的创业提供有效的知识供给。一是为非法学专业开设的法学基础类、通识类课程,典型如"思想道德修养与法律基础"课程,"思想品德课"的色彩过于浓重,其中不多的法学教育内容也只是定位在最低程度的"普法""知法"层次,甚至难以达到"法律认知"这一基本的教育目标,无法使非法学专业的学生理解法律的本质,无法使非法学专业的学生具备基本的法律意识。[①] 而"法学概论""法律基础"等课程虽然在形式上符合法学通识教育的基本要求,但这些课程的内容往往过于庞杂,对于创业法律教育而言,依然缺乏足够的针对性。二是创业教育课程的内容集中在创业培训领域,旨在培养和提升学生的创业精神、创新意识和创业能力,核心内容包括创业计划书和商业计划书、创业团队建设、市场营销等泛商业类知识。创业法律教育或处于被完全忽略的状态,或呈现高度的碎片化状态。具体的创业指导、创业实践教学内容也停留在与创业初期相关的创业竞赛、创意大赛等内容上;而在创业大赛的实践环节,同样缺乏具有实效性的法律风险管控训练和项目考评。[②]

其二,师资力量相对薄弱。在没有设置独立的创业学院的情况下,学校一级的创业教育类课程往往由学工(就业)部门、团委或者孵化平台负责,法律师资缺乏的现实情况进一步加剧了法律知识讲授比重偏低的现象。理论上讲,师资问题对于拥有独立法学院系的院校而言往往不至于形成较为严重的负面影响。但是由法学院系的教师来授课,仍可能面临"水土不服"的问题,因为此类授课教师虽然在专业知识方面过硬,但受教学习惯的影响,很少考虑到非法学专业的学生与法学专业的学生对某门专业法学课程的不同需求,难以根据授课对象的特点调整教学方案和教学风格。此外,创业是一系列实践性行为的组合,涉及的法律问题纷繁复杂,往往超越法律学科知识体系和创业技能体系的界限。以学科知识体系为主的创业法律教育容易脱离创业过程谈法律,导致创业与法律教育"两

---

① 陈丙义:《论高校非法学专业的法学教育》,《首都师范大学学报(社会科学版)》2014 年第 6 期。
② 谢仁海:《风险理论视角下的大学生创业法律保障机制研究》,《高校教育管理》2017 年第 6 期。

层皮"。① 因此,缺乏法学一般理论基础的非法学专业学生往往感觉无所适从,想深入学习又不得其门,最终难以取得良好的教学效果。

三、对商科院校创业法律教育的建议

(一)在宏观层面,充分正视创业法律教育的重要作用,明确创业法律教育的课程定位及培养目标

在课程定位方面,前已述及,提升学生的法律风险防范能力理应在创新创业课程中占据重要地位,甚至应当将其作为非法学专业学生法律素质教育的核心内容。因此必须从根本上改变创业法律教育缺位的状态。对于商科院校创业法律教育课程进行合理定位,必须考虑到商科专业教育的实际情况,既不可盲目追求高标准,也不可满足于法学通识教育的高度。一方面,商科院校创业法律教育本就属于非法学专业的法学教育,在商科专业教育的框架下应居于从属地位,故不可喧宾夺主,不宜简单套用法学专业的教育模式,更不宜简单照搬法学专业的培养目标。另一方面,商科院校创业法律教育也不同于一般意义上、针对所有学生的法学通识教育;商科院校创业法律教育应当在法学通识教育的基础上与商科专业、创业需求紧密结合,体现专业特色和针对性。较之于一般意义上的法学通识教育,创业法律教育的内容应当更"专"更"深"。一般的法学通识教育并不能满足创业法律教育课程的需求;与之相关的法律教育课程需要具备更强的针对性以及适当的深度。因此,可以将创业法律教育的目标水准大致定位于"法学专业"与"其他专业"之间,即在法学通识教育的基础上,培养学生在创业领域正确阅读和理解相关法律规范的能力,面对实际问题的基本找法、用法能力,以及预防常规法律风险的能力。至于达到法学专业人才的水准,既不可能也不必要。商科院校创业法律教育课程的基本宗旨在于培养具有足够法律素养的创业型人才,而非培养真正意义上可以独立解决法律问题的专家。在培养目标方面,根据国家创业教育"面向全体、分类施教、结合专业、强化实践"的基本原则,可以将创业法律教育目标解读为"螺旋递进"的三个层次。其一,以创业法律意识养成为

① 翟新明、李博:《大学生创业法律教育的价值、误区与目标建构》,《陕西理工大学学报(社会科学版)》2022年第2期。

核心的普及性目标。也就是通过创业法律意识养成教育,使学生具备基本的创业法律知识,认识法律对成功创业的价值,牢固树立创业法律意识,并形成初步的法律思维和判断能力。这一普及性目标实质上是创业基本法律知识的普及和创业法律价值理念的启蒙。其二,以创业法律知识内化为核心的提升性目标。针对有坚定创业意愿和深入学习法律知识需求的学生,应当在前一普及性目标的基础上,进一步开展有针对性、有系统性的创业法律知识传授和实践教育,使其掌握系统的创业法律知识,提升依法创办和运营企业的法律分析、评价和应用能力,为其将来的创业奠定坚实的基础。其三,以创业法律应用能力生成为核心的个体性目标。对于已经组建创业团队准备创业或已经开始创业的学生,应当结合其创业项目给予特别的指导,使其能够主动、灵活地运用法律知识解决创业中的具体问题,从法律政策中寻找创业机会和空间,规范创办和运营企业的行为、预防和控制创业法律风险,真正实现学以致用。①

（二）在微观层面,准确把握大学生创业所面临的主要法律风险,建设有针对性的课程体系

系统、科学的创业法律教育课程体系的建设,必须以有效防范创业法律风险为基本目标,必须以准确识别大学生创业所面临的主要法律风险为前提。具体而言,大学生创业的法律风险主要包括以下几方面。其一,知识产权法律风险。譬如专利申请、专利转让、商标注册、商标许可使用、商标侵权等方面的风险。近年来大学生创业较多集中于软件开发、网络服务等技术领域,往往涉及专利、商标、商业秘密等知识产权方面的事项。缺乏相关的知识储备往往会使创业活动侵害他人的知识产权或自身知识产权遭到侵害,进而导致创业失败。其二,融资法律风险。获得必要的创业资金是开展创业活动的关键要素。融资问题是大学生在创业过程中普遍面临的难题。大学生创业的融资渠道包括小额贷款、民间贷款、私募股权投资以及引进风险投资等,而大学生往往对股权质押、反担保、股权置换等一系列专业融资概念缺乏足够的了解,在融资谈判中常常处于信息不

---

① 翟新明、李博:《大学生创业法律教育的价值、误区与目标建构》,《陕西理工大学学报（社会科学版）》2022 年第 2 期。

对称的不利状态。特别是风险投资方乐于借助复杂的投、融资法律概念设立仅有利于己方的条款。一旦企业发展良好,风险投资人可以利用协议条款获得企业核心技术乃至控制权,而一旦企业经营不善,相关不公平的协议条款则可能导致创业大学生承担较重的个人债务。其三,企业设立、治理与运营法律风险。创业活动作为一种经营活动,需要依托适当的商事主体组织形式(如股份有限公司、有限责任公司、合伙企业、个人独资企业、个体工商户等)。在我国现行法的框架内,选择不同的商事主体组织形式开展创业活动意味着不同的设立运营成本、不同的权利(力)及责任风险负担,直接关涉创业者与投资人的切身利益。如创业者欠缺相应的知识储备,在创业之初未能做好妥善的规划和设计,必然会为企业日后的制度建设、经营管理、利益分配留下巨大的法律隐患。其四,劳动人事法律风险。前已述及,创业活动必须依托适当的商事主体组织形式,而我国现行法框架内的各种商事主体组织形式均属于劳动法意义上的用人单位。进言之,创业者不仅需要在商事法律制度的框架内妥善处理经营者、投资者之间的利益关系,也需要在劳动法律制度的框架内妥善处理经营者与劳动者之间的利益关系。而在劳动法律制度的框架内,创业者从员工招聘、劳动合同订立、员工日常管理、劳动合同解除等诸多方面均须合法合规,如此方能最大限度减少不必要的劳动争议,维持正常的生产经营秩序,有效发挥人力资源要素的作用,在和谐稳定的劳动关系基础上追求企业利润最大化。①

对于创业法律风险的防范,即意味着在创业中以控制和减少因法律风险造成的损失为目的而采取科学的、系统化的、结构化的管理策略和管理方法,通过对法律风险的识别、分析、评估、控制和化解方案的实施,进而防范相关风险的管理过程。② 为有效达成防范相关法律风险的目的,有必要构建和完善相关课程体系,全面提升课程的针对性、应用性、实践性,切实引导学生关注创新创业法律问题,增强法治意识,掌握创新创业相关法律知识,提升法律风险防范技能。具体

① 相关论述参见谢仁海:《风险理论视角下的大学生创业法律保障机制研究》,《高校教育管理》2017 年第 6 期;袁晓波:《大学生创新创业法律风险防范课程内容探析》,《高教学刊》2018 年第 5 期。
② 高志宏:《大学生创新创业法律风险防范能力提升及其教育路径研究》,《江苏高教》2018 年第 4 期。

而言,创业法律教育课程的内容应当以法学本科专业课程中的私法类课程为基础,包括商法(商事主体法、证券法)、知识产权法、合同法、劳动合同法、反不正当竞争法、财税法等课程中的重点内容,面向创业的实际需求,以创业活动为主线,全面对标创业过程中的主要法律风险,进一步浓缩、提炼出有针对性的基础知识及案例素材,充实、完善创业法律教育课程的教学内容。切实做到以问题为导向,删繁就简,确定适当的教学内容,杜绝学无所用的状况。此外,在教学资源建设方面,应当充分发挥学工部门的作用,广泛收集整理本校学生在创业过程中的实际素材,将其纳入教学资源,提升课程的针对性,强化教学的实际效果。

(三)强化复合型师资队伍建设

复合型师资队伍的建设需要在学校层面做出统筹规划,在明确创业法律教育课程基本定位的前提下,有效整合法学院系和商科院系的师资队伍。专业师资队伍的建设,可以考虑在法学院系单独设立针对创业法律教育的课程教研室,也可以考虑商科专业与法学院系合作建立创业法律教育课程教研室。在学校范围内实现师资的合理调配,同时有效实现不同院系资源的有效利用,促进不同学科的良性互动。进一步强化"双师型"师资队伍建设,有效吸纳实务领域的优秀人才加入授课教师队伍。对于法学学科建设水平较低甚至是没有独立的法学院系的商科院校而言,师资队伍的建设成本可能较高。此类院校如能将法学学科建设与商科专业法学教育改革相统一,面向学校的全面发展做出长远规划,可能是最优方案。如重点仅在解决当下的实际问题,则只能更多地采取"请进来"的方式解决师资问题。在此种情况下,成本较低的解决师资问题的方式可能是与本地区其他高校的法律人才建立联动机制,确保专业型授课人才的充分供给。①

(四)积极构建创业法律援助平台,将创业法律教育、法学专业建设与创业孵化基地建设有机结合

考虑到创业初期的学生普遍财力紧张、购买专业法律服务成本较高的现实,高校应当采取积极措施为其提供必要的法律援助服务,降低法律风险,为其保驾

---

① 黎桦:《财经类省属高校法学通识课教育成效提升策略研究》,《湖北第二师范学院学报》2016 年第 4 期。

护航,而这也是高校创业孵化工作的重要环节。对于普遍设有法学专业(院、系)的商科院校而言,更可以充分发掘自身优势,依托法学专业自设的法律援助中心、法律诊所课程等既有平台,组建以优秀在校生为主体、拥有较高理论水平和实务经验的专兼职教师为负责人的法律援助团队,为学生创业团队提供高性价比的法律服务。这样既可切实帮助创业团队规避法律风险、提升创业孵化基地的建设水平,也可充分锻炼法学专业学生的实践能力,强化法学专业建设水准。

四、结语

综上所述,较之于其他类型高校,商科院校在创业教育方面有着天然的技术和资源优势。但创业法律教育在宏观层面依然没有得到足够的重视,在创业教育的框架内存在缺位的现象。课程体系中缺乏有针对性的创业法律教育课程,师资力量方面亦存在问题。上述因素严重影响了实际教学效果,不利于学生创业能力的养成。因此,应当从院校的实际情况出发,充分发掘利用既有资源,明确商科院校创业法律教育的定位和培养目标,准确把握创业法律风险,合理设计课程体系,强化复合型师资队伍建设,积极构建创业法律援助平台,将创业法律教育、法学专业建设与创业孵化基地建设有机结合,切实提升学生的创新创业能力与综合素养。

高校图书馆知识产权素养教育
现状与体系构建

——以天津市高校为例*

王　果② 　曹梓怡③

　　高校知识产权教育教学的研究发展，与整个知识产权学科的发展、国家整体的知识产权政策密切相关，体现出非常鲜明的时代特色。当前，我国正在从知识产权引进大国向知识产权创造大国转变，习近平总书记提出要全面加强知识产权保护工作，激发创新活力推动构建新发展格局。④ 国家知识产权战略的持续推进、知识产权事业的全面发展，对知识产权人才的培养提出了更高要求。《知识产权强国建设纲要（2021—2035 年）》提出，要实施知识产权专项人才培养计划，依托高校布局一批国家知识产权人才培养基地，开发一批知识产权精品课程。目前高校存在专利发明量、授权量及转让率低等现象，归根结底与高校知识产权意识淡薄、教育普及程度低有关。⑤ 与此同时，以"双一流"建设为引领，我国高等教育也由以数量规模为追求的外延式发展，进入聚焦高质量的内涵式发展阶

　　* 本文系天津商业大学校级本科教育教学改革项目"知识产权强国建设背景下天津市知识产权教育教学实践与改革研究"（项目号：TJCUJG2023045）的研究成果。
　　② 王果，女，法学博士，天津商业大学法学院副教授，主要研究领域为知识产权。
　　③ 曹梓怡，女，天津商业大学 2023 级硕士研究生。
　　④ 《习近平在中央政治局第二十五次集体学习时强调　全面加强知识产权保护工作　激发创新活力推动构建新发展格局》，习近平系列重要讲话数据库，http://jhsjk.people.cn/article/31951382。
　　⑤ 蓝晶晶、刘丰娇、杨冉，等：《知识产权强国建设下高校图书馆素养教育现状与改革探究》，《江苏科技信息》2022 年第 16 期。

段。高校知识产权的教育教学,如何回应时代要求,抓住机遇实现跨越式发展,是新经济时代不可回避的问题。

一、调查对象和调查方法

采用网络调查法和文献查阅法,对天津市 19 所公办本科大学的知识产权素养教育的形式和内容进行全面考察。调查对象为高校图书馆官网、微信公众号以及教务处网站,时间范围为 2023 年 1 月 1 日到 2023 年 12 月 31 日,数据收集时间为 2024 年 3 月 1 日到 3 月 10 日。

二、天津市高校图书馆知识产权素养教育现状

调查结果显示,天津市 19 所公办本科高校学术信息素养教育的形式和内容呈现多样化的发展模式。部分高校图书馆微信公众号也涉及知识产权素养教育,在数据收集的过程中,除高校官网知识产权栏目外,对高校图书馆公众号发布的相关信息也合并统计。

(一)知识产权素养教育栏目设置

天津市高校的图书馆官网中,专门设置知识产权栏目的高校仅有 7 所,占比 36.8%,整体水平不高。各高校设置栏目的名称略有差异,主要有知识产权信息服务①、知识产权②、专利资源③、知识产权服务④四种。在知识产权相关栏目下设置的内容也各不相同,点击天津医科大学知识产权服务栏目,将跳转到国家知识产权局网页,点击中国民航大学的专利资源栏目则是对专利基本知识的科普,包括专利的种类、申请流程、专利说明书的概念、专利国际分类以及常用专利检索系统。

(二)知识产权素养教育形式

天津市高校知识产权素养教育的形式主要有五种,包括培训讲座、微课堂、竞赛、知识科普和公共选修课。其中培训讲座和知识产权科普的形式在高校知识产权素养教育中最为普遍,微课堂、竞赛和公共选修课的教育形式较少。详见表1。

---

① 如天津大学、河北工业大学、天津中医药大学。
② 如南开大学、天津医科大学。
③ 如中国民航大学。
④ 如天津工业大学。

表 1　天津市高校知识产权素养教育形式统计

学校名称	讲座	微课堂	竞赛	知识科普	公共选修课
天津大学	√	√		√	√
南开大学	√	√		√	√
中国民航大学			√	√	
天津医科大学				√	
河北工业大学	√		√	√	√
天津师范大学	√				
天津工业大学	√		√		√
天津理工大学			√		
天津科技大学	√				
天津中医药大学	√			√	
天津职业技术师范大学					
天津商业大学					√
天津财经大学	√				
总计	8	2	4	6	5

1. 知识产权培训讲座内容分析

培训讲座是知识产权素养教育常见的形式，由图书馆组织开展，面向全校师生。统计天津市高校知识产权信息素养讲座内容的数据，如表 2 所示，天津市共有 8 所高校开展线下培训讲座，讲座内容涵盖知识产权基础知识和保护、专利检索和服务等内容，其中天津科技大学对商标权与不当竞争进行培训教育。天津中医药大学的培训讲座结合学校专业特色，以"专利与中医"为内容，面向中医药专业的学生培训，这种在结合专业特则的基础上进行的知识产权素养教育值得其他高校借鉴。天津师范大学知识产权主题讲座对象仅面向法学院的本科生和研究生，并未面向全校师生，影响范围较小。

总体上，由于理工科专业的特性，面临更多的专利问题，因此专利的相关知识讲座在理工科院校的设置更加普及，在财经、师范类高校中知识产权素养教育知识较为基础。

表2　天津市高校知识产权信息素养讲座内容的统计

学校名称	讲座内容
天津大学	知识产权、专利基础知识、专利数据库检索利用
南开大学	专利查新、专利导航
河北工业大学	专利的基本知识和专利事务分析与应用
天津师范大学	关于知识产权保护的新形势热点与知识产权人才培养的思考
天津工业大学	专利检索及分析系统介绍、专利信息服务
天津科技大学	外文专利检索系统使用、知识产权系列侵犯商标权与不正当竞争、专利信息检索及案例分析、专利发展,专利申请流程、
天津中医药大学	专利与中药
天津财经大学	知识产权的基本类型及保护

2.知识产权知识科普内容分析

科普教育是以网络自媒体为媒介,面向广大群众的一种教育方式,具有随时随地灵活学习的特点,主要有科普文章和科普视频两种形式。如表3所示,目前天津高校知识产权素养教育中知识科普的内容以专利基础知识、申请和保护为主,绝大部分以微信公众号的文章为媒介进行普及,但南开大学在此基础上增设了奖竞答活动,以提高学生学习的积极性。中国民航大学科普则是出现在官网"专利咨询"栏目,相比公众号推文,官网上的曝光度较低。河北工业大学则以知识产权经典案例为依托,将知识产权的基本知识与实践结合到一起进行科普。

表3　天津市高校知识产权素养教育知识产权科普教育的内容

学校名称	科普内容	提供渠道
天津大学	专利申请必知事	官网
南开大学	知识产权小课堂:专利申请文件的撰写、认知专利,走出迷惘、专利知多少	微信公众号

续表

学校名称	科普内容	提供渠道
中国民航大学	专利的种类、申请流程、专利说明书的概念、专利国际分类 IPC 以及常用专利检索系统	官网
天津医科大学	知识产权科普文章：关于知识产权你必须要知道的事	微信公众号
河北工业大学	知识产权科普系列：经典案例	微信公众号
天津中医药大学	知识产权专题图书推荐	微信公众号

3. 微课堂、竞赛和公共选修课的教育内容分析

微课堂是一种将知识融入流媒体元素中的创新教学形式，利用几分钟的视频讲解或者文章讲解一个技巧方法，主题突出、内容具体。① 微课堂作为线上教育模式，学生自发进行学习。天津大学开设"专利检索及分析系统微课"，用户通过天津大学知识产权信息服务中心网站平台，可以直接在网页观看教学视频。南开大学开设的微课堂名称为"专利的保护"，主要依托微信公众号文章进行知识的传播。

竞赛是一种提升知识检索、获取和利用能力的重要手段，河北工业大学、天津工业大学和天津理工大学图书馆均在公众号发布了 2023 年天津市高校专利信息检索分析大赛的相关信息。该竞赛分为初赛、复赛和决赛，分别为线上和线下两种形式，初赛考查专利知识，复赛考查专利分析事务比拼，决赛排名靠前者有奖金。

公共选修课主要能够为学生提供线下系统学习知识产权素养知识的途径，学生依据自己的喜好选课。有 5 所高校面向本科生开设知识产权素养相关课程，如表 4 所示，共计 8 门，其中河北工业大学"创新、发明与专利实务"的课程通过超星尔雅 App 线上授课，天津工业大学的"知识产权法概论"课程在 2023—2024 第二学期处于停开状态。开设公共选修课的内容主要包括专利及专利情报分析、知识产权创新和保护。

---

① 杨鹤林：《英国高校信息素养标准的改进与启示——信息素养七要素新标准解读》，《图书馆情报工作》2013 年第 2 期。

表 4　高校本科生公共选修课调查结果

学校名称	开设课程	开设单位	课程人数
天津大学	知识产权与专利情报	图书馆	100
	创新中的知识产权保护	法学院	50
南开大学	专利基础与情报分析	教务部学生培养与课程中心	20
天津工业大学	知识产权法概论	法学院（知识产权学院）	
河北工业大学	创新实训到专利申请	图书馆	90
	创新、发明与专利实务	超星尔雅	
天津商业大学	知识产权与创新	理学院	20
	知识产权	理学院	20

三、存在的问题

（一）高校图书馆知识产权素养教育重视程度差距较大

天津市 19 所高校中,有 6 所高校并未开设知识产权素养教育相关内容,13 所开设知识产权素养教育的学校中,过半数的高校仅开设 1~2 种形式的知识产权素养教育课程。8 所高校的"知识产权素养教育"栏目名称各不相同,可见各高校图书馆对"知识产权素养教育"的概念理解存在偏差,同时尚未意识到知识产权素养教育对知识产权强国建设的重要意义。

（二）知识产权素养教育效果未达预期

虽然高校知识产权素养教育的形式呈现多样化趋势,但教育体系并不完善,现阶段高校最主要的知识产权素养教育形式为不定期的培训讲座以及微信公众号推文,几乎没有较为固定的教育形式,同时高校网页微课堂观看率低,公众号推文阅读量不理想,教育形式内容大于实质。整体而言,知识产权素养教育形式的建设力度不够,单纯依靠学生自主点击学习知识产权产权素养教育并不能达到预期效果。目前天津市高校的教育内容主要包括专利的基础知识、保护、申请以及专利的检索等,鲜少涉及著作权、商标权等内容,知识产权素养教育的内容单一。国内对于知识产权素养教育尚未形成统一的概念,但有研究认为知识产权素养教育主要包括知识产权意识和知识产权运用能力两个方面。① 认为知识产权素养教育旨在提升对知识产权的创造、运用、保护和管理能力。② 知识产权素养教育的主要内容不应停留在专利权，著作权、商标权以及实用新型等的基础知识也应当涉及，同时知识产权的实践教育也应当涵盖在内。整体来说，高校知识产权素养教育效果并未达到预期效果。

（三）缺乏专业的师资力量

知识产权素养教育有着独有的内容与体系，应涵盖知识产权基础知识、专利数据库与知识产权网站的检索技巧、知识产权的保护、专利信息的挖掘与分析、知识产权应用等内容。③ 拥有专业教育服务师资力量是知识产权素养教育的重要保障。知识产权素养教育师资力量主要由两部分组成，一部分是从事图书馆管理事业的服务人员，另一部分是从事专业教学的教师。目前图书馆管理事业的服务人员实践经验丰富，但缺乏知识产权系统的知识体系，因此对知识产权的理解有限，而专业教学的教师侧重知识产权理论知识，缺乏实践经验。同时，天津市开展的高校专利信息检索分析大赛中，各高校并未专门开设指导参赛课程或讲座，缺乏知识产权素养教育大赛专门的培训师资力量。

四、高校图书馆知识产权素养教育模式的构建

天津市高校知识产权素养教育需要结合各校优势学科以及校外资源，确定知识产权素养教育的教育模式。结合目前天津市高校知识产权素养教育的现状，构建知识产权素养教育模式。

（一）构建完整的高校图书馆知识产权素养教育体系

调查显示，目前天津市高校对知识产权素养教育重视程度差异大，建设科学系统的知识产权素养教育体系刻不容缓。因此在现有的知识产权素养教育理论研究的基础上，知识产权素养教育体系的建设应当从组织主体、教育对象、教育

---

① 吴红、常飞、李玉平：《基于鱼骨图和 AHP 的研究生知识产权素养问题诊断》，《科技进步与对策》2012 年第 10 期。

② 唐婷婷、杨新涯、沈敏，等：《高校图书馆多层级知识产权素养教育模式研究——以重庆大学图书馆为例》，《大学图书馆学报》2021 年第 4 期。

③ 鄂丽君、马兰：《高校图书馆知识产权素养教育研究》，《图书馆工作与研究》2020 年第 4 期。

形式和教育内容四个方面展开。

如图 1 所示,高校图书馆知识产权素养教育需要明确组织主体,以高校图书馆为依托,联合学校法学院或者知识产权学院和校外知识产权实践基地共同组成。通过全校选修课、培训讲座、微课堂和知识产权素养竞赛的教育形式,线上线下教育相结合,进行知识产权素养教育。同时,在知识产权和专利的基础知识、检索和保护的基础上,教育内容应结合各高校专业特色,开展知识产权素养教育。因此教育对象除本校师生外,从事科研人员也能够通过特色的专业实践教学,学习与其科研相关的知识产权素养知识,不断增强知识产权保护意识。

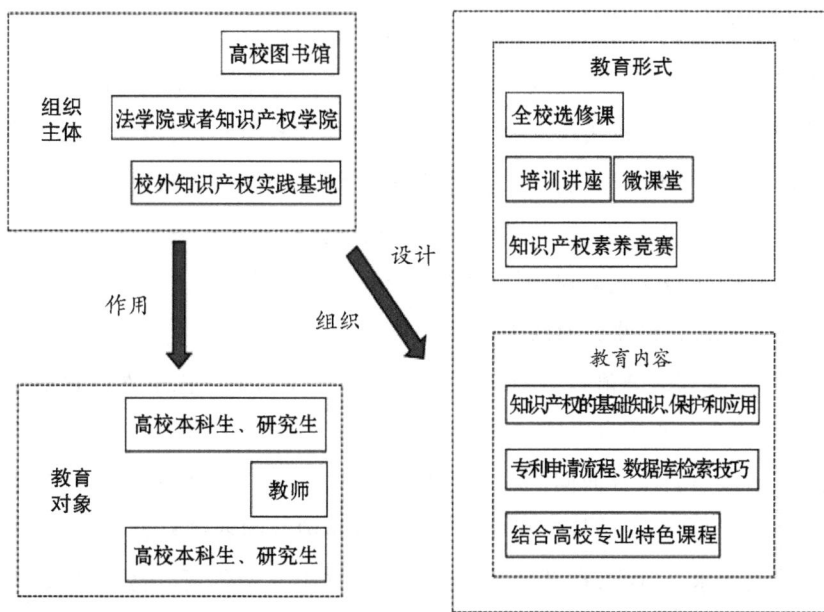

图1　高校图书馆知识产权素养教育体系

(二)高校图书馆素养教育的实施策略

1.结合高校特色专业开展知识产权素养教育

高校结合其特色专业开展知识产权素养教育,一方面可以最大化满足专业学生知识产权素养知识的需求,另一方面有利于培养专业结合知识产权应用的复合型人才。一是应当侧重知识产权基础知识的普及和知识产权的实践应用,建议通过知识产权素养教育讲座和全校选修课等线下形式开展素养教育，提升学生知识产权素养。二是结合不同类型的高校开展专业与知识产权素养教育的内容，医学类高校开展"专利与中药"系列培训讲座，工科类高校结合专利、商标和软件著作权的创新、申请、管理和保护相关知识内容，文学类高校教育内容围绕著作权、外观设计侵权与保护开展。

2. 联合校外知识产权机构开展实践课程

除基础知识外，知识产权的申请与保护也极其重要，目前的知识产权素养课堂侧重基础知识的教学，缺乏实践性。同时对学生而言，实践活动最能激发学习的热情和创造力，因此通过联合校外知识产权机构进行知识产权素养教育，一方面可以调动学生学习的积极性，另一方面通过知识产权的实践应用，加课对知识产权素养内容的理解。一是高校图书馆主动联合校外知识产权机构，在开展课程过程中穿插知识产权实践课程，带领学生前往校外机构，模拟专业人员进行知识产权的申请、保护的流程。二是高校课堂组织知识产权实践模拟活动，邀请校外机构专业人士和高校教师共同对模拟过程中存在的问题进行点评。联合校外知识产权机构开展实践课程，提升教师的知识产权素养和实践能力。

3. 完善知识产权素养的线上教育形式

当前，微课和图书馆微信公众号已经成为高校知识产权素养教育的重要途径，高校应该充分利用自媒体的便利开展知识产权素养教育。首先，统计调查微课和图书馆微信公众号面向的对象，根据不同群体的需求设置知识产权素养教育专栏，主要包括知识产权基础知识、申请和保护等内容的科普，最大限度满足教育对象的需求。其次，在基础的课程教育形式上有所创新，增强科普教育的趣味性，如公众号推文内容可以在基础知识之外设置有奖竞答、知识竞赛的活动，提高学习效率和参与率，增强传播效果。最后，重视线上教育课程的推广和曝光。由于科普内容的制作对时间精力和技术成本的要求较高，因此不仅需要制作前对教育对象画像，对症下药设置教育内容，也要重视课程成品的曝光率，需要制作团体重视教育课程的宣传，通过推文、海报等方式增加曝光，以便达到最好的教育效果。

4.组建专业师资团队

知识产权师资力量是保证知识产权素养教育开展的基础,针对这一问题,首先需要整合现有教师,对图书馆或者没有法学知识背景的教师进行知识产权法、知识产权实践课程的培训,对法学教师进行知识产权服务等课程培训。其次,培训知识产权素养大赛的专业教师,贴合竞赛培训其知识产权基础知识、实务分析等课程,为高校学生参加知识产权竞赛提供保障。最后,聘请校外知识产权实务机构人员、知识产权学者等扩充团队人才,弥补团队实务人才的空缺,将实践内容融入专业教学之中。

五、结语

知识产权强国背景下,完善知识产权素养教育是全面贯彻知识产权强国建设的表现,知识产权素养教育也是学生提升自身素养的需要。培养具有创新创业意识、复合型高素质人才,对高校人才培养具有深远影响。目前知识产权素养教育存在重视程度差距较大、教育效果未达预期和缺乏专业师资力量等问题。只有从组织主体、教育形式、教育内容和教育对象四个层面构建综合教育体系,才能满足当下知识产权人才培养的现实需求。

刑法教学与法律职业素养的培养

——以刑事法律文书写作教学改革为视角

崔　磊① 　张婉婷②

　　刑法教学的任务和目的之一就是让学生们拥有刑事实务能力。作为法律学习中的重要环节,也属于写作学的一部分,法律文书写作很多时候是一门被忽视的课程。在实务中,刑事法律文书的写作水平不但能够体现学生的法律素养,而且能够体现出学生在解决实务问题时的刑法逻辑思维能力。目前,法律文书写作课程作为法律专业本科生的必修课和实践课,并没有得到应有的重视。所以,在法律文书写作课程的教学过程中,为了让学生们的写作能力得到更好的提升,就需要转变传统的教学方式,采用分类实践式教学方法,比如在刑法课堂中就可以单独把刑事法律文书写作作为刑法教学的一部分,把学生培养成符合刑事实务所需要的应用型人才,从而达到"培养卓越的法学人才"的目的。

一、重视刑事法律文书写作课程的意义

　　在刑法教学中加强对学生法律职业素养的培养,探究刑事法律文书写作课程对于提高职业素养的实际意义,可以从理论和实践两个方面进行分析。

　　理论上,法律文书写作课程是大学法学教学的一个重要组成部分,是培养应

①　崔磊,天津商业大学法学院副教授,硕士生导师,主要研究领域为刑法。
②　张婉婷,天津商业大学刑法学硕士研究生。

用型法律人才必不可少的一门课程。在如今的法律环境中,我们需要的是有扎实的法学功底和优秀的综合业务工作能力的高素质法治人才。因此,为了培养出适应社会发展的法治人才,法学院校必须对法律人才培养计划进行适当的调整,重视实践性人才的培养。同时,刑法学的性质也要求刑事法律文书具有严谨性,刑事实务要求在梳理刑事案件的时候不能把从网络上搜索来的模板照搬照抄。这些都启发我们要在刑法教学过程中,在法律文书写作课程教学中,紧扣新时期法治人才的需求,将重点放在打牢学生的法律理论基础上,提升学生的专业素质和技巧,如刑事文书专业写作能力。

实践上,刑事法律文书贯穿刑事案件的始终,所以刑事法律文书写作的应用性非常强。在西方国家,更是把法律文书写作列为法律实践训练的必备内容,是法律职业者必须掌握的专业技能。① 如果想要更好地培养学生们的法律职业素养,就要在实践中培养学生的文书写作能力。法律文书写作能力也是法学专业学生从事工作后常用的一项技能,它能够反映一个人的职业素养,也影响着当事人的利益,比如一份完美的辩护词就可能让案件的走向发生变化。所以,加强对刑事法律文书写作教学的研究是非常有必要的。

二、刑事法律文书写作课程的院校教学现状

首先,在法律文书写作课程的规划上,作为法律专业学生的基础必修课,大多数法学院校都只把法律文书写作规划在本科阶段进行学习和考查,但我们要知道,法律文书的写作能力一定程度上代表了一名法律人的法律职业素养能力,是一个需要长期学习的科目。所以不仅要在本科阶段学习文书写作,在研究生阶段仍需开设此课程。

其次,在法律文书写作课程的教学上,由于文书写作的内容丰富,分类众多,与其他法律基础课程不同,这门课程更需要大量的实践和练习才能达到学习要求,但目前我国院校通常采用的是教师讲课、学生练习的授课方式②。要写出一篇好的法律文书,就必须具有丰富的法学理论和写作技巧。而如果文书老师的

---

① 罗庆东、谭淼:《法律文书:期待由学科到科学的转变》,《人民检察》2007 年第 6 期。
② 王翠霞:《法律文书写作全景教学模式研究》,《人民法治》2019 年第 8 期。

教学方式只是单纯地传授书写法律文书的理论知识,对各种法律文书的形式进行概念化说明,教学方法缺乏了实用性和趣味性,整体的授课方式也相当程式化,那么就会造成许多同学认为,学习法律文书写作就是要熟练掌握各种法律文书的概念和格式。学生就很难对这门课产生兴趣,也就不愿意花很多时间和精力来学习。

最后,在法律文书写作课程的考查方式上,该课程与其他课程一样都是以考试为主,用分数衡量一篇文书是否合格,这也使得很多学生为了得到高分,就去模仿模板的写作,并不能发挥自己的主观能动性。要让学生们写出一篇高质量的刑事法律文书,要求教师在授课的同时,要让学生有充分的实践机会。但是,通常情况下,法律文书课的授课老师是不具有实务专业的,一般的刑法教学也难以将理论和实际紧密地联系起来,所以,经过一个学期的学习,只有极少数的学生可以达到法律文书写作课程的要求。

三、刑事法律文书写作课程教学存在的问题

(一)学生基础知识不牢固,运用理论不准确

大多数法学院校的法律文书写作课程通常被安排在学生全面掌握了基本的法律理论和实践知识之后,有了法律基础的铺垫才开始全面教学。但是,如果仅仅在某个学期中单独开课,很多学生学到的只是文书写作的皮毛。通过教学实践可以看出,学生们对文书写作分类不清,基础知识不够牢固,在进行写作训练的时候,不能很好地完成课堂练习,这一点也可以从他们的作业中看出来,他们对于法律关系的分析不够精确,专业术语的运用也不够熟练。为了解决这些问题,在平时的刑法课堂上就可以进行刑事法律文书写作的练习。

除了基础知识达不到要求之外,还存在于以下问题:拿到一个刑法案例之后,分析各个案例中的法律关系时,大部分学生往往是照本宣科,把老师给的资料当作自己的救命稻草,照搬照抄;没有采用正确的视角,也没有把人物描写转化为好的语言,使用的法律语言也不够严谨;使用文学形式的表达方式,用词华丽,在论证部分不能很好地运用三段论的推理方法等。① 种种不专业的问题,也

---

① 邵毅超:《法律文书写作课程教学模式的创新》,《哈尔滨学院学报》2010年第12期。

是法律文书写作课程教学不达标的表现。

(二)课程设置时间不合理,考查方式单一

以某些法学专业院校为例,其将法律文书写作课程设置在本科最后一个学期中集中学习。但是,要达到好的文笔要求,法律文书写作课程就应该融入本科四年的整个过程中,短短《某个学期是无法满足法律文书教学要求的,因此,只有重新合理地安排法律文书写作课程的时间,比如将法律文书写作课程分类穿插进不同部门法的学习当中,才能保证学生有充足的理解和练习时间。

在对法律文书课程的考查中,往往采用的是命题形式,用简单的几句描述就想让学生们完成一份辩护词或者是判决书的写作。最后的考查结果也大多是千篇一律,学生们的完成度较低,而且对法律基本知识的考查不够全面,考试成绩当然不尽如人意。但是如果将考查方式换成对他们参与实践的案例,增加当事人和案件的交互,就可以更贴近实际,发挥最大的思考和主观能动性。

(三)缺少实务经验的专业教师,实践训练少

教授刑事法律文书写作课程的教师应当是熟练掌握刑法知识,同时又有刑事实务经验的专业律师,教师不仅要掌握理论知识,更重要的是要有实务经验,注重实践教学要求,达到"双师型"教师的标准。[①] 以往承担法律文书写作课程的教师主要来自应届毕业生,或者是并无法律实务经验的专职教师,在教授法律文书写作课时由于缺乏实际体验,大多只是将书本理论知识搬运到了讲台,指导学生写作练习的时候也只是看看是否存在错别字,这也导致了学生的法律文书写作真实体验感不强。

刑事法律文书的写作不只是"写作文",更是要通过写作的方式来厘清人物法律关系和法律事实,达到灵活运用刑事法律为当事人争取利益的效果。所以,如果让有刑事司法实务经验的律师或者教师来担任法律文书写作课程的讲师,用自己的亲身经历,亲身示范,就会给学生留下深刻的印象,起到事半功倍的效果。

---

① 张瑜、谈慧、谢永华,等:《黄炎培职业教育观视角下高职本科人才培养的特征研究》,《高教学刊》2021 年第 12 期。

四、刑事法律文书写作课程教学改革之教师实践路径

（一）将案例引入课堂进行教学

通过对刑法的教学,有丰富实务经验的教师和律师在课堂上将案例和知识点结合起来,这样能够起到良好的教学效果,易于为学生所接受,同样可以广泛应用于刑事法律文书写作课程。透过各种个案,"案对点"式地将案例和文书写作相结合,比如刑法教师可以将自己接触到的复杂实务案例转化设计为几组简易的刑事案例,让学生们按照自己的意愿挑选感兴趣的案例进行文书练习。这种将实务案例转化为教学案例的方式,可以让学生们发挥自己的优势,选择理论擅长点,充分参与到实务中,既能节省寻找案例的时间,还能起到在课堂中实践、在实践中学习的效果。通过这种方式,当学生们选择了自己感兴趣的案例后,就可以从撰写起诉书开始,继续研究和练习如何根据这个案件和他们撰写的起诉书撰写一份好的辩护词。这样学生就能从多个角度看待一个案件,并能全面思考和综合分析该案件的法律问题。教师选择案例的方法有很多种,比如可以挑选国内外有标志性意义的案例进行解读,也可以将自己在实务中遇到过的案例进行改编,也可以让学生发现生活中的案例进行练习。通过把案例引入课堂,让学生真正有参与感,才能激发出他们文书写作的热情和思路。

（二）以课堂练习为主进行教学

法律文书写作课程要以写作为核心,但是很多本科学生基础较差,会对写作产生恐惧心理,如果一味地将练习布置到课后完成,缺乏教师的指导,学生可能出现抄袭、按照网络模板进行改编甚至不练习等情形,就达不到教学的预期效果。因此要重视随堂练习的意义,在课堂上教师们要通过表扬和引导的方式,鼓励学生积极充当司法实务上的各种角色代入式练习,同时还可利用学生对司法工作的兴趣,带领学生深入司法工作的重要领域。① 对于一些刑法案例,也可以利用在课堂上播放相关视频,让他们对案情有一个整体的了解,再进行写作训练,这样才能提高提炼关键情节的能力。从教学实践上来看,学生们对于感兴趣的短视频学习的兴致较高,且较为专注。

---

① 叶建明:《司法文书写作教学改革初探》,《汉字文化》2019 年第 15 期。

虽然课堂练习需要花费一些时间,但必不可少。每节课的时长有限,只有少数学生能在刚开始学习时及时完成,随着练习时间的加长和教师们的指导,学生们的完成情况会越来越好。所以负责教授文书课程的教师应该合理安排教学任务,分配必要的课堂活动时间,让学生有足够的时间练习写作。此外,学生更愿意在课堂上完成文书写作作业。从实践的结果来看,在课堂上集中完成书面作业的效果似乎更好。[①] 利用课堂时间教师可及时发现学生在写作时的错误和不足,督促学生及时改正,就能够避免学生在实务中出现低级失误。

(三)注重课后写作练习的作用

勤写、勤练、多思考、多总结、多分析是学习和掌握各种法律文书写作最有效的途径和方法。要写出一篇好的刑事法律文书,除了平时在课堂上的练习,课后的训练同样重要。在课后,可以用布置作业的方式,让学生们分类训练刑事文书,比如人民法院的判决书、公安机关的起诉意见书、检察机关的起诉书、抗诉书等。[②] 教师再通过批改学生的作业,了解他们的学习状况,并对他们所写的文书进行指导和评价。指导老师不但要逐一给学生讲解每一种刑事法律文书的重要意义,而且让学生在写刑事文书的时候,如果遇到不明白的地方,要及时向老师汇报,不要通过自己的理解写出错误的文书。如果说课堂上的练习是以教师为主导的灌输式教育,课后练习就是以学生为主导的自主式学习,在减少课堂时间压力的同时,更能够增加思考的空间。

五、刑事法律文书写作课程改革之学生实践路径

(一)一边实习,一边书写

想写出一篇优秀的法律文书不是一件容易的事情,学生们容易产生畏惧心理。并且大学本科时期的学生生活基本在校园里度过,缺少对实务的感知能力。但是到实习单位实习,就是把课堂上学到的法律文书写作技巧应用到实践中,也就是把理论知识应用到实践中。俗话说,只有在实践中才能出真知,无论是去律所还是到法院工作实践,都会遇到形形色色的人和案例,每个案例的法律关系又

---

① 刘宇雯:《职业本科院校"法律文书写作"课程教学改革实践》,《天津中德应用技术大学学报》2023 年第 4 期。

② 刘作凌、龚志军:《法律文书写作课程教学方法探讨》,《当代教育理论与实践》2016 年第 8 期。

不尽相同,更是跟课堂中教师们虚构出来的"张三""李四"截然不同,通过实习更是可以接触到有多个"张三"的复杂案例,法学院校和教师都可以把实习后写一篇刑事法律文书的任务当成全新的考查形式。理论是从实践中提炼出来的,它是对实践的一种总结,而在实务中运用理论又是另一种方式对理论进行解读。在实习单位从事法律文书写作工作,能够检验学生们对法律文书的理解程度,以及能否将其应用于实际工作中。也可以检查课堂上所学的知识是否跟得上时代的步伐,有没有和法律实际相脱离,这样就能及时地更新课堂上所学的知识,使学生能够更好地整理自己学到的知识,也是在课堂上将单纯的法律文书案例进行扩展的好方式。

(二)一边书写,一边探究

正如前面提到的,学生在实习期间撰写法律文书,是把在学校里学到的技巧应用到多种多样的法律实践中去,这就是深入地参与各种司法工作。通过这些活动,同学们可以学到很多以前没有接触过的东西。基于这种情况,辅导员可以建议同学们将重点放在法律实务中的法律文书撰写上,提醒学生注意实务和在教室里进行法律文书书写时老师讲解的内容有什么区别,要重视那些明显而重要的差异性内容,并且要深挖其背后的原因,更要深刻地认识到其中的非法律因素。

在实务中,经常出现律师到搜索引擎中搜索法律文书模板的情况,这是因为自己的法律文书写作能力不够,在学校中缺乏练习。而我们的刑法教学,目的之一就是帮助对刑事领域有兴趣的同学进一步系统化训练,如果在学生们毕业之后仍不具备实务能力,只起到了"普法"的效果,就失去了教学的意义。所以让学生们在接触实务案例后书写法律文书的过程中,自己深挖探究法律文书的作用和意义,形成自己的思维体系是非常有必要的。一边书写,一边探究,才能把书面知识转化成实践能力,成为自己今后工作中的"尚方宝剑",真正发挥出教学的意义。

(三)一边思考,一边书写

一份好的法律文书书写出来,首先应该有条理的法律思维作支撑。在教学过程中,指导教师应当从"术"和"道"两个角度、两条路径对学生的法律思维养成给予指导。比如,在整理案卷装订过程中要指导学生遵循逻辑顺序,在法律文书写作中教育学生注重"法言法语",在庭审旁听中提醒学生留心立法规定和法学理论如何落地,提示学生辩证看待法学形式逻辑和司法价值判断的对立统一等。① 指导教师应以自己从事法律工作多年的经验,让学生从思想上迈进法律之门。

但是只有教师的指导并不足以让学生形成属于自己的法律思维,教师的作用只有在学校教学时才能最大限度发挥出来,学生在实践期间要养成一边写法律文书一边思考的能力。只有从思想上形成了属于自己的法律思维,才能书写出属于自己风格的法律文书,在以后的实践运用中,一份有自己特点的法律文书,才能成为独有自己法律烙印的标签。

六、结语

为了提高学生们的法律职业素养,更好地发挥刑事法律文书写作课程的教学效果,实现刑法教学的意义,教师应摆脱传统教学以课堂为中心、以理论教学为主的单一模式。法学类院校应启用有丰富实务经验的教师或者律师进行案例教学,引导学生融入实务案例中,在实务与训练中逐渐培养学生的法律思维和文书写作能力,提高文书写作质量和法律基本技能。

---

① 秦宇:《法学专业学生实践能力培养的途径与方法》,《江苏科技信息》2020 年第 31 期。

论高校法学学历应否成为
法律职业准入门槛[*]

——以"技能型"与"理念型"法律职业之区分为视角

才　圣[①]

2018 年，司法部出台了《国家统一法律职业资格考试实施办法》，自此，"司考"时代正式进入"法考"时代。与"司考"相比，除分制、题型与考试方式方面的变动之外，本次"法考"改革最引人关注的核心内容有二。

其一，扩大了需要通过"法考"才能从事的法律职业种类，即除过去的法官、检察官、律师、公证员四种职业之外，加入了在行政机关中从事行政处罚决定审核、行政复议、行政裁决、法律顾问的四类公务员。

其二，将"法学学历"与法考的报名条件进行一定程度的关联，"非法学本科生"如想报名法考，一般需继续深造，取得"法学硕士"或"法律硕士"学位。

可以说，这两项改革，对于全国各高校法学院学生的就业而言，乃是一项重大利好消息。一方面，法律职业这块"蛋糕"被做大了，另一方面，则是与其"争蛋糕"的人变少了。"法学学历"的价值，得到了极大的提升。作为法律职业共同体中的一员，我们应思考：本次法考改革的意义究竟在哪？高校法学教育与法律职业之间，究竟应该有着何种程度的关联性？本次法考改革，在彰显了高校法学教

---

* 本文系 2023 年天津商业大学"研究生教学项目——国际法学"阶段性研究成果。
① 才圣，男，法学博士，天津商业大学法学院讲师，主要研究领域为司法学。

育与法学学历价值的同时,是否还留有一定的缺憾?

一、法学学历作为从事法律职业资格条件的历史演变

纵观我国改革开放之后法律职业资格准入条件的历史演变,有过两次重要的改革和转型。

其一,2001 年,"司考"制度的确立。从此,"高校本科及以上学历"成为我国法律职业资格的准入条件。

其二,2018 年,"法考"制度的确立。从此,"高校法学本科及以上学历"基本成为我国法律职业资格的准入条件。

2001 年之前,我国并无"非受高等教育者不得从事法律职业"这一规定。比如,1995 年出台的《中华人民共和国法官法》(简称《法官法》)第 9 条规定:从事法官职业,须为"高等院校法律专业毕业"者,或者"高等院校非法律专业毕业具有法律知识"者;但同时亦规定:不符合此项条件的,接受培训从而达到相应条件的,亦可从事法官职业[1995 年的《中华人民共和国检察官法》(简称《检察官法》)与 1996 年的《中华人民共和国律师法》(简称《律师法》)均有类似规定]。由此可见,在当时,高校本科学历并非从事法官职业的前置性条件,以至于我国早期的法官队伍中充斥着一定数量的未受过高等教育的"当兵转业安置人员",对司法质量构成了一定的负面影响。

2001 年,司法部出台了《国家司法考试实施办法(试行)》,其中规定,初任法官、检察官,取得律师资格,需通过国家司法考试,而司法考试的报名条件,则需符合《法官法》《检察官法》和《律师法》规定的学历、专业条件。同年,《法官法》《检察官法》和《律师法》进行了大修,均规定,从事法官、检察官、律师职业,须为"高等院校法律专业本科毕业"者,或者"高等院校非法律专业本科毕业具有法律知识"者,如达到"本科学历"这一条件确有困难的,经相关部门审核,可放宽至"高等院校法律专业专科毕业"。从此,没有受过高等教育的人,不能再从事法律职业。2007 年,司法部正式出台了《国家司法考试实施办法》,其中,进一步将司法考试报名的学历条件提升至"本科"。可以说,国家统一司法考试制度的出台,以及相关法律的修订,很大程度上提升了法律职业共同体的整体文化素养。

然而,自2001 年确立的司法考试制度也存在着一个问题,即它将"高校本科及以上学历"作为法律职业资格准入的条件,就意味着将高校"法学学历"与"非法学学历"一视同仁,即一个人不论是否接受过高校法学教育,均可参加司法考试并从事法律职业。如此一来,我们不禁会产生这样的疑惑:既然不论是否为法学专业毕业者,均可从事法律职业,以致法学教育与法律职业丧失了关联性,那高校法学教育的独立价值和意义何在呢?

从横向的比较法视角来看,世界上主要发达国家都将"接受高等法学教育"设置为司考报名及从事法律职业的前置性条件。例如,美国律师资格考试的报名条件,就必须是美国律师协会认定的特定高校法学院的学生（即 JD）,而德国的国家司法考试,亦只有修完学业的大学法学院的学生才有资格报名。① 从纵向的历史考察视角来看,中国早期的司法考试制度,也将司法考试的报名资格基本限制在"有高等法学教育背景者"。例如,中华民国北京政府时期的"司法官考试令"即明确规定,司法考试报名须为在国外、国立、经司法总长、教育总长认可之公立大学或专门学校"修法政之学"有毕业文凭者。除此之外,满足一定条件的大学或专门学校教授"司法官考试法所规定主要科目"满一定年限者,亦可报名,专业限制亦十分明确。② 因此可以说,我国在 2001 年确定的司考制度在注重法律职业共同体整体素质和文化程度提升的同时,却忽视了法律职业共同体"专业化"程度的提升。

2018 年 4 月,司法部出台了《国家统一法律职业资格考试实施办法》,其中明确将"高校法学本科及以上学历"作为法考的报名条件,从而亦成为从事法律职业的前置性条件。虽然《国家统一法律职业资格考试实施办法》规定,"非法学"出身但"从事法律工作满三年"者,亦可报名法考,但是,一名既非法学科班出身,又尚未通过法考的学生,如欲达到"从事法律工作满三年"这一要求,其难度可想而知。因此,与过去的"司考"相比,此次"法考"改革极大限制了 2018 年以后非法学出身者参加法考,从而进入法律职业共同体的途径。

如果说司考制度的确立体现了法律职业对于"学历"条件的重视,那么法考

① 徐美君:《司法制度比较——以英、美、德三国为主要考察对象》,中国人民公安大学出版社 2010 年版,第 64 页。
② 侯欣一:《创制、运行及变异:民国时期西安地方法院研究》,商务印书馆 2017 年版,第 75－76 页。

制度的确立则体现了法律职业对于"法学学历"条件的重视,在提升法律职业共同体"文化程度"的基础上,进一步提升了法律职业共同体的"专业化"程度,彰显了高校法学教育的价值。

然而,2018年的法考改革依然为我们留下了一个发人深思的问题,即将非法律专业者全然排除在所有类型的法律职业之外,是否具有合理性?每种法律职业有着不同的特点和类型,对于所有类型的"法律职业"不能一概而论。由于各种法律职业的工作逻辑、思维模式,与其需要的具体技能和素质是不一样的,所以针对所有类型法律职业设置"一刀切"式前置性条件是值得商榷的,我们有必要针对不同的法律职业给出不同的解决方案。

二、法律职业的类型划分:技能型与理念型

2018年《国家统一法律职业资格考试实施办法》中列举了九项法律职业,即法官、检察官,律师、公证员、法律类仲裁员,以及行政机关中从事行政处罚决定审核、行政复议、行政裁决、法律顾问的公务员。而从具体的工作性质与职业思维模式的角度,我们又可将这九项法律职业大致划分为两大类型。

一是技能型。这类法律职业以律师为典型代表(也是唯一代表),其身份是"服务者",其特征是服务于某一特定的当事人,站在一方当事人的立场,为其诉求而努力。尤其是在两造的争端中,要为己方当事人出谋划策,据理力争,其目标是争取"胜诉"的法律效果。由于这类法律职业的工作逻辑,是先有一个预设的立场和目标,然后朝着己方的"预设目标"而努力争取,因此,这一过程之中必然需要诸多高超的法律职业技能,而从事这一职业的成功度亦侧重于"职业技能"这一要素,因此,可称之为"技能型"法律职业。

二是理念型。这类法律职业以法官为典型代表,其身份是"裁判者",其特征是站在一个超然的、中立的立场上(而非特定当事人的立场),根据事实、法律乃至情理,来做出一个公正的判断与裁决——这类法律职业的外延可涵盖法律类仲裁员、行政机关中从事行政处罚决定审核、行政复议、行政裁决的公务员,由于检察官在决定提起公诉时,既要注重搜集有罪、罪重证据,又要注重搜集无罪、罪轻证据,因此也可归入此类职业之中——其目标是推动"正义"的社会效果。由于这类法律职业的工作逻辑,是以事实、法律和情理为基础,进而来得出最终的判断与裁决结论,而非为了一方的特定诉求和预设目标,因此其核心乃是摒弃先入为主的偏见,始终要秉持着一种超然中立的立场和公正无私的理念,因此,可称之为"理念型"职业。

这两类法律职业的工作内容、工作逻辑、职业思维模式的不同,因而也决定了其对于特定执业者的素质要求的侧重点有所不同,由此,其与高校法学教育背景(即具备法学学历)这一要素的关联性也必然不同。

三、法学学历作为"技能型"法律职业资格准入条件之辨析

技能型法律职业以律师为典型代表,律师制度的内部功能或者说直接功能是维护当事人权益,律师角色的要义就在于为委托人提供法律知识上的帮助。从历史的角度看,律师职业本就是应社会主体维护自身权益的需要而产生的,维护当事人权益是律师职业产生的直接原因,所以一名合格律师的首要任务与职责应是维护当事人权益。

因此,与法官在审理案件中"综合考量"的思维方式不同,律师在案件中思维方式可称之为"单方考量",即站在自己一方当事人的立场上来考虑问题,使己方当事人的权益得到最大化的实现,而绝不能像法官一样还要从双方当事人的立场出发来综合考量案件,这是一名律师最为基本的职业职责所在,也是一名律师最为基本的职业道德。比如,在刑事诉讼中,作为辩护人角色的律师唯一的职能就是辩护,除此以外没有别的职能。辩护人绝对不能充当第二控诉人,去检举、揭发犯罪嫌疑人、被告人已经实施的犯罪行为,即使这种行为是没有为司法机关所掌握的。

正因为如此,律师虽是法律职业的一种,但由于其服务一方,单方考量的职业特征,其并没有被社会普遍奉为一种"神圣"的法律职业。江平就曾指出,在美国,律师职业的社会观感有一个明显的反差,即这一职业虽受人羡慕——因其收入不仅超过了法官,更超过了总统——却并不受人尊重,其形象在社会中亦不高大,甚至往往负面的。马来西亚前总理马哈蒂尔也曾说,合格的治国者应当是医生而不是律师,因为医生的工作逻辑是先找出病因,找出问题所在,然后再对症下药,这与治国的逻辑相差无几。而律师往往是先收了当事人的钱,先有一个预设的立场和目的（比如先要肯定他无罪），然后再为了达到这一目的而进行服务。[①] 这种批评不能说全无道理，但这正是律师特有的职业伦理，它所讲求的并非中立秉公决断的治理之道，而是为一方当事人争取权益的"服务之道"。

因此，一名优秀律师的要务，或说其本领就在于站在自己一方当事人的立场上、从当事人的实际利益出发，搜集对当事人有利的证据、选取对当事人有利的法律规定，在法律"空白""模糊"或"矛盾"之处，做出有利于当事人的解释与论证，拟定适当的诉讼策略，以实现当事人权益的最大化。这就需要律师在对法律规定熟练掌握并能够灵活应用之外，更要具备丰富的法律技术与职业技能，具体如下。

取证能力。两造争端中，权益的争取依赖法律规定与法律事实，法律事实的证成则依赖证据的证明，因此，取证往往成为诉讼成败的关键。如何搜集证据来证明己方所主张的事实，尤其当证据不在己方掌控之下，甚至需要通过向对方获取或变相获取时，则更加需要高超的职业技巧。

拟定诉讼策略的能力。也就是当存在两条及以上路径争取权益时，通过对现有条件和形势的判断与分析，拟定一条最为便捷、成功率最高、权益最大化的路径。

表达能力。律师的表达能力不仅包括文字表达能力，更涵盖语言表达能力。英国著名法官丹宁勋爵曾说过："语言是律师的职业工具……你希望使法官相信你的理由正确，所依靠的也正是你的语言。"[②]因此，律师不仅要在法律文书中，更要在法庭陈述与辩论中，展示出精准、干练、有力的表达能力。因此，我们的印象中，经常会把一名成功的律师形容成一名"雄辩"的律师。

谈判能力。优秀的律师，其能力绝不只体现在运用法律来搜集证据，帮助当事人取得"胜诉"，更要为当事人"解决问题"。很多时候，当事人由于诸多原因，根本无力等到漫长的胜诉的那一刻，而是需要尽快解决眼下的问题。因此，律师的能力除了体现在诉讼前的取证、诉讼中的论辩，更体现在诉讼外的谈判，即通

---

① 江平:《做人与做律师》,《中国律师》1997 年第 8 期。
② ［英］丹宁勋爵:《法律的训诫》,杨百揆、刘庸安、丁健，译,法律出版社 1999 年版,第 3 页。

过对形势的把握和判断，甚至要分析并把握对方的弱点，来促使对方妥协并达成合意，这亦是一名优秀律师的必备技能。

可见，正由于律师并非根据现有材料来作出判断的"裁判者"，而是根据一方既有的目标而制定策略、从事诉争的"服务者"，因此，技能要素在律师职业中处在核心的位置。在律师的诸多技能中，很多技能诸如上述的取证、拟定诉讼策略、文字及口头表达、谈判等，无法在我国高校法学教育中（即大学课堂中）得到完备的学习和训练。

一方面，是由我国目前的法学教育体制决定的。由于我国是大陆法系国家，因此，其教育的侧重点并非案例，而是法条，教育的内容多数围绕立法的背景、立法的规定、立法的理论基础及相关学说争论等。即便是有限的案例教学，也是在既有的、给定的案件事实的基础上，来做出三段论的简单推理（即便是法考题亦是如此），并不会过多涉及诸如取证技能、拟定诉讼策略技能、语言表达技能，更遑论诉讼之外的谈判技能了。

另一方面，是由我国目前高校法学教育师资队伍的素质决定的。目前我国高校法学专业教师，绝大多数是从事法学科研活动的博士毕业人员，从校门到校门，除了在校期间有限的实习之外，少有法律实务经验。因此可以说，我国高校法学教师队伍的整体素质和能力，亦难以支撑诸多法律职业技能训练。虽然很多高校会聘请校外法律实务人士进校讲课，但限于学校的课时安排与实务人士的个人时间等因素，技能训练亦难以长时间、大规模地开展。

因此可以说，律师的职业技能是无法在高校的法学课堂上学到的，而是需要毕业之后到实践岗位上去历练，甚至需要一定的天分，去"悟"，进而"融会贯通"，达到"运用之妙，存乎一心"的高超境界，而不是简单机械地熟练、重复和模仿。就像成功的商人并不一定都是商学院毕业的，一名优秀的军事家并不一定是军校毕业的，同理，一名成功的律师并不一定是法学院毕业的，所谓成功者都需要大量的实践历练，更需要一定的天赋与悟性。既然律师的职业技能并不过多依赖高校的法学教育，因此，将法学学历设置为律师的职业准入门槛，就显得稍欠妥当，而反观中国其他"技能型"职业，其从业资格大多是没有专业门槛限制的，比如"注册会计师"考试就不要求须是取得经济学学位或商学学位的学生才可报名考试。所以,就律师的执业准入条件而言,法考改革之前的司考时代的规定,即不要求法学学历,似乎更为合理。

四、法学学历作为"理念型"法律职业资格准入条件之辨析

理念型法律职业以"法官"为典型代表,与律师从当事人一方诉求出发来"单方考量"案件不同,法官必须通过程序进行综合考量,兼听双方当事人的意见,注重缜密的逻辑,谨慎地对待情感因素,最终做出合法、合情、合理的判决。因此,"兼听双方,综合考量"的思维方式是法官职业与律师职业最大的差异所在。之所以会如此,乃是法官的"裁判者"的角色与地位决定的。作为中立的法律裁决者(而非单方的法律服务者),法官思维的重要特点,就是习惯于在两造对簿公堂的状态下听取不同意见,取得"兼听则明"的效果。而这种"兼听则明"的效果,是指从对立的意见当中找到最佳解决方案,通过程序中的解释与论证使之成为具有规范效力的共识或决定。①

"兼听双方、综合考量",要求法官在诉讼过程中始终保持角色中立,并时刻怀有公正的理念。所谓角色中立,是指法官应在发生争端的各方参与者之间保持一种超然和无偏袒的态度和地位,不得对任何一方存有偏见,不能有先入为主的预断。内心中的公正理念,促使法官对各方的证据和观点给予同等的重视和关注,并在制作裁判时将各方观点都考虑在内,使最终的判决合法合情,达到"法律效果与社会效果相统一"。

因而,不同于社会对于成功律师的常用形容词——"雄辩的",社会对于一名好法官最突出的形容与核心的要求是公正的,这一诉求不论何时、不论何地,从未改变。美国法官约翰·T.小努南曾引用亚里斯多德在《伦理学》中的话说"理想的法官就是公正的化身",因此他认为"缺乏公正的法官根本就不是法官"。②中国最高人民法院前院长肖扬大法官也曾说:"法官应该是传承公平、正义的使者。通过日复一日的具体工作,将人类社会对公平、正义的信仰和追求具体化。"③

---

① 季卫东:《法律职业的定位——日本改造权力结构的实践》,《中国社会科学》1994 年第 2 期。
② [美]约翰·T.小努南:《法官的教育、才智和品质》,吴玉章译,《法学译丛》1989 年第 2 期。
③ 肖扬:《法院、法官与司法改革》,《法学家》2003 年第 1 期。

之所以在人们的眼中,公正的理念对法官职业至关重要,乃是源于法官的裁决,小至涉及公民的基本权益,大则关乎整个国家社会的治理。而在判决形成的过程中,法官个人因素无疑会起到重要的作用。因为法律并不像概念法学派学者所言的那样,可以自给自足,法官也绝非可以完全抛弃法律之外的东西,无须考量法律的目的、公平正义的观念和社会的实际需要,仅根据适当的逻辑,通过简单的三段论推理,就可以从现有的、由概念构成的法律条文中得出正确的判决。① 不仅英美法系国家的法官承担着一定的"造法"的职责——正如本杰明·卡多佐在《司法过程的性质》一书中所言:"司法过程的最高境界不是发现法律,而是创造法律。"②即便在大陆法系国家(如我国),人的理性的局限性与"相对无知"的状态,决定了法律必然存在一定的"空白"与"模糊"地带,因此,在判决形成过程中,法官的自由裁量与个人创造发挥就不可避免。

美国法学家博登海默曾指出:当出现——法律没有明确规定,或法律虽有规定,但规定过于原则、模糊,需要对相关条文、概念进行解释,或法律规定本身即存在矛盾,抑或法律虽有规定,但由于新情况的出现,使原有法律规定出现滞后性,适用明显不合情理——这些情况时,就需要法官进行"辩证推理"(而非简单的三段论演绎推理),即从两个相互矛盾的、都有一定道理的陈述中选择其一。③因此,在辩证推理的过程中,如果没有内心公平正义的理念作为支撑,法官就无法把握好法律中的"空白与模糊地带",更无法形成令人信服的公正判决。曾任中华民国北京政府首任司法总长王宠惠说过:法官须"熟谙法理,以探求立法本意,适当运用法条"。④ 所以,与律师这一"技能"型的法律职业不同,除娴熟的法律知识与技能之外,更重要的是,法官要具有一种公平、正义的内心理念,要具有全面、综合考量案件的思维能力与理论素养。而这种理念的熏陶、素养的培育,正是我国高校法学教育的重要内容与重要任务。

---

① 张文显:《二十世纪西方方法哲学思潮》,法律出版社 2006 年版,第 108 页。

② [美]本杰明·卡多佐:《司法过程的性质》,苏力译,商务印书馆 1998 年版,第 105 页。

③ [美]E.博登海默:《法理学:法律哲学与法律方法》,邓正来译,中国政法大学出版社 2004 年版,第 519 页。

④ 侯欣一:《创制、运行及变异:民国时期西安地方法院研究》,商务印书馆 2017 年版,第 72 页。

素质教育是我国高校法学教育的核心内容。所谓素质教育，即区别于单纯的职业教育（如技工培训），不仅要传授学生基本的法律知识，如法条规定，更要锤炼学生的基础素质，如文化素养、思想素养、理论素养、道德修养等。甚至在某种程度，法学教育中基础素养的锤炼比法律知识的传授更为重要，因为法律总是处在不断发展、不断更新的修订中，唯一不变的，乃是司法为公的操守、维护正义的理念和法律至上的信仰。限于我国高校法学教育的客观条件，其不可能在高校教育期间就把学生培养成为一名具体的法律职业从业者，但是它能够做到把学生培养成为一名合格的、具备过硬法学基础素养的法律职业的后备从业者。如果将具体的法律职业者比作一件件具体的家具的话，那么高校法学教育培养出来的学生，就是优质的树木和木材，而浇育树木的重要养分，就是公平正义的法律理念。因此，此次法考改革，将"法学学历"作为报考条件，对于以法官为代表的"理念型"法律职业而言，确是十分明智的做法。

五、结论

我国高校法学教育以基础素质教育见长，因此，对于以律师为代表的"技能型"法律职业而言，法学学历不应成为其职业准入门槛。对于以法官为代表的"理念型"法律职业而言，法学学历却很有必要成为其职业准入门槛。因此，未来法考不妨做以下调整：法考报考条件限定为本科以上学位（而不必要求必须是法学本科），法考通过后欲从事"理念型"法律职业，则必须继续深造，取得法学硕士或法律硕士及以上学位。这样既有利于吸收外专业优秀人才进入法律职业共同体，也能够保证法律职业共同体的整体素质。

课程联动模式
在法律硕士专业技能培养中的应用

——以法律文书写作与模拟法庭课程联动为例

齐梦莎①

《中华人民共和国国民经济和社会发展第十四个五年规划和 2035 年远景目标纲要》（以下简称"十四五"规划纲要）指出，提升研究生教育质量，加强研究生培养管理，是构建高质量教育体系的重要组成部分。法律硕士教育作为培养法律类高层次专业技术人才的重要途径，不仅要以夯实学生的法学理论基础为第一要务，也应注重坚持立德树人，增强学生的文明素养、社会责任意识和实践本领，使走向社会的他们成为拥有高尚法律职业伦理和熟练法律实务技能的优秀人才。然而，传统的法律硕士教育模式往往存在课程设置单一、"填鸭式"灌溉、"一言堂"教学、理论与实践脱节等问题，既不能有效激发学生们对法律课程学习的兴趣，也难以满足社会对高层次法律人才的需求。因此，探索新的教学方法，特别是理论课程与实务课程相结合的课程联动模式，对于提升法律硕士专业技能培养质量具有重要意义。

一、课程联动模式的本质与特点

（一）课程联动模式的本质内涵

课程联动模式是指通过整合不同课程资源，打破课程之间的壁垒，实现课程

---

① 齐梦莎，女，法学博士，天津商业大学法学院讲师，研究方向为诉讼法。

内容、教学方法、评价方式等方面的协同与互动，以提高学生的综合素质和专业技能。本质上讲，课程联动模式是怀特海综合课程理论①的延伸，旨在通过整合两个及以上课程的知识、经验、研究方法等来集中探究一个中心主题或问题，以此增强学习探究的广度与深度。综合课程思想的代表人物詹姆斯·比恩曾指出，综合课程是现代科学向协同化和综合化方向发展的趋势，是人们所面临的问题的复杂性、客观世界的有机统一性等因素影响的必然结果。② 课程整合的形式既可以包括本身有内在联系的课程之间的融合，也可以是相邻学科或者跨学科之间的广域课程融合，乃至可包括学校和现实社会、个人与集体之间的经验整合，这种资源融通型的课程实践更有助于为学生构建一个完整的世界图景。③ 但由于综合课程的整合形式不同，课程整合的范畴和深度也有差异，加之课程性质、教育情境、学生情况等复杂因素影响，综合课程的资源整合实践并不容易。④

就法律硕士而言，尤其是非法学本科的法律硕士，他们大多缺少法律基础知识背景，如果过多、过早地进行课程综合，可能超越他们的知识储备范畴和学习承受能力，并不容易达到"合二为一"、事半功倍的效果。因而，相比传统的综合课程理论，课程联动模式既讲求课程间的有机结合与融通，也坚持课程的系统性和独立性，目的是在确保学科课程体系不变、课程知识内容得到有效传达的基础上，通过整合的丰富教学情境、教学素材、教学方法等外在刺激促进学生的内生学习动力，使之自主进入学习氛围，体验学习感受，应用学习所得，形成"我学、我思、我用、我悟"的自我成长循环。正如亨利·柏格森所说，对于每个个体而言，存在在于变化，变化在于成熟，成熟在于不断地自我创造。⑤ 换言之，教育培养的根本目的是使学生实现自我发现、自我创造和自我超越。

（二）课程联动模式的特点

课程联动模式作为一种多课程的创新组织形式，不止于浅层次、机械化的课

① ［英］阿尔弗雷德·诺思·怀特海：《教育的目的》，靳玉乐，刘富利译，中国轻工业出版社 2016年版。
② 刘登珲：《詹姆斯·比恩课程统整思想研究》，《全球教育展望》2017 年第 4 期。
③ 黄甫全：《整合课程与课程整合论》，《课程·教材·教法》1996 年第 10 期。
④ 李红梅、罗晓航、罗生全：《课程融合育人：理论、结构、实践三重逻辑摭论》，《中国教育科学（中英文）》2021 年第 6 期。
⑤ ［法］亨利·柏格森：《创造进化论》，姜志辉译，商务印书馆 2004 年版，第 13 页。

程或学科资源堆砌,其要旨是在多课程协同的过程中使学生有所得、有所用,因此相比一般的课程设计,课程联动模式具有较为突出的互动性、实践性和生成性特点。

课程联动模式的互动性,即在法律硕士教学过程中,相联动的课程之间不再是孤立的单元,而是相互关联、相互渗透、相互反馈的统一整体,从知识内容、教学空间场域及参与主体等多个层面实现课程间的融通、互动。需要注意的是,法律硕士教育作为专业化人才培养方式,其课程互动较宜以法学学科内部课程间的整合为基础,适时考虑跨学科融合的可能性,以保障专业学习的深度和强度,同时充分考虑各课程的要素及教学规律,兼顾不同课程的知识点和技能点,为学生建立完整的法学知识体系和职业技能结构,避免陷入"拼盘式"课程整合窠臼。

课程联动模式的实践性,强调理论与实践的紧密结合,通过案例精讲、模拟法庭、分组实训等方式,使学生在实践中掌握和运用法律知识。在教学实践中,可充分利用校内外合作资源,引入校外法律专家进课堂,通过他们的实践经验分享与职业伦理精神传授,使学生真切地感受法律的真实性、社会性和复杂性,深入体会法的精神。在课程联动过程中,学生并非被动地接受知识,而是通过主动参与和融入,不断创造和形成自己独立的法律思维方式,建构自己的法学精神世界。

课程联动模式的生成性,亦即建构性,指课程联动不仅重视打破课程或学科壁垒、创设兼顾理论与实践的教育环境,而且注重调动学生的自主性,培养学生综合运用法律知识解决现实问题的能力,但这种能力不是单纯的"学而思之"的产物,而是在学生与教师、同学、校外专家等的情境互动与交往中生成的。也就是说,课程联动模式鼓励学生运用创新思维、合作思维、批判性思维,通过团队协作、实践参与等方式解决实践问题,培养学生的创新能力和解决问题的能力。

二、课程联动模式对法律硕士培养的能动作用

法学是研究特定社会现象及其发展规律的科学,其研究范畴广泛而复杂,单纯地学习某一部门法的知识并不能弄清法的全貌和实质。对于法律硕士而言,不仅要熟识法学基本理论、中外法律思想、司法制度和各部门法等内容,还要具备一定的实务技能,才能在未来的职业过程中精准、适当地运用法律,维护社会公平、正义。因此,课程联动模式的探索与实践将有助于全面提升法律硕士的综合素质,使之实现真正的学习与成长。

第一,课程联动模式有助于学生综合能力的培养。课程联动、校内外协同的培养方式,可帮助学生尽可能全面地掌握法学理论知识,同时关注法律应用细节,提升法律硕士的法律实务技巧、沟通能力和团队协作能力等多方面的综合素质。这种综合素质的提升有助于学生更好地适应多元化的法律职业环境。

第二,课程联动模式真正实现了理论与实践的双强化教育。课程联动模式以理论与实践的深度融合为基本实施路径,使法律硕士在学习过程中能够直接接触和解决实际法律问题。案例分析、模拟法庭等实践活动,能够引导学生树立正确的法律职业观,加深学生对法学理论的理解,提高解决实际问题的能力。

第三,课程联动模式整合校内外课程资源,有利于实现教育资源的共享和互补。在高校教育财力、物力、人力都存在局限的当下,资源的高效利用是降低教育成本、提高教育效率的重要方式。对于法律硕士培养而言,课程联动模式吸引校外专家进课堂,由实务部门的一线法律专家面对面为学生传授经验、答疑解惑,不仅使学生有了直接接触社会真实案件的机会,也为校企联合、校内外合作提供了契机与平台,同时一定程度上缓解了紧张的教育资源压力。

第四,课程联动模式有利于培养学生的创新能力和批判性思维。批判性是法律思维模式最突出的特点,法学的发展和进步离不开人们对制度的不断反思与优化。课程联动模式鼓励学生跨学科、跨课程学习,从多个角度审视法律问题,锻炼自己的创新思维和批判性思维。这种思维方式有助于法律硕士在复杂的法律环境中找到解决问题的新方法,为法律职业的发展注入新的活力。

三、课程联动模式的设计与实施——以法律文书写作与模拟法庭课程联动为例

在法律硕士培养过程中,课程联动模式的实施应以课程之间的内在联系为基础,通过整合互补课程资源,实现知识内容、教学方法和评价反馈的有机衔接,以全面提高学生的法学综合素养和实务技能。法律文书写作与模拟法庭课程联动,正是基于这一理念,通过两门课程之间的有机衔接和互动,达到提升法律硕士综合法律素养的目的。在法律文书写作课程中引入模拟案例,要求学生在写作训练过程中了解法律文书在实际案件庭审中的作用;同时在模拟法庭课程中,让学生根据自己撰写的相关法律文书完成仿真庭审,将所学专业知识和技能付诸实践。

(一)课程联动设计

法律文书写作课程侧重培养学生的文书写作能力,使学生掌握各类法律文书的写作技巧和规范。模拟法庭课程则侧重培养学生的实务操作能力,通过模拟真实的法庭环境,让学生在实际操作中掌握法律知识和技能。两门课程的联动并不是将两门课合为一门课,也不是压缩各自的教学课时,而是在教学设计安排时进行课程时间、空间和内容设计上的互动与衔接,法律文书写作课程为模拟法庭课程提供必要的文书支持,模拟法庭课程则为法律文书写作课程提供实践应用的机会。

1. 设计联动教学案例

考虑到相比模拟法庭训练,法律文书写作课程内容更具有系统性,教师可以法律文书写作课程的教学计划为依托设计典型案例专题,以案例专题的形式串起两门课程的教学联动。在法律文书写作课程,先由教师就专题案例所涉及的法律文书及其撰写要点进行介绍,再由学生分角色撰写案例所涉法律文书,而后学生互为点评与反馈,教师进行归纳总结。在模拟法庭课程,以学生在法律文书写作课程中形成的法律文书为案卷材料,进行仿真实训。必要时,可以邀请实务部门的法官、检察官和律师等法律专家担任模拟法庭的审判人员,对学生们的模拟法庭表现及法律文书写作情况进行点评和指导。

2. 公布联动考查标准

从激励角度出发,向学生公布课程考核标准对于课程联动的实施效果有着重要影响。除去教学案例和教学情境因素,考核标准设置的合理性与否往往决定着学生参与的主动性和积极性。基于此,可考虑将两门课程的评价体系相结合,形成综合性的评价考核标准。在评价学生的法律文书写作能力时,考虑其在模拟法庭中的庭审表现和文书应用情况;在评价学生的模拟法庭表现时,也关注其法律文书的撰写质量和可用性价值。另外,评价考核标准中也要考虑学生的法律职业道德发展情况,充分发挥课程联动模式蕴含的育人导向与价值引导,形成一种以"属人"和"为人"为价值取向的课程评价观,建立"向人、为人、利人"的培养育人体系。[①]

3. 拓展联动教学方法

根据法律硕士的培养目标和社会需求,在确保课程内容的连贯性和互补性基础上,创新教学方法和手段,可有助于深化课程的联动效果。可考虑综合运用视频制作、案例分析、模拟演练、角色扮演等多样化的教学方法和手段,让学生在亲身参与和互动中深入理解法律文书的写作要点和模拟法庭的操作流程,激发学生学习的主动性和积极性,拓宽学生的知识视野和探究范畴。同时,充分利用现代教育技术如在线课堂、人工智能教学辅助工具、智慧教学平台等,有效提高教学效果和效率,帮助学生实现充分、高效地学习探究。

4. 开展校内外协同教学

课程联动模式鼓励学生在与教师、同学、他人的课程互动中主动发现问题和自主解决问题,强调学生的自我成长与发展。但必须注意,教师仍是两门课程联动的组织者和协调者,教师应主动强化课程联动意识和提高课程联动组织能力。因此,开展跨学科、跨课程研究与合作,尤其是与法律实务部门展开校内外协同合作十分必要,通过法律实务专家的案例、难题和经验分享深化学生对于课程内容的理解,推进课程联动的深入实施。

(二)课程联动应注意的问题

1. 系统设计教学案例

课程联动模式下,设计的互动教学案例应当具有系统性、典型性和启发性。所谓系统性,就是要求在充分考虑联动课程知识结构的基础上,将所有教学案例作一个整体规划,使其与体系化的课程教学内容大体对应,保持教学内容的连贯性和完整性。同时,教学案例宜选择司法实践中的典型真实案例进行改造,去除无关紧要的案件情节,恰如其分地点明相关法律问题即可,难易程度要适中,既不能过于简单让学生觉得无聊,也不能过于复杂让他们望而却步。[②] 再者,保证

---

① 罗生全:《全面而有质量的人的发展:课程评价的价值归属》,《教育发展研究》2020 年第 10 期。

② 陆敏:《刑法案例课程思政教学的规范化问题》,《社会科学家》2021 年第 7 期。

教学案例的启发性也十分重要,不仅包括对学生分析案例的思维方式进行启发,也包括对其法律价值和职业伦理道德的启发,真正激发学生的学习兴趣与热情,不断夯实理论基础,提升实践能力。

2. 合理把握各教学环节的实施进度

在法学文书写作和模拟法庭课程的互动中,涉及多个教学环节如教学案例介绍、法律文书写作要点指导、学生分组讨论、法律文书撰写、分角色模拟法庭演练、学生互评、校外专家点评与教师总结等,这些教学环节的有序进行是保障课程联动模式实施效果的关键,必须在合理的时间分配下贯通完成,既要相互独立又要紧密相连,还要重点突出、简繁得当。如在法律文书写作环节,要确保学生有足够的时间去研究案例、分析法律条文和理论基础,从而撰写法律文书;在模拟法庭环节,要注重学生的角色扮演、法庭辩论和裁判过程,而不以真实案例的裁判结果判断学生的课程表现。这些环节要互相配合,进度要协调得当,才能达到最佳的教学效果。

3. 给予学生自主发挥空间

学生是课堂的主体,也是培育的目标。课程联动模式要实现教学资源协同育人目标,就需要给予学生时间和空间创造性地组织探究学习活动,让学生自主发现问题、解决问题,并在解决问题的过程中激活归纳、分析、推理、批判等高级思维,从而将朴素的法学知识有机转化为自身的法律素养和实践能力。[①] 换言之,学生自主运用学科内与学科间的知识网络,不断发现问题,并进行逻辑演绎,提出和验证假设,进而找到解决问题的最佳方案,就是学生从外化知识输入向内在综合法律素养的转化过程。这种转化实际上是人的理性自识的结果,是以人的高质量培养为目的的互动对话,蕴含着知识统整育人的内在规律。[②] 也就是说,在课程互动与融合的过程中,要多鼓励学生积极思考、勇于实践,给予他们足够的自主发挥空间。可以鼓励学生自主选择案例、自主撰写文书、自主组织模拟法庭等,这样不仅能激发学生的学习兴趣和积极性,还能培养他们的创新思维和

---

① 叶波:《化知识为素养:现实困境、理论阐释与教学实现》,《中国教育学刊》2021年第8期。
② [比]弗朗索瓦-玛丽·热拉尔,易克萨维耶·罗日叶:《为了学习的教科书:编写、评估和使用》,汪凌、周振平译,华东师范大学出版社2009年版,第3-4页。

实践应用能力。

4. 建立科学评价反馈机制

以学生能力提升为核心标准构建科学的评价体系,对课程联动模式的实施效果进行定期评估和反馈,并根据评估结果,及时调整和优化课程联动模式的实施策略,以确保其持续有效地促进法律硕士专业技能的培养。具体来讲,可从以下几个方面关注学生的能力提升情况:实务操作能力方面,关注学生能否熟练运用所学法律知识,撰写规范的法律文书,并有效进行法庭辩论和证据呈现。综合素养方面,关注学生是否树立了正确的法律职业观,在沟通、表达及团队协作等综合素质能力上是否得到提升,能否适应国家法治事业的发展和社会对法律职业群体的需求。[①] 自主学习与成长方面,关注学生能否积极主动参与问题探索,推进案例研究向深层次展开,能否认识到法学研究的知识魅力和重要社会价值。

四、结论与展望

在传统的法律硕士教育中,学生一直处于法律职业群体之外,是旁观者角色,无法亲身体会法律职业的社会责任和崇高使命,使得许多学生空有法律知识,而无法律信仰和实务技能。因而,课程联动模式的建构对于学生法律人格的培养具有重要意义,未来应进一步完善课程联动模式的实施策略,深化课程资源整合,扩大校内外协同培养效能,着力将法学专业教育与法律实务教育密切结合,推进法律硕士教育教学模式的改革创新,为法律硕士教育质量的提升提供有力支持。

---

① 张国启、汪丹丹:《担当民族复兴大任的时代新人的逻辑内涵与培养理路》,《思想理论教育》2018年第12期。

地方高校本研贯通人才培养模式研究[*]

刘　婧①

在经济快速发展和创新型国家的建设背景下，为更好地选拔和培养高层次创新人才，提高研究生的培养质量和效率，国内许多高校都在探索和尝试贯通人才培养模式。20 世纪 80 年代末，清华大学、哈尔滨工业大学等高校最早在部分专业进行贯通式本硕连读培养，后来许多教育部直属高校陆续在更多的专业实行本硕连读模式。近年来，本研贯通人才培养模式已成为各高校改革人才培养模式的重要实践。本研贯通培养模式是把原本独立的本科和研究生阶段作为一个整体进行统筹安排，这种新型培养模式为优秀学生的成长提供了良好的平台和机会，符合现代社会对人才高知识层次和高科学研究连续性的要求，有利于学校高层次人才的培养和办学质量的提高。② 随着重点高校本研贯通培养模式的成功实践，地方高校在本科生升学率逐年升高的现实情况下，也着手教育教学改革和人才培养模式创新，探索构建本研贯通人才培养体系，以增强对优秀本科毕业生的吸引力，提高人才培养质量和效率。

　＊ 本文系天津商业大学本科教学改革研究项目"地方高校本研贯通人才培养模式的实践与研究"（项目编号：TJCUJG2023095）的研究成果之一。

　① 刘婧，天津商业大学法学院助理研究员，主要研究领域为高等教育管理。

　② 熊玲、李忠：《本－硕－博贯通的创新人才培养模式探究》，《学位与研究生教育》2012 年第 1 期。

一、地方高校本研贯通人才培养模式的内涵和形式

(一)本研贯通人才培养模式的内涵

本研贯通人才培养模式是地方高校面对现阶段人才培养的特殊要求,结合高校自身的特点和优势,规划本科和研究生人才培养过程,整体设计本科和研究生阶段不间断的教育教学计划,实行的教研融合、个性化的创新型人才培养模式。通过本研阶段学习、实践和科研活动的贯通,将学校的学科科研优势转化为人才培养优势,促进学生本研学习的有效衔接和持续提升,缩短人才培养周期,提高人才培养效率。

(二)本研贯通人才培养模式的主要形式

目前我国本研贯通培养比较成熟的模式,一种是从高中毕业生中录取本硕连读学生,一种是从在校本科生中招生,具体是大二或大三阶段学校根据学生意愿,择优录取进入本研贯通培养计划,学生在大四通过考研或保研途径成为本校研究生,通常第二种模式在地方高校较为普遍。许多地方高校本研贯通实行"3+1+X"模式,前三年为本科学习阶段,第四年完成本科毕业论文同时修读研究生课程,X 为研究生学习阶段,硕士研究生一般为两年或三年。

二、地方高校本研贯通人才培养面临的问题

长期以来,地方高校研究生招生面临生源不足的问题,具体表现在第一志愿录取率低,每年靠调剂完成招生任务;本校推免生流失严重,优秀本科生往往选择更好的学校作为推免或考研的目标院校,优秀生源流失成为普遍问题。为吸引本校优质生源并对其在研究生阶段进行更好的培养,为学有余力的优秀学生提供良好的成长平台和机会,进一步提高学校服务经济社会发展的能力,许多地方高校积极探索本研贯通培养模式,培养更多高素质人才和拔尖创新人才。①

新时代的发展对人才培养提出了复合型要求,只具备单一学科的知识和应用体系的毕业生已难以满足社会发展的需要。近年来高校纷纷结合"四新"建设推进学科交叉融合,培养适应新形势的复合型人才。长期以来地方高校研究生

---

① 张志红、刘春卿:《地方高校本-硕-博教育贯通的创新人才培养模式探索》,《安徽工业大学学报(社会科学版)》2017 年第 1 期。

培养因学科单一而缺少特色,对本校优秀学生的吸引力不足,迫切需要在本研贯通人才培养中结合学校优势资源,加强多学科交叉融合,构建富有学校学科特色的本研贯通复合型人才培养模式。

三、地方高校本研贯通人才培养模式的探索

为适应社会各行业发展对人才需求的变化,丰富高水平人才培养体系,地方高校可以学校优势特色专业为试点,结合专业特色和发展定位,有效整合本研培养环节,促进本科和研究生学业管理的有机衔接和融合。在具体实施中推进学科交叉融合,实行导师全程化指导,强化科研训练,创新教学模式和考核方法,加强配套管理和实践创新,构建具有地方高校鲜明特色的本研贯通复合型人才培养模式。

(一)培养目标和培养机制

培养目标是人才培养的起点,明确培养目标才能科学有效开展本研贯通人才培养。研究型高校的培养目标通常为研究型、学术型创新人才,体现了对学生知识、能力、素质的有机结合的要求,呈现出厚基础、高层次、重创新的培养特点。地方高校要树立复合型人才培养理念,以促进学生全面个性化发展为宗旨,贯彻通识教育与专业教育相融合、知识传授与能力培养相融合的育人措施,培养基础宽厚、视野开阔、能力突出、创新意识强、综合素质高的优秀人才。

地方高校本研贯通人才培养分为两个阶段,本科阶段为基础学习阶段,以理论学习为主,学生通过参与课题研究、专业实验和实践锻炼进行专业初步训练,参与各类创新项目和学科竞赛提升综合能力,鼓励学生参加跨学科的科研实践活动,以适应后续研究生阶段的学术研究和创新实践。研究生阶段加强科研训练,在本学科及交叉学科进行深入研究和实践,培养学生创新思维和综合能力,取得相应的科研成果,力争创造性地从事科学研究和解决实际问题。

地方高校进行本研贯通培养的专业要科学制定本研贯通人才培养方案,将本科和研究生阶段的课程学习、科研训练、实践实训等环节统筹安排、合理衔接,使教学内容前后贯通,避免课程重复设置。探索优秀人才培养的有效途径,设计符合多学科交叉特点的培养模式,打造本研逐级递进的立体化多学科交叉人才培养体系,将学生的专业知识学习与综合素养提升贯穿本研学习全过程,使学习、实践和创新融为一体,形成知识传授、实践能力锻炼、创新精神培养、创新思维启发、创业能力培育的人才培养新局面。①

(二)课程体系建设

本研课程贯通是保证贯通培养模式连续性和贯通性的重要环节。要对本研课程结构进行调整优化,减少同一课程内容的重复讲授与学习,使本科、研究生课程层层推进、由浅入深,实现本研两个阶段知识、能力、素质培养的有机衔接和真正贯通。进入本研贯通培养体系的本科生,可在大三、大四选修课程时直接到研究生的授课课堂学习,课程学习要求等同于研究生的学习要求,完成该课程学习以后,既取得本科生阶段的相应学分,也完成了研究生阶段该课程的学习要求。

"四新"建设下人才应该具有的新素养和能力形成除通过学习专业类课程之外,还涉及哲学、社会、艺术、心理等诸多学科领域,因而通识课程要作为本研贯通培养课程体系的重要组成部分,并促进通识教育与专业教育的有机融合,培养学生浓厚的人文科学素养、批判和创新的思维品质以及强烈的探究精神,②为学生往后进行专业学习和科学研究打下坚实的基础。

传统分段培养模式中研究生的课程体系与其他专业知识的交叉性不足,要在本研贯通课程设置中注重学科交叉融合,使本研贯通的课程体系形成学科间的横向贯通和本研的纵向贯通,横向上实现学科交叉融合,引导学生具备整合思维和跨界思维,纵向上打破本研层次壁垒,不断推进本学科和交叉学科领域的深度和广度。③

丰富选修课课程资源,开设特色化的专业方向和相应课程,为学生提供多元选择空间,使学生根据自己的专业兴趣和职业规划选择适合的专业方向,促进学生个性化知识能力体系的形成。

① 迟建卫、汪静、胡玉才,等:《多学科交叉的本硕贯通培养人才模式研究》,《大学教育》2019 年第 1 期。

② 马建山、冯其红、侯影飞,等:《"本研贯通"培养一流人才的改革与实践——以中国石油大学(华东)为例》,《山东教育(高教)》2019 年第 8 期。

③ 陈达、王慧、仲建峰,等:《基于流程再造的"本硕博"贯通式培养模式探索》,《现代教育科学》2019 年第 12 期。

（三）创新教育教学模式

本研贯通培养适宜实行小班教学模式,为贯通培养班级配备优秀专业教师,采用多样化教学方式授课。依托学校和网络精品课程资源,推动互联网与课堂教学相结合,可基于项目、案例等,采用研讨会、翻转课堂、社会调查等方式开展教学,促进学生独立思考和学习,以课程论文、项目作品等多种方式评定成绩。通过推进研究性教学,设置高挑战度的学习任务,促进师生互动交流,引导学生独立思考,勇于创新,实现深度学习和探究。以各类实验室为支撑,以大学生创新创业计划、学科竞赛、挑战杯、"互联网＋"等各类竞赛为载体,以学术前沿讲座为先导,加强学生创新能力培养与训练。国际和国内交流对拓宽学术视野、激发创新思维、关注学术前沿、提高学术成果产出具有不可替代的作用,本研贯通培养应在研究生教育阶段加大国际和国内交流与培养力度,开阔学生的视野。

（四）全程导师制

本研贯通培养实行全程导师制,为学生配备本科导师和研究生导师。导师是本科生进入本研贯通培养体系后通过双向选择来确定。本科导师主要指导学生大一、大二学年的专业学习和学术启蒙,帮助学生规划学业、强化专业意识和科研意识。学年可确定研究生导师,研究生导师依托学术科研团队,主要指导学生参与科研项目、创新训练、学科竞赛、撰写论文等,提供研究生阶段的学术指导。全过程的导师指导有利于学生有计划、有步骤地开展学习和科研,激发学术志趣,在感兴趣的研究方向展开探索,有意识地培养创新思维和实践能力,使本科和研究生阶段更好地贯通起来。

（五）科研与创新实践

科研实践能力培养是本研贯通培养模式的重要部分,科研训练是促进本科和研究生阶段衔接的关键。本科生可通过选修创新实践课程、参与创新实践活动来获取创新实践学分,从大三年级起开始进行科研活动和探究式学习,跟随导师接触科研项目,激发科研兴趣,通过科研活动构筑起连接本研阶段的桥梁,潜移默化地由知识接受式学习转变为探究式学习以及实质性科研活动。在研究生阶段导师可鼓励学生参与周期长难度高的科研项目,使本研阶段的科研创新训练呈梯度递进。通过科研训练,切实提高学生的创新意识和创新能力,强化学生的探究精神、批判思维和研究创新能力培养。在本研贯通模式下学生参与科研工作的时间较长，科学研究的连续性得以保障，进而提高科研成果的质量和创新性。在本科毕业论文阶段，鼓励学生将导师的相关课题作为毕业论文选题，导师在指导学生本科毕业论文时与研究生阶段的论文选题形成有效衔接，从而提高研究生阶段的论文质量和水平。

（六）多元化选拔和考核机制

本研贯通人才培养的选拔包括本科阶段选拔和研究生阶段选拔。本科阶段招生选拔时，需要向学生阐明本研贯通培养模式的优势和要求，对培养方案进行充分的介绍。在学生自愿报名的基础上，根据学业成绩和综合素质择优选拔进入本研贯通计划。研究生阶段选拔通过考研或推荐免试研究生的方式选拔学生。地方高校要依据学校办学定位、专业学科特点确定本研贯通学生所应具备的知识水平和能力素质，在本研贯通人才选拔时在学业成绩考查基础上，关注学生的学习兴趣、思维能力、学术潜质、实践活动积极性等，注重学生的整体评价。

本研贯通培养需动态考核学生学业情况，不符合贯通培养要求的学生要退出本研贯通培养计划。在学业考核时要综合考查学生的专业知识、科研水平、创新素养、实践能力等，通过笔试面试、学术论文、项目参与情况等多种形式考核学生学习情况。通过考核的学生在本研贯通培养计划中继续攻读研究生学位，未通过考核的学生退出贯通培养模式，回归普通班模式。学生也可主动申请退出贯通培养模式，回归原有的培养模式。

（七）管理制度和激励机制的建立

本研贯通培养工作呈现跨阶段、跨部门、跨学院的特点，地方学校要进行整体设计，成立本研贯通培养组织机构，制定本研贯通培养管理办法，设立本研贯通专项经费，为本研贯通培养提供经费和政策方面的支持，保证本研贯通培养在教学科研、社会实践、师资建设等方面的正常运转。学校各个部门要密切配合，相关学院要积极参与，形成全校协调联动的培养工作运行机制。在增强校内管理系统性、连贯性的同时，地方高校还要扩大贯通培养的范围，积极探索校际协同育人模式，促进校际联合培养，力争实现校内贯通培养到校际贯通培养。

加强和完善教学管理体系和学生管理体系建设，营造有助于学生自主学习、健康生活的管理新机制。本研贯通培养过程中本科和研究生的衔接离不开教学管理体系的一体化设计，要加强系统性的顶层设计，打通传统分段培养模式下本科和研究生两个相对独立的管理系统，建立本研互通的综合管理系统，涵盖选课、考试、成绩管理、教学评价等教学事务，提高教学管理的效率。为进入本研贯通体系的学生提供课程学习、科学研究、实践实训、评奖评优等方面的优质资源和支持政策。鼓励学生之间的科研合作，为有意愿进行自主科学研究和创新创业实践的学生及团队提供必要的支持。①

四、结语

本研贯通人才培养模式通过促进本科教育和研究生教育的紧密联结和有机融合，使学校优质的教育资源得以整合，优化人才培养体系，为学生成长成才提供良好的平台和机会，促进高校专业建设和人才培养质量的提升。本科教育为研究生教育和科学研究提供了强大的后备力量，带动学校学科建设和研究生教育发展，高水平的科研和研究生教育又反哺本科教育，推动本科教育教学的改革与创新。地方高校可从学校的优势学科进行本研贯通人才培养试点，其他学科在学科交叉课程上予以配合，继而逐渐在全校范围内推进本研贯通模式。地方高校要在本研贯通人才培养模式的不断探索中总结经验、审慎思考，构建适合学生成长和学校发展的教育路径，将国家发展需要、学校发展目标和学生成长需求有机融合在一起，实现培养高水平复合型人才的目标。

---

① 史静寰、陈乐：《构建"本研一体""双一流"高校人才培养模式》，《中国高等教育》2019 年第 1 期。

大数据背景下
高校创新创业教育策略研究*

肖灵姗①

维克托·迈尔－舍恩伯格与肯尼思·库克耶合著的《大数据时代》指出,大数据带来的时代的转型,就如同利用望远镜我们感受到了宇宙一样,大数据让我们感受到了不一样的世界,大数据正在改变着我们的生活方式和思维方式,大数据推动着各个领域特别是新发明、新服务领域的更新换代。② "大众创业,万众创新"这一社会发展理念的提出,为高校学子步入社会,更好地与社会接轨,融入新时代,掌握新技术提供了有力的支撑。高校作为创新创业的重要基地,从自身实际出发制定了很多有利于创新创业教育的政策,高校根据自身的教育目标以及人才培养模式,在大数据背景下,不断进行教育创新改革。

一、大数据概述

大数据是对数据的分子整理和集成,是将零散的信息进行整合的技术性分析。

* 基金项目:天津市哲学社会科学研究项目"新形势下天津市高校科技成果转化体制机制创新研究"(项目编号:TJFX17－005);天津商业大学研究生教育教学改革研究项目"大数据背景下研究生创新创业教育策略研究"(项目编号:23YJSJG0117)。
① 肖灵姗,女,天津商业大学法学院助理研究员,研究方向为教育管理、法理学。
② 张明丽、丁月华:《基于大数据画像的个性化创新创业教育模式》,《高等工程教育研究》2023 年第2 期。

大数据与云计算进行结合形成知识库,知识库将已有以及正在更新着的创新创业数据进行合成、更新和升级,集成的高价值信息传递给创新创业队伍企业和大学生,企业和大学生对这些数据进行汲取分析和挖掘,从而推动自身产业的发展。大数据创业平台具有以下几个特点。第一,精准化、高效化。大数据升级换代使数据信息不断趋于精准、平稳、安全,数据的预测性和前瞻性将带来精准高效的未来时代,不断更新的大数据不仅为大学生自主创业提供了信息支撑,还能与创新企业无缝对接,实现联动,高校也会依据前瞻性的信息调整改革创业教育结构,从而实现全面的精准化、高效化。第二,广泛性、全面性。大数据技术可以将市场导向、岗位需求、创业规模、基础成本等数据进行整合分析,给予大学生创业更多的支持。第三,安全性、稳定性。大数据创业平台具有安全的网络技术,可有效保护大学生的资料信息;"互联网＋"、云计算机不断完善,使数据具有稳定性。

二、大数据背景下创新创业教育新发展

（一）新特点

教育大数据资源越来越丰富。创新创业教育关注的核心数据不断聚焦到大学生基础课程学习、知识结构构成、兴趣爱好竞赛等方面,"双创"教育方式、内容不断完善,教育方式更加灵活。[1] 大数据背景下,高校教育突破传统方式,远程教育、在线教育不断丰富,教育、考核平台不断完善,教师通过平台数据就可以掌握学生学习特点、专长等方面。

（二）新机遇

一是大学生可以通过大数据创业平台敏锐地捕捉到社会所需人才的方向,通过低成本的方式找到企业人才缺口,根据自身特点、国家支持政策找到创业的突破口。

二是为大学生提供创业动力。大数据是大学生创业的重要领域,大数据的不断更新发展,使创业领域更加多样化,大学生作为创业的主力军,得到国家更多政策支持,大数据背景成为大学生选择创业的重要动力。

---

[1] 伊剑:《大数据视域下大学生创新创业教育质量的提升》,《现代教育技术》2019 年第 5 期。

三是更多政策支持。目前高校毕业生就业形势严峻,大数据在解决大学生就业问题上是一个很好的突破口,国家高度重视大学生就业问题,会将更多政策向创新创业领域倾斜。

三、国内外高校创新创业发展现状

（一）国内高校创新创业发展现状

1."互联网＋"思维不够成熟

高校的"互联网＋"思维不够成熟。高校课程的设置多面向传统的文化课程和专业课程,创新创业方面的课程较少。创新创业教育政策提出后,大部分高校开始具有政策倾向性,但仅是设置相关的选修课程,"双创"选修课程黯然失色。高校创新创业课程体系不完善,课程设置过于形式化,与实际情况和实践效果脱节。高校创新创业政策力度不够,大部分高校对于创业学生的政策主要体现为保留学籍的条件下支持创新创业,对于大学生的创业扶持期规定多为七年,学生由于年龄的限制、家庭的压力、就业的压力等会选择在短时间内就业,认为选择创新创业的回报率太低,时间成本太高。

学生的"互联网＋"思维不够成熟。高校对大学生的支持体现为资金支持、奖学金制度、费用补贴、房屋租赁补贴等方面,支持企业与高校协同发展,为学生提供更多实践机会,但是学生多数停留在努力学习专业课,拿取学业奖学金的思维方式里,在就业方面多选择考公务员等稳定的职业,学生群体参与创新创业的基数较少,多停留在喊口号、看热闹的层面,很少有魄力做创新创业方面的尝试。而且学生缺乏创新意识,对创新创业企业和政策了解不够,在选择企业时,多会停留在传统企业上,缺乏对新兴产业的投入热情。

2.未建立专业化创新创业信息处理平台

大数据背景下,交流的方式演变为以手机为载体的微信、微博、QQ、抖音等传播信息,信息多以快餐化、碎片化的方式存在,高校未形成专门的创新创业信息处理平台,未有效利用大数据对创新创业教育资源进行专业性整合,不能实现信息传播无障碍、数据整合的目标。创新创业教育的信息处理多停留在统计学的层面,简单整理、简单分析,没有科学依据,多为经验判断,信息处理缺乏智能化,数据库的建设力度不够,没有深入探讨创新创业教育信息背后的深层指向,致使很多创新创业机会的流失。

3.教育保障体系不完善

创新创业教育主体之间比较割裂,各自职责把握、功能定位、目标建设不够清晰,主体之间交互性作用发挥、协同发展不够,未形成高效、可持续性合作发展机制。

(二)国外高校创新创业发展现状

国外的创新创业教育比我国更早一些,大数据背景下国外也更加注重培养学生的创新创业能力。相对于我国,国外创新创业教育政策更加完善,实施效果更加明显,发展也较为迅速。具有代表性国家为美国、德国和英国。

1.美国创新创业教育

美国创新创业教育的首创性发展聚集于20世纪40年代,也就是美国哈佛大学关于创业教育的"新企业管理"这门课的开展。美国此项课程的开展带来的是各大高校创业教育的发展。[①] 美国在利用大数据发展分析的前提下设立了创新创业教育专职教师岗位,并且建立资深研究员制度,特别是设立了创业学的博士生项目(PHD Program),而我国基本的传统学科个别也没有实现博士生项目的设立。大数据给美国带来的是创新创业教育的首创性发展,不仅如此,美国设立专门的创业学教职,与我国传统学科教职类似,进行专业性的教授和职称评定,美国已经将创新创业教育学科化,通过专家会议、创业协会、实地考察等特别设置,提升学生对创新创业教育的认识和感知。美国斯坦福大学是美国最具有代表性的科技创新大学,培养了众多的高科技领导者,一直引领着创新创业发展理念的潮流,其中,最主要的就是对大数据的利用,利用大数据将大学的很多资源与国家的政策相结合,建立高科技的信息管理平台,为学生提供全方位的服务,不断引导学生增强创新意识,培养创业思维,利用大数据培养学生挖掘数据信息的能力,引导学生将创新创业的想法通过技术转化成实际产品,最终能够创办自己的企业。大学利用大数据计算功能构建创新创业网络服务平台,在硅谷创业需求

---

① 卓泽林、杨体荣:《美国顶尖理工大学创新创业人才培养机制探究——以伍斯特理工学院工程教育培养为例》,《教学管理》2016年第4期。

政策的引导下,开发创新创业资源,通过网络链接资源,促进高校成果的转化,利用网络协同发展。

2. 德国创新创业教育

德国是具有高科技水平的国家。德国的慕尼黑大学一直是高水平创新创业大学的潮流引领者。高校的发展目标就是创建创业型大学,将自身的发展与国家的经济社会发展相结合,注重对学生创新创业意识和能力的培养以及创新成果的转化,通过数据库将本校资源与外校企业、科研机构等结合起来,不断吸纳多元主体参与,实现创新协同发展,通过创新课程体系、吸纳支持机构、优化创新创业网络数据,构建成具有自身优势特色的创新创业教育政策。以创新创业能力为导向,优化创业课程体系,形成专业化、全面化、特色化的课程体系,分教学模块层层教授,让学生更好感知、认识、接触、实践等。帮助学生更好地了解基本创业的全过程。高校注重市场需求、服务需求等方面,推进集主体、服务于一体化的创新创业体系建设。

3. 英国创新创业教育

英国可以说是创新创业教育的先驱之一。英国的创新创业教育已有 20 多年的发展历史,基本形成了完善的创新创业教育体系,英国改变传统课程模式,与企业、社区等主体共同积极开展创业活动,注重学生自我能力的培养,注重培养学生在创业初期需要的能力。英国还与其他国家共同设立创业教育项目,研究国家创新创业教育的发展前景,以及解决面临的问题。[1]

国外创新创业教育发展成熟的共性在于国家层面、高校及学生都完全具备大数据"互联网 +"思维,利用大数据将有效资源与政策相结合,发挥各方主体在教育发展中的作用,建立"创新创业信息化平台",建立完善的创新创业教育体系,推进创新创业教育的发展。

四、创新创业教育策略提升

通过对创新创业教育的国内外现状的分析,借鉴国外创新创业教育发展策

---

① 黄兆信、张中秋、赵国靖,等:《英国高校创业教育的现状、特色及启示》,《华东师范大学学报(教育科学版)》2016 年第 2 期。

略,创新创业教育策略提升总结为以下三个方面,分别是"一个思维、一个体系、一个平台"。①

（一）一个思维

一个思维即"互联网＋"思维。大数据背景下高校创新创业教育必须具有"互联网＋"思维。大数据、云平台都是多元化的交互方式,具有"互联网＋"思维能够实现多主体之间的互动,改善封闭独立的状态,实现高校之间互通互利的开放系统。培养"互联网＋"思维,可以运用大数据、云计算实现对课程体系科学性、预测性分析,教师和学生都可以通过互联网技术发声,有更多的渠道参与到创新创业教育课程的学习中,通过互联网可以获取各高校创新创业教育数据,及时发现运营中的问题以及教师、学生在创新创业教育中的需求,提高创新创业教育的实效性。通过分析数据,预测未来创新创业教育发展路径,实现创新创业教育的导向性。通过对数据的挖掘处理,及时优化课程体系建设,实现创新创业教育的科学性。

"互联网＋"思维是一种思维方式,它需要与科技发展产品相结合,是现实发展与未来虚拟的交互融合,通过线上线下的结合以及预测和分析的配合,实现数据信息碎片化和体系化的统一。我国的创新创业教育一直处于低速发展状态,学生创新创业比例较低,只有不断培养"互联网＋"思维,将创新意识和能力运用到创新创业中,才能推动创新创业课程体系完善变革,只有运用互联网技术,对课程体系进行深度分析与变革,整合资源,打造在线课程、创客空间,才能突破创新创业教育的瓶颈。

1. 体现以学生为中心的教育理念

创新是"互联网＋"思维的灵魂,应该突破原有的教师为中心的课程建设方式,实现以问题为导向、以学生为中心的课程建设。创新创业教育不是一个口号,应该注重实践性,实现课程体系与思想站位、国情校情相融合的发展路径。高校应该设立专门创新创业教育课程,实现创新创业教育专门学科化,高校内部

---

① Laurie A. Schintler, Rajendra Kulkarni. "Big Data for Policy Analysis: The Good, The Bad, and The Ugly", *Reviewof Policy Research*, 2014, NO. 2.

设立创新创业教育教职岗位。

2. 运用大数据完善创新创业教育体系

运用互联网思维对创新创业教育课程体系进行建设。注重对创新创业教育基础课程的建设,将创新创业教育知识覆盖全体学生,培养学生创新创业教育意识,提高学生创新创业能力;打牢专业课程基础,多出台精品课程,使学生更加有技巧地进行创新创业;多增加实践类活动,将理论与实践相结合,让学生在实践过程中感知深入认识创新创业;通过大数据资源与企业等主体合作设立创新创业项目,调动学生申报项目的积极性。

3. 整合资源,交互发展

利用互联网技术,对全国高校数据库进行分析,整合各大高校的教育资源,整合企业、科研机构、知识联盟群体的内部资源,形成资源互通、开放共享的创新创业教育理念,让教师和学生随时接收不同领域、不同地区、不同高校的创新创业知识,将碎片化信息整体化,将孤立的信息体系化,形成线上线下一体、校内校外共享的发展模式。

(二)一个体系

一个体系即一个"教育保障"体系。利用大数据将高校资源与国家政策相结合,建立完善的"教育保障"体系。学生创新创业教育保障体系一般由政府、企业、专门科研机构、高校四个主体构成。政府是创新创业教育政策制定以及实施主体,在创新创业教育保障体系中,政府起着凝聚各方面的重要作用,政府可以通过资金支持、设立基金项目等方式激励学生创新创业。企业是连接高校与大部分学生的纽带,创新创业的大环境也使得企业开始对资源创新、技术创新产生强烈的需求,在大数据背景下,企业应该抓住发展机遇,将创新的全过程从企业内部发展到企业外部,积极与高校及其他机构开展合作,努力提升自身的发展水平和创新能力,加快进行创新成果的转化,形成良性的、可持续性的创新循环。专门的科研机构、科研院所集聚了高科技顶尖人才,拥有大量专门的研究学者和专家,拥有最顶尖的技术设备、物力、人力资源,科研机构具有专业型的特点,其科研水平和创新能力更加强大,可以为创新创业的发展提供更加前沿的技术和知识。高校是人才的输出基地,是创新创业主力军的重要领地,高校的图书馆能够带来源源不断的情报信息,随着信息不断密集化和大数据的发展,高校图书馆的作用越来越突出,对资源的创新以及业务能力的认识有了进一步探索,高校在整个体系中居于纽带的作用,为创新创业的发展提供了人才和知识保障。[①] 利用数据库将高校资源与政府、外校企业、科研机构等结合起来,不断吸纳多元主体参与,实现创新协同发展。各主体具体的关系以及体系建设分析如表1所示。

表1　各主体具体的关系以及体系建设分析

体系主体	具体职责	功能定位	建设目标
政府	提供资金支持、政策支持	行为支持	增加平台支持和保障,为各主体之间的交流提供沟通的平台;提供政策法律法规支持,减少创业风险;提供"双创"政策支持,保证政策的专业性和突出性
企业	提供实习基地、实现实践环节	实践基地	通过企业环境为其他主体提供实践基地,为成果转化的实现提供平台和环境支持;根据市场需求、经济发展规律制定企业的发展规划,确立发展模式
科研机构	提供前沿科技、专业指导	技术引领	提供大量专家学者的先进研究理论支持、技术资源支持、先进设备支撑等,科研机构人员的科研能力更强,理论知识更加丰富,为创新创业提供前沿理论和技术,通过自身的研究预测未来发展趋势,减少不确定因素的产生,规避风险,为高校人才、企业、政府提供发展规划和政策制定的依据
高校	输出大量创新创业主体、知识服务	人才输出	发挥图书馆情报数据处理的重要作用,利用大数据、互联网、云平台建立数据库;建立专门的创新创业教育知识体系,实现数据信息共享

利用大数据库,对政府、企业、科研机构、高校的具体职责、功能定位、建设目标三方面进行分析,实现四大机构之间的高效合作,建立一个协同、高效、持续发

[①] 姚梅芳、宁宇:《复杂网络视角下的高校创新创业知识保障体系研究》,《情报理论与实践》2019年第42期。

挥作用的服务保障体系。

（三）一个平台

一个平台即在大数据背景下"创新创业信息化平台"。该平台是基于数据分析基础上的创新创业模块平台。近年来，高校的创新创业平台迅速发展，高校纷纷创建旨在创新创业教育的资源模块平台、校企合作服务平台、创新创业项目的后台管理平台，从多个维度不同层面协助大学生树立创新创业意识，开展创新创业领域实践，但大多数创新创业平台作用日渐薄弱，一方面不能与其他模块平台数据共通共享，数据分析、数据源的潜在作用不能展现，另一方面只是局限于自身平台的发展作用。

平台建设要注重大数据源分析，确定需求数据，并分类加以处理，对直观数据、非直观数据同步加以处理。非直观数据主要包括组织的活动、内容、贡献度等。所有数据分类没有固定模式，可以根据业务需求及场景的不同而加以区别。数据建模与数据分析基于大数据构建师生动态交互历程，依据相关规则制定呈现标签，根据标签快速读取其中信息，便于利用数据挖掘做聚合分析和标签提取。个人动态成长交互历程包括学生成长动态历程和教师成长动态历程两个方面。学生成长动态历程模型有知识架构体系、创新创业活动、实践技能三个总标签，在此基础上分别予以建模。此模型为开放模型，可以不断依据需要增减标签。个人成长交互动态历程呈现依据学生知识架构体系、创新创业活动、实践技能三方面获取填充数据，从而能够使师生直观清楚看出个人成长轨迹并判断学生创新创业的主攻方向。教师成长交互动态历程呈现教学科研工作、指导学生项目及活动内容等，能够直观地看到相关研究方向，帮助积累创新创业经验，从而判断决策未来方向。

高校创新创业信息模块建设内容不宜过多，应以项目活动为切入点，与创新教育平台、创业投资平台、教学资源平台完全区别开，将同质化、非必要功能予以删除，形成切实有效的多个动态子模块，如项目资源、项目团队、项目成果等。项目资源子模块主要为上传下载、在线预览和修改功能，可以将申报书、项目合同书、项目中期报告、项目验收等文本统一管理，最后将最终结果交给不同项目平台，增加平台的可用性。项目团队子模块由申报人组建团队，逐步添加项目组成员和指导教师,一般由教务部门授权评审。项目成果子模块从大量大学生创新创业项目模型中评选出经典案例包含失败案例加以展示,从而给予申报大学生激励、指导并展示创新创业实践成果。

通过建设该种基于大数据分析的创新创业模块平台,一方面能够更好推进创新创业教育发展,另一方面便于对创新创业项目进行过程管理,增进项目信息交流和集中管理,发挥创新创业平台信息化的作用。该平台大幅推进大学生创新创业与教师教学科研互动,推动创新创业教育模式的转变,推进高校创新创业项目机制改革与相关教学质量的提升,在校企合作、高校教育决策、项目可持续发展、大学生教育发展及教师认知方面有着十分重要的作用。

综上所述,大数据驱动下的创新创业教育机制变革是基于创新创业教育发展需求的理论和技术应用而产生的。通过对高校创新创业教育实践现状加以分析,并对各国先进教育模式进行研究探讨,可以更加明确大数据技术应用的必要性与其得以发挥效用的途径。通过发挥大数据技术的快速处理分析功能,可以突破以往高等教育数据分析处理的窠臼和误区,从而为高校创新创业实践教育发展决策提供相应的科学依据。高校是大数据这一背景下创新创业教育的重要平台与基地,大数据时代下创新创业信息局限性共享平台的构建极大方便了学生的创新创业活动,也为教师的创新创业教育活动带来了极大帮助。随着学校对创新创业教育的重视,这一平台包含着丰富的潜在价值,将成为学生获取创新创业教育实践相关信息的首选。

大数据既是一项全新的技术,又是一种崭新的思维。要正确掌握新事物的规律及技术,就要有正确的思维方式。高校只有在大学生创新创业能力培养领域不断强化教育信息化相关意识,继续深化教育教学改革,坚持一个思维、一个体系、一个平台,努力落实创新创业教育实践工作方式和方法的创新,统筹全面,注重细节,才能使大学生创新创业教育沿着正确的方向健康、快速发展。通过以上现有问题的分析及策略规划,高校教育将从外延和内涵上受到深层次的影响。这一影响不仅会促进高校就读大学生的全面发展,推动大学生的创新创业实践能力,还会潜移默化地履行高校的社会服务职能。国家将创新创业教育作为创新驱动发展的战略基础,创新与创业实践也是大数据时代背景下国家发展中所需求的一部分,国家与社会作为大学生教育实践的客观环境,应为大学生自主创业创新提供良好的环境与条件,高校要继续借鉴西方先进创新创业教育制度,对学生的课程进行合理改革,从而达成完善新型的创新创业教育模式,为目前广泛生长于高校中的自主创新创业团队提供机遇并进行创业创新方面的指导,高度重视、统筹规划、精心部署教育策略,引领高校师生在大数据时代中将创新创业的工作做得更健全。

新文科背景下关于法学专业人才培养的
实践教学体系的研究[*]

安 鹏[②]

2020 年教育部颁布的《新文科建设宣言》拉开了高校新文科建设的序幕[③]。新文科的制定是对原有学科的一次重新安排,也是对新时代高等教育一次新的挑战,这项制定超出了学科单一的模式,是一次重大学科跨时代的进步。2021 年 4 月,习近平总书记考察清华大学时,第一次提出要瞄准世界科技前沿和国家战略发展,"推进新工科、新医科、新农科、新文科建设,加快培养紧缺人才"[④]。新文科对于文科专业的定性改变了传统法学专业对于文科专业人才培养的定性需求,重在强调法学专业的交叉融合,因此如何构建一套新的法学专业实践教学体系对于当下法学专业的人才培养至关重要。

一、传统法学专业实践教学人才培养存在的主要问题

法学专业实践教学人才培养面临实践教学课程体系有限,传统理论课程占比过高,实践体系不足且不能有效结合社会实际,信息化实践教学体系不足,传

* 本文系天津商业大学本科教学改革研究项目"新文科背景下基于法学信息化实验室建设推进法学专业实践教学创新人才培养模式的探究与实践"(项目编号:TJCUJG2023115)。

② 安鹏,男,医学硕士,天津商业大学法学院物证技术实验师,主要研究领域为微量物证技术与司法鉴定学。

③ 屠金丽:《协同育人创新机制下探究法学专业实践》,《教育现代化》2019 年第 35 期。
④ 刘春凌:《法学专业实验教学信息化应用探索与研究》,《教育现代化》2019 年第 100 期。

统专业服务社会生产建设领域存在瓶颈等问题。有学者认为,"法学教育的同质化是我国当前法学教育的主要特征"①。当前我国社会经济正处于高质量发展阶段,对外开放的步伐更加深入,因此在经济社会发展的各个方面需要不同特点的法学专业人才。高等教育对于法学这类社会人文学科专业人才培养过多,以至于超出社会需求的数量,普通高校盲目扩大招生人数,在没有相应教育教学资源的背景下新建法学专业,新建专业人才培养方案不明确,实践教学培养体系不充分,教学模式单一缺乏有效的现代化教学手段,专业培养与社会产业服务体系对接不充分。多数高校法学专业人才培养体系过于单一且冗繁。在评价人才培养标准和教师发展水平指标体系上,过于重视理论研究,轻实践体系,重理论研究,特别是一些法学专业实践系统没有健全,如模拟法庭、法律诊所、案例分析诊所、模拟仿真实验场所等实践教学体系不够完善,实践教学体系几乎为零。

新时代背景下特别是信息化技术的快速发展,大数据、人工智能的出现对现有法学专业人才培养构成新的挑战。广大社会团体对信息技术的掌握程度以及对专业数据的掌握的程度甚至远超学校传统模式培养下学生的掌握程度。企业所需要的人才不再是传统大众型法学人才,更多需要懂专业、懂技术的交叉复合型法学人才。社会单位对法学专业人才的需求不再是注重传统理论知识的丰富的人才需求,更多是具有一定的理论知识和能够运用现代信息技术的新的实践经验丰富的人才需求。

这些时代性变革以及新的产业经济结构变革的特点对传统法学专业人才培养体系构成了新的挑战,因此加强实践教学系统建设,加强法学专业信息化技术的培养以及构建协同育人的产教体系对于时代法学专业人才培养具有重要的推动作用。

二、法学专业人才培养实践教学体系中信息化模式的构建

(一)法学专业人才培养实践教学体系信息化构建的意义

法学专业实践教学信息化应用是由学院教务人员、教师、学生在以现有实践教学平台(实验室、智慧教室)模仿实习基地,利用现代虚拟仿真技术、增强现实技术、人工智能技术以及数字化实践场所通过有机协调构成一整套实践教学体

---

① 董迎春:《高校数字化模拟法庭建设策略研究》,《辽宁广播电视大学学报》2020 年第 1 期。

系。实践教学不仅能使学生所学的理论知识具体化,还为学生开发产生创新性思维实践提供了具体场地。实践教学体系建设构成了人才培养体系建设的重要组成部分,是人才培养的重中之重,决定着学生能力的培养,是服务社会的重要纽带。

随着我国经济社会的发展以及对教育事业投入的加大,文科实验室的建设迎来了新的发展。由于传统教育意义认为只有理工科教育需要大量实验室经费投入和现代化建设,从而忽略了文科实验室的建设,进而忽略了文科实践教学的发展与创新,对于走向社会的广大文科学生来说是极大的损失。对于法学专业而言,法学实践教学体系构成需要现代化实践场所,如模拟法庭、法学物证技术实验室、法律诊所、虚拟仿真实践基地等。这些实践中心建设就需要根据新时代国家社会对人才培养战略需求,通过现代化数字化以及专业化实践教学体系打造成一批现代、高效、数字、未来与智能化实践教学场所,从而培养具有新时代特色的法学专业高素质人才。

第一,信息化实践教学体系能够提高实践教学资源的优化配置。

信息化实践教学中心建设在于利用现代互联网、大数据、人工智能技术现代化信息技术,通过数据流、学生、教师以及管理者三位一体的进行数据互动和反馈,通过反馈信息能够做出相应的举措,便于对法学专业人才培养做出相应的调整。此外,信息化实践教学的现代化建设,有利于促进资源的合理分配,比如实验场地的不足、实验机房和实践教学设备等条件的不足都可以通过优化信息化手段进行资源有效配置,从而避免资源的浪费和教师的重复性工作。

第二,信息化实践教学体系建设能够提高教师的信息化专业化素养。

绝大多数教师是从学校毕业后直接进入高校从事教育教学,教师没有社会实践阅历,即使有些教师具备律师资格或者其他认证资格,依然不具备相应的社会实践能力,通过信息化实践教学特别是虚拟仿真、人工智能技术和增强现实技术对实验场所的改造,可以有效提升教师的社会实践能力,并通过数据的反馈分析来弥补教师实践能力上的不足。通过以上反馈,教师在指导学生毕业论文、实习以及科研活动等领域会有明显的提升。

第三,通过提升教学课程的吸引力,提升法学实践课程的教学水平,培养学生实践创新能力,增强学生的职业素养。

传统意义上的法学实践教学体系往往属于垂直型,其实践教学系统往往过于理想化、片面化。信息化建设下的法学实践教学系统更加客观性、真实性,能够结合具体的实例进行分析。通过信息化技术手段搭载实际场景、结合真实情况,通过情景再现提升学生实践技能,增强了学生的临场应变能力,改变了学生理论强而实践弱的本性。信息化教学亦能够在课堂上提升课程对学生的吸引力,提高学生的积极性和认真性,改变了学生的思维模式,提升了学生的积极性和创造性。

(二)法学专业实验教学体系信息化模式的构建

通过对各兄弟院校、各个实习实践校企结合共建基地的走访调研,结合本学校师生的反馈信息,通过数据分析法学专业共性特点,并结合本校专业特色制定出符合本校特色以及服务社会的法学专业实践教学人才培养方案,通过最终完成法学专业实践教学课程体系,通过信息化手段制定实践课程方案,设置课程类别,以信息化教学手段为工具提升实践课程体系的科学性和主要包括提升师生信息素养计划、培训实验课程信息化应用用合格师资、建立实验课程信息化应用激励机制、拟定实验课程信息化应用反馈改进方案[1]。主要内容:①建设法学院信息化数字化实践平台,将数据与学校数据库进行交互,达到资源共享。②利用现有的教学实践基地,将其社会法律案例进行大数据整理分析,并通过现有的虚拟教学、AR教学以及人工智能教学手段进行统筹分析。③在法学专业实践教学活动中通过对教师、学生进行软件使用培训、人工智能的辅助指导以及校外实习实践的大数据分析中对实践教学场所、实践教学智能化设备以及专业软件数据分析系统化进行全面性的分析,这样一方面使学生能够掌握现代化的信息处理技术,另一方面能够对所反馈的实践数据信息进行数据分析,从而实现对实践教学水平的整体评价。④通过制定数字化信息化实践教学评价体系,量化实践教学系统指标,制定标准化激励措施,实现对信息化实践教学体系的数字化构建,从而改进法学专业实践教学人才培养信息化体系的配套方案。

---

[1] 姜晓华:《新文科背景下法学专业人才培养路径研究》,《黑龙江省政法管理干部学院学报》2023年第6期。

三、协同育人创新机制下法学实践教学人才培养体系的构建

(一)协同育人体系下法学专业实践教学人才培养的现状

1.政校企联动实践教学人才培养体系实效机制不强,流于形式

党中央、国务院高度重视人才培养工作。2011 年教育部就提出关于卓越法治建设的培养目标。2014 年教育部又提出要探索坚持协同育人培养的创新机制。目前各高校对于协同育人机制多数体现在一些工科生产实践领域,对于一些文科专业特别是法学专业协同育人机制不明确,协同育人配套条件不够完善。多数高校虽重视协同育人培养模式,但在实践教学人才培养方案中流于形式,理论课程占比例较高,实验实践课程占比较低,且理论课程过于"填鸭"式、机械式,缺乏理论与实践的有效配合,特别是未能突出实践性。企业律所等实习基地由于经济社会发展,多数单位重视经济指标的增长,忽视产教融合、协同育人的培养。

高等教育在法学专业实践教学人才培养方面多采用模拟法庭或者虚拟教学手段,由于高校法学专业学生人数众多,通过虚拟数字化现代教学手段需要大量的消耗,且高校资源有限,不可能每一个人都能够有效参与,且参与的学生在学习过程中所面临的往往是通用问题,对于一些特殊的棘手问题往往无法通过现代虚拟教学手段得到有效实施。

2.高校法学专业协同育人资源投入不足

协同育人机制是法学专业教育改革的创新机制,其目的是培养新时代特色复合型法学专业服务人才,这就要求法学专业培养的人才不仅需要具有强大的理论知识,还要具备现代化的数字实践资源,从而综合实现全面协同育人培养。法学专业人才要掌握现代科学技术特别是大数据、人工智能等现代信息技术的掌握,以及临场应变能力。而现在高校普遍重视理论教学、轻视实践教学,理论教学内容往往多于实践教学内容,教学方式往往采用传统式或者"填鸭"式方式,缺乏互动性、创新性以及思维开拓性。此外,由于协同育人需要产教融合,特别是与企事业进行融合式教学,这就意味着学校在资金建设领域需要较大的投入,而多数高校目前只是政策性给予支持,未看到有效的实际投入。①

---

① 卢一诺:《信息技术背景下高校法学专业学生学习模式研究》,《法学博览》2017 年第 27 期。

现如今大部分高校法学专业教师是高校博士毕业后直接被现有高校聘用，所学教育也停留在学校教育模式上，教学多停留在理论层面，教师缺乏对现有社会实践发展模式的理解以及解决实际问题的能力，学生所学知识也停留在理论层面没有实践接触，因此在进行具体法学实践中缺少专业操作流程而影响实际功效。

（二）协同育人视角下法学专业实践教学人才培养模式的构建

完善法学专业实践协同人才培养的教育机制需要全方位、多角度、多维思路模式协同优化政校企体系，在以习近平新时代中国特色社会主义思想的法治中国的思想引领下，优化培养体系，构建培养共同体创新机制，需要政府、学校、企业在政策扶持下形成合力，其中学校自主人才培养创新机制的释放，教育教学课程特别是实践教学课程机制的改革，以及资金经费扶持下完善法学专业人才培养实践教学体系，提高法学专业实践教学能力，突出法学专业实践教学人才培养特色，是高校要做的重点工作。

1. 实行现代校企结合模式构建新型协同育人机制

教育是党之大计，国之大计，新时代实现高质量发展的关键在于教育领域的发展，而高等教育人才培养是实现高质量发展的重要人才保障机制，因此在实现高等教育高质量发展的同时，要构建新型产学研协同育人机制，国家给予政策和资金支持企业与学校人才培养对接，提高协同育人水平。法学专业要构建新型校企结合协同育人系统，完善法学实践教学人才培养体系。

政府法律社会部门以及企业等部门密切深入与高校法学专业相结合，深入研究高校与社会协同育人领域，开拓协同育人新视野，努力构建好校企合作的协同育人平台，努力提高学生的实践创新能力。

高等教育应树立协同育人培养机制，提升实际解决问题的能力，开拓教师和学生的创新性思维，从而达到培养具有一定创新能力的法学专业人才的目的。

2. 高校合理搭建教学改革创新平台，加大实践教学课程体系建设

进入新时代，现代高等教育面临着传统教育模式与大数据、数字化、人工智能化等新技术的挑战，尤其是新文科模式的提出，法学专业等传统文科教育模式面临新的挑战，特别是新文科对实践教学的高要求，不断挑战着传统法学专业实

践教学系统。通过实践教学共享平台,可以将律师事务所、法院、检察院以及其他社会单位法务实践案例通过线上线下、大数据统筹、人工智能数据分析综合到一起,提高学生的学习和实践能力,通过不断推出实践教学竞赛,如模拟法庭竞赛、计算机案例分析竞赛、数据统计竞赛等提高学生实际处理问题的能力,通过物证技术课程以及心理 CT、司法心理学实验课程提高学生的动手操作能力。同时法学教师授课时需根据自身能力特点安排课程及准备材料,可准备实践案例等进行课堂讨论或提供课外阅读材料增加学生知识,避免单一性教学。①

3. 高校形成科学的人才管理机制,并提高法学教师实务能力

学校以及学院层面要制定好一系列刺激教师和企事业单位对接的模块机制,比如采用外聘内养的培养机制。一方面,通过引进外聘一些优秀的企事业单位的专业人才,给予教师和学生专业的培训和指导,另一方面,可以通过校企联动机制定期派遣法学专业教师到相应的岗位上进行社会实践,将专业指导教师的理论优势充分应用到实践领域,从而反馈教学体系是否符合客观要求。

学校及学院要在协同育人的人员考核机制上下功夫,特别是对外聘专业教师的奖励机制以及对派遣教师到企事业单位实践的人员在工作量上的考核、职称申报以及产教融合的绩效奖励上要形成一定的规范,通过相应的规章制度促进校企间的产教融合制度,从而提高法学专业教师的实务能力,有利于法学专业实践教学体系人才培养机制的构建。

四、结语

综上所述,新文科背景下法学专业人才培养的实践教学体系需要一个综合体系才能完成建设,本文从协同育人的视角分析了实践教学体系人才的构建,从信息化实验教学模式的角度分析了信息化建设对实践教学体系人才培养的构建特色,与此同时从两个大的方面强调了教师实践化的重要特点,突出了教师的重要性。只有通过教师实践性的全面发展,才能最终实现对人才培养实践教学体系的构建。

---

① 张训、刘添才:《高校法学专业开放性教学模式探索》,《淮北师范大学学报(哲学社会科学版)》2014 年第 6 期。

模拟法庭实践教学创新路径探析

王　畅[①]

　　20世纪20年代,中国法学专业教学开始采用模拟法庭教学方法,自此模拟法庭成为法学专业实践教学的重要教学环节。学生在参与模拟法庭的过程中可以熟悉诉讼程序,独立完成案例分析、证据准备、法律检索、文书写作等众多庭审相关工作,能够更好地把法学教育和司法实践相结合。模拟法庭作为法学专业实践教学的重要组成部分,为了最大限度发挥模拟法庭的实践教学作用,让更多的学生参与到模拟法庭的准备和实践过程中来,我们开设了模拟法庭竞赛实训课,通过举办模拟法庭表演赛、选拔赛、竞赛等多种形式,结合不同年级法学专业学生的学习特点,覆盖全部低年级同学,选拔优秀高年级同学,全方位实现了模拟法庭的实践教学作用。下文将对模拟法庭竞赛实训课的具体内容进行详细介绍。

一、模拟法庭表演赛观摩

1. 教学内容

　　学院法律援助中心为天津商业大学法学院的法律援助组织,承担着学院的普法宣传、法律咨询等志愿服务工作。模拟法庭竞赛实训课以法律援助中心为

---

　　① 　王畅,女,教育学硕士,天津商业大学法学院政工师,主要研究领域为思想政治教育。

抓手,负责相关课程活动的组织宣传工作,有力保障了课程的开展与实施。在模拟法庭表演赛观摩课程环节,由教师和北京市大学生模拟法庭竞赛、天津市"敬东杯"模拟法庭竞赛优秀选手共同开展授课。首先,由教师带领同学们对模拟法庭形成一个整体的认识,激发同学们参与的积极性,让更多的同学参加到模拟法庭中来。其次,由历届模拟法庭竞赛优秀选手选取模拟法庭参赛案件进行模拟法庭的现场演绎,以亲身示范的形式展现学院学生的良好风貌,激发低年级学生学习法学的积极性和对相关比赛竞赛的参与性。最后,参赛选手对于参赛感受进行经验分享,让低年级学生更好地感受模拟法庭的魅力。

2. 教学对象

法学专业本科一、二年级学生。

3. 课程思政教学设计

可以通过案情分析、角色划分、法律文书准备、预演、正式开庭等环节模拟刑事、民事、行政审判及仲裁的过程。在这个过程中,可以调动同学们参与的积极性与创造性,提高同学们的法律文书写作能力,锻炼同学们的理论和知识应用能力、思维能力、事实认证辨析能力和案例分析能力。面向低年级本科生开展模拟法庭表演赛,可以向低年级学生全面展现法院庭审的过程,展现高年级优秀学长学姐的风采,在帮助低年级学生深入认识法庭的同时,可以吸引更多的同学加入模拟法庭,提升法律素养。因此,举办模拟法庭表演赛,一方面可以将法律带进学生们的日常学习生活,激发同学们学法、用法的乐趣,提高同学们的法治意识,宣传法律文化;另一方面,可以树立学生崇尚法治精神、追求公平正义和维护清正廉洁的责任感和使命感。

4. 教学方式

教学采用"理论+实践"的方式,由历年参加北京市大学生模拟法庭竞赛和天津市"敬东杯"模拟法庭竞赛的优秀选手进行现场赛事还原,展现法庭魅力。

5. 课时数

2课时。

6. 课程目标

观摩模拟法庭表演赛,帮助低年级学生接触真实案例,了解司法审判程序,掌握处理案件的技巧,增强学生对法律相关职业的深层认知。全面贯彻依法治国理念,引导学生积极践行社会主义核心价值观,感受法律在现实生活中的运用,做好职业规划。除此之外,让更多的法学生为参加"敬东杯"和北京市模拟法庭选拔赛提前做好规划和准备,把握住为自己的人生履历增光添彩的机会。

二、模拟法庭案例研讨

1.教学内容

选取北京市大学生模拟法庭竞赛和天津市"敬东杯"模拟法庭竞赛使用的案例进行案例研讨,采用模拟法庭模拟的形式,带领低年级学生还原模拟法庭现场,让更多的低年级学生更加深入地参与模拟法庭,加强低年级学生对案例的认识和法律知识的运用。共分为以下几个环节。首先,选取比赛案例,由学生分组站在控方和辩方的角度进行案例研讨,并由往年在模拟法庭竞赛中表现优秀的高年级学生进行针对性的指导,提高低年级学生的法律文书写作能力、理论和知识应用能力、思维能力、事实认证辨析能力和案例分析能力。其次,选取学生代表,结合研讨内容对模拟法庭进行现场还原,包括法庭调查、法庭辩论、被告人陈述等众多环节,其他同学进行观点总结,对模拟法庭现场进行点评。最后,进行案例讨论,由学生对模拟法庭的观感进行分享,找出优点和不足。教师对相关情况进行总结,提高低年级学生对案件处理技巧的了解和掌握,促进法学理论知识向实践方面的转化。

2.教学对象

法学专业本科一、二年级学生。

3.课程思政教学设计

模拟法庭案例研讨以期通过案例研讨的方式使法学生能更切实地贴近我国法律实务操作,将个人与国家法治实际建设紧密联系在一起,让同学们从该活动中树立法学生应有的法律意识,掌握更深入内心的法治精神以及获得更加专业的法律知识,做到知法、懂法、守法,于日后真正成长为成熟、专业的法律工作者。同时,激发法学生学法、用法的乐趣,提高同学们的法治意识,宣传法律文化,树立崇尚法治精神,追求公平正义和维护清正廉洁的责任感和使命感。

4. 教学方式

教学采用"理论＋实践"的方式开展，由学生分组站在控方或辩方的角度进行案例研讨，课上采用模拟法庭的形式进行演绎，教师对相关内容进行指导和点评。

5. 课时数

2 课时。

6. 课程目标

通过案例研讨活动，帮助低年级学生对法庭及法庭审判产生更直接、更充分的认识并促进自身法律实务技能的进步，巩固法律专业知识，了解现行的法律法规，熟悉与案件相关的实体法和程序法，了解律师代理案件的整个流程及调查取证、法庭辩论等技巧，掌握主要的法律调整方法，锻炼同学们的实案操作能力。同时调动同学们学习的积极性与创造性，提高同学们的法律文书写作能力，锻炼同学们的理论和知识应用能力、思维能力、事实认证辨析能力和案例分析能力。

三、模拟法庭选拔赛初赛

1. 教学内容

模拟法庭选拔赛初赛采用笔试与面试相结合的形式，面向大二、大三年级同学选拔优秀学生参加北京市大学生模拟法庭竞赛和天津市"敬东杯"模拟法庭竞赛。笔试主要考查学生的文书写作功底，高年级学生针对案卷撰写公诉意见书，低年级学生撰写起诉状和证据目录。如在 2023 年的选拔过程中，2021 级参赛选手以刑事案件"完美翻新案"为卷宗资料撰写了公诉意见书，2022 级参赛选手以民事案件"秀竹苑经济纠纷案"为卷宗资料撰写了起诉状和证据目录，充分锻炼了学生的文书写作能力。面试由经验丰富的模拟法庭指导教师和领队老师进行现场面试，根据比赛要求，主要考查选手的语言表达能力以及对于案件的了解程度。在 2023 年的选拔过程中，2021 级参赛选手们根据卷宗材料选取原被告一方进行了观点阐述，2022 级参赛选手进行了起诉状诵读，评委教师针对案件要点和现场表现进行了提问，帮助同学们更加深入地了解案件，提升法庭必备能力。

2. 教学对象

法学专业本科二、三年级学生。

3.课程思政教学设计

模拟法庭的教学方法为法学教育改革提供了新的方式,可以鼓励法学生将自己所学的专业法学理论知识向实践方面转化,学以致用,掌握所学理论知识的具体运用与相关学科之间的关系,进一步了解法律实质。同时也可以引导学生形成发现问题和解决问题的法治思维,运用法律的眼光看待遇到的生活问题,强化组织纪律观念,全方位提高同学们的能力,适应今后法律工作的需要。

4.教学方式

教学采用实践的方式,由学生自行准备法律文书,教师进行指导。

5.课时数

2课时。

6.课程目标

在模拟法庭表演赛环节和案例研讨环节,学生对法律文书的写作、法庭的必备能力进行了系统的学习。在模拟法庭选拔赛初赛环节,我们组织学生自主进行相关能力的演练,帮助学生更加熟练地掌握起诉状、辩护意见书、证据目录等法庭必备文书材料的书写,提升学生的法庭现场表现力,以期帮助更多的学生掌握法庭必备素质,为学生今后参加模拟法庭大赛和进入真实的庭审现场打下坚实的基础。

四、模拟法庭选拔赛复赛

1.教学内容

模拟法庭选拔赛复赛依然采用模拟法庭的形式,以专业教师、律师、法官等为评委,在初赛中脱颖而出的选手作为公诉方与辩护方进行庭审演绎。经过激烈的角逐,选拔出模拟法庭预备队进行赛事准备,参加北京市大学生模拟法庭竞赛和天津市"敬东杯"模拟法庭竞赛。如在2023年的复赛环节,共有18名(2021级学生12名,2022级学生6名)选手脱颖而出,2021级学生承担公诉人和辩护人的角色,2022级学生承担被告及原告的角色,并由其他法律援助中心优秀工作人员担任法官、书记员等角色,开展决赛的最终角逐。在复赛中,共分为三场比赛,选用"秀竹苑经济纠纷案"进行了激烈的庭审争锋,选手们紧扣案件的焦点并结合法律法规进行观点阐述,评委老师根据选手的优缺点进行点评,并进行知识要点的讲解，加深了选手对案件的认识和对法学知识的运用。最终，通过复赛共选取了 9 名选手组成模拟法庭预备队，进行模拟法庭专项训练，让优秀学生在北京市大学生模拟法庭竞赛和天津市"敬东杯"模拟法庭竞赛中得到进一步的锻炼。

2. 教学对象

法学专业本科二、三年级学生。

3. 课程思政教学设计

学生通过协助组织或参与模拟法庭选拔赛复赛，进一步理解、掌握、运用所学的法学专业知识，提高了学生的语言表达能力、组织协调能力，锻炼了学生在实际环境里从事法律实务的能力；通过亲身参与，将所学到的法学理论知识、司法基本技能等综合运用于实践；通过分析和研究案例、模拟案件的处理，提升学生的法律职业素养，培养新时代复合型法律人才。

4. 教学方式

教学采用实践的方式，由优秀参赛选手进行模拟法庭演绎，教师进行指导评选，增强学生的实战经验。

5. 课时数

2 课时。

6. 课程目标

模拟法庭选拔赛是锻炼学生法学素养的重要抓手，以期实现以下三个课程目标。通过模拟法庭竞赛复赛的举办，首先希望能够锻炼参赛选手的综合素质，展现学生昂扬的精神面貌；其次也为选拔高素质学生参加北京市、天津市模拟法庭竞赛储备人才，在更高的平台展现学生的法学素养；最后希望能够在学院形成良好的学风，让更多低年级学生从中感受到法庭的魅力，通过模拟法庭的形式帮助优秀学生投入到庭审现场，参与到模拟法庭的实践教学中来。

五、小结

近年来，学院高度重视模拟法庭实践教学，始终坚持"以赛促教、以赛促学"的专业人才培养理念，通过"辅导员组织—专业教师指导—学生广泛参与"的工作模式，不断提升育人实效。通过不断地探索，依托学院法律援助中心，学院形成了比较成熟的实践教学模式,通过表演赛、案例研讨、选拔赛初赛和复赛的形式开设了模拟法庭竞赛实训课。近年来课程不断成熟,学院代表队在北京市大学生模拟法庭竞赛和天津市"敬东杯"模拟法庭竞赛中取得了佳绩,近五年来获得集体奖项及个人奖项共 19 项,最好成绩取得了北京市大学生模拟法庭竞赛二等奖和天津市"敬东杯"模拟法庭竞赛亚军,展现了模拟法庭实训课的良好育人效果。

在今后的模拟法庭实践教学创新路径探索中,我们将继续完善模拟法庭竞赛实训课,认真贯彻落实立德树人根本任务,将习近平法治思想宣传教育融入日常教学实践活动中,通过高水平专业竞赛,有效融合第一课堂和第二课堂,以赛促学、以赛代练,让更多的同学参与到模拟法庭中来,通过现场模拟法庭庭审过程锻炼学生的理性思维,提升法律人的逻辑力量,实现专业水平的锻炼和提升,也带领更多的学生走出校园,站在更高的舞台展现天商法学学子的良好精神面貌。

教育发展与就业探索

提升高校青年教师职业认同感的新实践

王春梅①

　　教师的职业认同感水平不仅影响教师自身的工作投入度、工作积极性、工作满意度等工作状态、心理状态和个人发展,更关乎学生的学习与发展目标能否达成,学校及国家的人才培养及高质量教育目标能否实现。但是教师的职业认同频频受到挑战,尤其是对于新时代高校青年教师来说,处于职业认同形成的关键时期,但是在系列教育变革中常常面临严峻考验。本文分析高校青年教师职业认同感的概念、结构与影响因素,并提出在新时代背景下提升高校青年教师职业认同感的改革与实践。

一、高校青年教师职业认同感的概念及结构

(一)教师职业认同感的概念界定

　　目前在教育及心理学领域中,普遍将教师职业认同感视为教师个体对自身职业的一种态度,是教师自身与职业在互动整合过程中形成的认知、情绪以及行为倾向的综合体②。教师的职业认同具有双重属性,其一是自我认同层面,这是教师作为独立个体将自己确认为教师角色,更多体现教师个体的自主性;其二是

---

① 王春梅,女,博士,天津商业大学法学院心理学系讲师,研究方向为教师心理健康。
② 李笑樱、闫寒冰:《教师职业认同感的模型建构及量表编制》,《教师教育研究》2018 年第 30 期。

社会认同层面,是指教师确认和承担教师这一社会形象和角色的能力及限度,更多体现教师作为群体一部分的社群性和制度性。

此外,教师职业认同作为一种主观性的态度,虽然相对稳定,但也不是固定不变的,而是教师职业自我意向与教师群体的角色规范之间复杂、动态的调整与平衡过程。教师的职业认同水平会随着教师的生涯阶段、生活与工作经历、周围环境、学校政策、教育制度等的变化而产生相应的起伏。

(二)教师职业认同的结构与测量

对教师职业认同结构与维度的探索是近年来该领域所聚焦的一个研究热点,这是全面而精准测量教师职业认同水平,以及做溯因研究的前提。当前对教师职业认同结构的研究主要有以下几种观点,分别从国外与国内两方面来阐述。

20 世纪 80 年代,国外就有研究者对教师职业认同的内在结构展开探索。研究者们强调职业认同的个体与群体的二元属性,看重教师个体与所处环境的互动过程,比如将教师职业认同划分为四个维度,即中心性、效价、团结和自我表现。后期学者如布里克森将教师职业认同的个体与群体属性区分得更加显著,在分析了教师职业认同过程中的多重影响因素后,总结出教师职业认同的三因素说,分别为教师的个人因素、教师所属单位的集体因素和教师个人与集体的相互作用因素。

近十年来国内学者对教师职业认同的结构从不同视角展开了深入的探索。例如,孙利和左斌通过访谈调查和数据统计,总结出教师职业认同的三个维度,包括职业认知、职业情感与职业价值,并依此编制了教师职业认同量表。[①] 李笑樱和闫寒冰提出了教师职业认同模型,认为教师职业认同由职业价值观、职业归属感和职业效能感构成,并将受三因素影响的教师行为倾向纳入模型中,并编制了相应的量表,通过调查数据进行实证检验。[②]

二、教师职业认同的影响因素

影响教师职业认同的因素是复杂的、综合的,从整体上来看可以分为教师个

---

① 孙利、佐斌:《中小学教师职业认同的结构与测量》,《教育研究与实验》2010 年第 5 期。
② 李笑樱、闫寒冰:《教师职业认同感的模型建构及量表编制》,《教师教育研究》2018 年第 30 期。

人因素和外部环境因素。教师个人因素包括性别、教龄、婚姻状况等人口统计学因素,以及自我效能感、心理韧性、情绪调节效能感、职业心理资本等个人心理状况。外部环境因素包括组织因素(如学校组织氛围、领导变革与创新等)、支持因素(如家庭工作平衡、社会支持等)、制度因素(如教师评价与考核机制、教师激励与惩罚制度)等。教师的各种个人因素与外部环境因素相互作用,共同影响教师的职业认同感。

(一)教师个人因素

1.人口学因素

首先分析的是教师人口统计学方面的因素,有研究表明,性别会影响教师的职业认同感,男性教师的职业认同感要高于女性教师,尤其是将教龄、婚育状况也考虑在内时这种差异会更加明显,已经婚育的青年女性教师其职业认同感要低于男性。① 这主要与传统的性别刻板印象和性别角色分工有关,一方面现代的社会劳动分工已经发生了巨大的变化,越来越多的女性走进职场并表现出优秀的工作能力,与此同时,传统的"男主外,女主内"思想依然束缚着职业女性的发展,甚至危及其身体与心理健康,职业女性在职场之外,还要承担更多的家务、育儿、照护等繁重且无偿的家庭劳动。有数据统计表明,在全球范围内,75%的无偿工作是由女性完成的(其中包括61%的家务劳动),女性每天花在无偿劳动上的时间在 3 到 6 个小时,而男性的所花时间为 30 分钟到 2 个小时。② 2010 年美国一项关于男女科学家无偿工作量失衡的研究发现,在家庭中 54%的做饭、清洁和洗衣工作是由女性科学家完成的,这在她们每周近 60 小时的工作时间之上又增加了超过 10 小时的劳动,而男性从事的无偿工作(28%)只令他们的总工作时长增加了 5 小时。女性科学家承担了家庭中 54%的育儿工作,而男性科学家只承担 36%。③ 青年女性教师刚刚步入职场,需要投入大量时间和精力才能适应

① 李明军、王振宏、刘亚:《中小学教师工作家庭冲突与职业倦怠的关系:自我决定动机的中介作用》,《心理发展与教育》2015 年第 31 期。

② Veerle Miranda, "Cooking, Caring and Volunteering:Unpaid Work Around the World", *OECD Social*, 2011,No.116.

③ Virtanen, "Long working hours and symptoms of anxiety and depression:a 5-year follow-up of the White-hall II study", *Psychological Medicine*,2011,No.41.

并胜任工作,同时又到了"应该"婚育的年纪,家庭与工作的冲突使得青年女性教师面临更大的挑战,严重影响她们的职业认同感。另一方面,教师职业已被视为高度专业化的职业,传统的性别刻板印象自然将其与男性相关联,认为男性更能胜任这一专业化职业,女性则更擅长没有专业含量的"家庭工作"。这种存在偏见的性别分工观念也会打击女性教师的自我效能感,影响其职业认同。

2. 心理因素

自我效能感、心理韧性、情绪调节效能感、职业心理资本等个人心理状况,也会影响青年教师的职业认同感。如有研究表明,教师职业心理资本包括认知资本、情感资本、意志资本和人际资本四个维度,教师所拥有的职业心理资本越多,其职业认同水平越高。[①]

(二)组织因素

1. 组织氛围

组织是个体职业发展的基础,研究者为更充分地考察组织中的环境对个体行为的影响提出了"组织氛围"这一概念,并将其分为两类,即客观组织氛围与主观组织氛围。[②] 客观组织氛围是指一个组织的客观特征,存在空间、时间等方面的差异,主观组织氛围则是指在该组织生活或服务的人们所感知的组织特征,如组织支持、足够资源、工作意义和环境自由等。

研究已证实,组织氛围对个体的工作投入、工作效率、内在激情、自我效能感、敬业度、职业认同感等都产生重要影响[③],尤其是对于知识型员工来说,相比于劳动密集型行业的员工,他们具有较高的知识文化底蕴,当满足了基本的物质资源需求后,对组织氛围的感知会更加敏锐,要求也更高。高校青年教师作为典型的知识型员工,组织氛围对其职业认同产生的影响也会更加深刻。

2. 变革型领导

另一个影响青年教师职业认同的重要组织因素是变革型领导,其包含四个

---

① 李力、郑治国、廖晓明:《高校教师职业心理资本结构的实证研究》,《心理学探新》2015 年第 35 期。

② 谢荷锋:《组织氛围对企业员工间非正式知识分享行为的激励研究》,《研究与发展管理》2007 年第 19 期。

③ 邱敏、胡蓓:《内/外在激励、心理所有权与员工敬业度关系研究》,《软科学》2015 年第 29 期。

维度,即领导魅力(使他人产生信任、追随、崇拜)、感召力(领导者对员工的高期望与激励)、智力激发(鼓励员工创新、挑战自我)和个性化关怀(关心员工的个人需求)。研究发现,变革型领导不仅对组织的可持续发展有重要的推动作用,也对组织成员的工作投入与工作热情有显著的影响。在高校中,院长、校长等校领导的变革型领导水平越高,教师就越能感受到来自组织的支持,其职业认同就越高。①

(三)制度因素

诚然,高校青年教师作为承担教师职业角色的能动性主体,应为其职业认同危机担负首要责任。但职业认同同时具有群体性或社群性,在教育这一体制性架构中,教师的职业认同就不只是教师作为个体的自我认同,会不可避免地受到制度的影响,具有制度属性。国家高等教育法律法规及高校内部规章制度的不完善,也是造成高校青年教师职业认同困境的重要原因,主要体现在以下几个方面。

首先,在管理主义的运行模式下,高校青年教师的价值感出现背离与缺失。在行为主义的管理模式下,高校过度看重管理的便捷性与高效性,教师则沦为被管理的对象与工具,其内在认知、需求、动机、情感等因素几乎完全被忽略,作为其价值感来源的专业自由、自主、创造、纯洁不断受到驱逐与压制。青年教师怀揣着对教师角色的敬畏与憧憬,满载着教师的责任与使命重新踏入校园,却发现大学教师这一角色与自己的期待有较大差距,当教师的外在行为与内心的价值追求背道而驰时,会在根本上对自我存在的方式、价值和意义产生怀疑,自我认同便受到严重挑战,只寄托于自身的反思与坚守显得尤为困难。

其次,教师评价制度尚不完善,高校青年教师的自我效能感受到挑战。目前,高校教师评价制度在设计上尚不完善,不利于青年教师建立职业认同,影响青年教师的长期性、持续性发展②。以下几点问题较为突出。①评价目的重管理

---

① 隋杨、王辉、岳旖旎,等:《变革型领导对员工绩效和满意度的影响:心理资本的中介作用及程序公平的调节作用》,《心理学报》2012年第44期。

② 郭婧、杨洁、李永智:《我国教师评价政策的回顾与前瞻——基于2000—2019年省域层面教师评价政策文本的分析》,《教师教育研究》2021年第2期。

轻发展。当前的教师评价侧重对教师的绩效评价,并且在管理动机和政策导向上体现出较强的现实性和功利性,对教师自身成长的促进与支持作用较为有限。②评价过程中教师缺位。评价过程由行政管理部门主导,遵循自上而下的建构路径,教师作为被评价的对象,较少有机会参与评价标准制定与评价实施过程,教师在一定程度上是缺位的、失声的。③评价标准缺乏针对性。部分高校教师评价标准没有针对不同学科、不同专业、不同年龄段、不同风格的教师做出分类的个性化评价方案。④评价重量化结果,轻过程反馈。一般是在学期末给出对教师评价的分数及排名结果,而对整个教学与其他工作过程中的表现缺乏文字式、交流研讨式反馈,难以达到促进教师发展与改进的目的。

最后,救济机制不完善,伦理性缺失,使得高校青年教师归属感难以建立。高校在制度设计时可能没有充分考虑到制度的科学性、合法性,以及制度在运行过程中可能失范而导致对教师不公平对待甚至严重损害教师权益的情况,这时相应的补救措施就成为保障教师权益的最后屏障,但当前很多高校缺乏内部救济机制设计,或者设计不合理,比如救济渠道针对性不够、操作性不强,教师在遇到具体权益受损事件时常常不知道该找哪个部门,不知道申诉的流程,对入职不久的青年教师来说这一问题更为凸显,制度模糊,找不到依据,对学校各职能部门又尚未熟悉,缺乏沟通交流经验,最后要么无奈放弃,要么被认为跨越层级,导致问题无法解决,有时甚至激化矛盾。

三、提升高校青年教师职业认同感的改革与实践

近年来,许多高校加大了对青年教师的关注与政策支持,从各个方面提出并实践新举措以帮助青年教师顺利融入学校集体,适应教育教学工作,提升他们的职业认同感。

（一）优化教师考核机制,提升青年教师的职业价值观认同

高校教师评价本质上是一种价值判断的过程,涵盖教师的职业道德、教育教学、科学研究、社会服务等多个方面,贯穿教师的整个职业生涯,对教师的职业认同具有直接、重要、有力的影响。高校教师评价的初衷和最终目的,既是对教师

个人工作的反馈、激励与促进,也是对高校组织发展的适应和推动。[①]

高校可从以下几个方面对教师评价制度进行完善。首先,教师评价应以促进教师发展为首要目的。教师不能完全被视为管理对象,教师评价要克服表面化、形式化、功利化、专制化,实现对高校青年教师的"以评促教""以评促发展"。其次,评价过程中重视教师的自我反思与审查。在评价标准制定与评价过程运行中应给予青年教师自我评价的机会,并将教师的自我评价纳入考核机制。再次,提高评价标准的灵活性与针对性。青年教师在学科类别、专业特长等各方面有所差异,评价制度可以更加多元化,充分激发青年教师的优势能力。此外,在考核内容上扩大成果认可范围,肯定教师们的付出。如疏导学生心理、辅导学生学习、指导学生报考就业、参与院校建设、参与社会服务与实践等,都可以纳入考核范围,进行适当赋分,让教师们的付出有所回报。最后,加强过程性反馈与评价。评价过程应克服过度量化的局限,对青年教师的教学与其他工作多提供交流研讨式的直接反馈与建议,以达到促进教师发展与改进的目的,最终提升青年教师的职业认同感。

(二)举办青年教师成长沙龙,提高青年教师的归属感

为帮助青年教师快速适应工作,融入集体大家庭,高校可以在教学、科研、生活等各方面尝试采取措施。

首先,在教学方面,青年教师在入职第一年"驻课",会得到教学经验丰富老师的一对一指导,既能在短时间内丰富教学经验,提高教学能力,也能快速了解和学习日常教学工作中的各项规范与要求。与此同时,还可以组织青年教师观摩教学,由更多的专业教师做出评价,提出指导意见。鼓励青年教师积极参加讲课大赛,"以赛促教",在备赛和比赛的过程中提高教学能力。

其次,定期举办交流沙龙,在科研方面给予青年教师大力支持,在沙龙中由科研能力强的教师向青年教师分享论文写作与发表、项目申报等方面的成功经验,也给青年教师创造机会分享自己的经验,以及表达自己的困难与需求。

---

① 刘强:《超越管理主义的平庸:高校教学质量评价的实践审视及其重构》,《当代教育科学》2020年第10期。

最后,关心教师的生活,使教师在主流的管理主义模式下依然能感受到学校的人性化关怀与温暖,提高教师的归属感,尤其是对青年教师来说,可以缓解他们对陌生环境和岗位的焦虑与担忧,感受到组织的支持。例如,学院可以建设教工之家,为教师们提供看书、健身、休闲的活动场所。在排课时间上照顾到有困难的教师,给予他们支持,帮助他们缓解家庭与工作的冲突。这些都能让教师体会到来自组织大家庭的温暖和支持,内心的归属感、承诺感、认同感便会油然而生。

(三)改革教师激励政策,提升教师的效能感

高校可以采取"多奖励,少惩罚/不惩罚"的政策,科学高效又兼具人性化关怀,既能在最大限度上起到激励作用,提升教师的工作效率与效能感,又给予教师一定的自我选择自由,教师可以根据自己的身体状况、工作兴趣、心理状态等决定工作进展。学校可给予各学院一定的自主评价权力,从教学、科研、竞赛、学院建设、社会服务、班级管理等方面肯定并奖励教师的付出和所取得的成果,这会极大地鼓舞教师的工作热情,提升教师的职业认同感,更可以为青年教师提供努力的方向和学习的榜样。

综上,高校可采取系列改革举措提高青年教师的职业价值感、职业归属感和职业效能感,从认知、情感、行为等方面提升青年教师的职业认同感,为青年教师长期、可持续发展打下坚实的基础。

ChatGPT 对教育的机遇与挑战

郭　琪[①]

教育是国家和社会发展中不可或缺的组成部分,不仅是培养高素质人才的重要路径,也是推动科技发展和社会进步的中坚力量。在教育之中运用必要的技术手段以更好实现教学是教育发展的必然路径,也是现代社会发展的必然需求。人们认为只有接受优质的学校教育才能掌握技术,才能满足社会生产中相关工作岗位对于人才的要求,才能使自己在社会生产中获得一席之位。[②] 因此,在 ChatGPT 问世后,其被迅速地应用到教育行业。在推动教育模式转变的同时,也引发了教育行业的恐慌。

一、ChatGPT 是什么

(一)ChatGPT 的技术面向解读

ChatGPT(Chat Generative Pre – trained Transformer)是由美国 OpenAI 公司研发的一款聊天机器人程序,于 2022 年 11 月 30 日发布。ChatGPT 是人工智能技术驱动的自然语言处理工具,能够基于在预训练阶段所见的模式和统计规律,来

① 郭琪,女,法学博士,天津商业大学法学院讲师,主要研究领域为数学法学。
② 赵磊磊、张黎、章璐,等:《中小学教师的人工智能焦虑:现状分析与消解路向》,《现代教育技术》2022 年第 3 期。

生成回答,还能根据聊天的上下文进行互动,真正像人类一样来聊天交流,甚至能完成撰写论文、邮件、脚本、文案、翻译、代码等任务。① 在发布之后的几个月内,ChatGPT 迅速进行了多次模型更新。目前,ChatGPT 已经在开始进行 7.0 版本的内测。

从技术层面看,ChatGPT 主要依托算法与算力展开。目前,ChatGPT 使用的算法包括 Transformer 模型、Prompt/Instruction Tuning 算法、思维链与基于人类反馈的强化学习算法。Transformer 模型是预训练语言模型,可以依托自注意力机制高效并行地处理序列数据。Prompt 算法即提示学习,意味着通过一些方法编辑下游任务的输入,使其在形式上模拟模型预训练过程使用的数据与任务。而Instruction Tuning 算法是提示学习的加强版。这两种学习方法的本质均是希望通过编辑输入来挖掘模型所蕴含的潜在知识,进而更好地完成下游任务。思维链则是通过在小样本提示学习的示例中插入一系列中间推理步骤,提升 ChatGPT的推理能力。而基于人类反馈的强化学习算法是实现人机交互的重要环节,即按照人类指令尽可能生成无负面影响结果的重要技术。就算力而言,ChatGPT 的核心基建是微软投资 10 亿美元建设的 Azuer AI 超算平台,包括 28.5 万个 CPU核心、1 万个 GPU 和 400GB/s 的 GPU 服务器网络传输带宽。相比以往的人工智能产品,ChatGPT 拥有可观数量的芯片和存储器,因此模型训练数据量更大,信息传播速度更快,吸纳新数据更为及时。②

(二)ChatGPT 的社会面向解读

简而言之,ChatGPT 模型代表了一种新的搜索引擎,或者说新的知识获取方式。既往的知识获取方式是一种信息型的获取,如百度、谷歌等搜索工具为个人提供的是丰富的信息,这些信息是由多方客体提供的,如新闻报纸、词典等。而ChatGPT 提供的是一种交互式信息传递。这种交互式的信息传递方式在不同程度上打破了人类对于知识的理解,进而无形干扰人的认知活动。

第一,ChatGPT 所产生的知识方式是一种相对意义上的机器知识。ChatGPT

---

① 关于 ChatGPT 的信息,详见 https://openai.com/ChatGPT,访问时间:2024 年 4 月 12 日。
② 沈书生、祝智庭:《ChatGPT 类产品:内在机制及其对学习评价的影响》,《中国远程教育》2023 年第 4 期。

提供的知识大致可以分为问答型知识和拓展型知识。问答型知识本身存在唯一正确答案，如某事件发生的具体事件，在此类问题的问答上，ChatGPT 并未体现出比既往的搜索引擎更为显著的优势。针对于拓展性知识，其本身并不存在标准答案，而这也是 ChatGPT 比之既往搜索殷勤体现出明显优势的地方。但是此时机器提供的答案并未追溯人的思想，是通过复杂算法得出的答案，即使是开发者也无法完全理解 ChatGPT 所提供的答案。而对扩展性知识的回答与个体的生活感受密切相关，如就"如何看待教师与学生之间的关系"这一问题，大学老师与小学老师、语文老师与数学老师、公立学校教师与私立学校教师必然存在截然不同的回答，而这些回答必将在一定范围内影响个人或群体的行为，甚至反向影响回答者的认知。从一定意义看，对于扩展性知识的回答是不同个体的价值观之间的互相影响与交流。但是机器提供的答案无法实现这一目的，因为机器并不具备人的感知能力。同时，机器提供的答案暗含着开发者或机器在不断强化学习中形成的"机器价值观"，这些价值观是否与人类世界的价值观相符合有待进一步讨论。

第二，从长远的角度看，ChatGPT 对人的知识产生方式、认知方式产生影响。ChatGPT 代表了一种新的知识产生方式与认知方式，即机器认知。机器认知与人类的认知产生方式是不同的。人类的认知包括两部分，一部分是对客观的、外在的物理空间的认识，另一部分是对于主观的、内在的认知空间或者想象空间的认知。认知的能力是学习的能力（解释和解决预设问题的能力），以及解释和解决现实问题的能力。[①] 对于物理空间的认知与对想象空间的认知互相影响，而认识是通过演绎、归纳、创作和发现四种模式来实现的。人类的认识始终保持着自我反思的能力。机器认知则不同，机器认知并不包括对想象空间的认知。机器认知的内生逻辑并不存在自我更新，也很难完全借助既有的四种模式充分解释。这种新的认识方式不同于人类认知，并且很容易基于机器的客观性而在无形中影响个人的认知。因而如何处理机器认知与人类认知之间的关系，如何在尊重机器认知、确保知识系统多样性的前提下保持

---

① 李德毅：《人工智能看哲学》，《科学与社会》2023 年第 2 期。

人的唯一主体性地位尤为重要。

二、ChatGPT 带来的教育发展机遇

(一)教育智能化

无疑,ChatGPT 对于教育行业带来了显著变化即推动了教育的智能化。教育的智能化是当代教育发展的必然趋势。早在 ChatGPT 出现之前,教育行业俨然已存在一定的智能化,利用技术工具辅助教育活动并不罕见。如利用 Grammly 进行英文论文语法层面的纠错,利用有道翻译等翻译软件进行基本的文献翻译。电子课本、电子书包、电子课堂等本质上都是利用各种技术产品辅助既有的教育活动。但是同既往的科技产品不同,ChatGPT 所代表的大模型是对教育行业的智能化推进。既往的技术工具实现的是对既有教育活动与教学环节的数字化参与与辅助,而大模型形成了新的教学环节。如在 2023 年 2 月 19 日晚,学而思 xPad2 Pro 系列上线。该设备最为突出的地方在于搭载了大模型,从而实现数学学科的自动解题、复杂应用题的批改,语文英语的作文批改,个性化的 AI 分步骤讲题。① 也就意味着 ChatGPT 推动了教学活动的改革,并不停留于既有的教学活动数字化,而增加了新的教育环节,进一步推动了个性化教育的发展。

(二)教育自主化

教育自主化即推动学生更多开展主动学习、积极学习,而非"填鸭"式教育。自主化学习是教学改革的重要目标,无论是翻转课堂,还是智慧课堂,本质上都是为了教育自主化。而教育自主化是深度学习的重要环节。"深度学习"是教育教学改革的必然方向。学者马飞龙(Ference Marton)和罗杰·塞利约(Roger Salijo)在 1976 年发表的《学习的本质区别:结果和过程》一文中将深度学习与"浅层学习"相对应,强化深度学习侧重学习中的主动发现、问题解决与情景迁移。由此可见,深度学习强调学习的主动性与积极性,而这种积极与主动背后暗含着以学生为主体。而 ChatGPT 所代表的通用模型正好可以在一定层面实现学生的主动化,因为 ChatGPT 是否能够实现良好的学习效果在很大程度上取决于学生的提问,而学生的反复提问需要自我的不断思考,这是教学自主化的目标。

---

① https://www.jiemian.com/article/10566852.html,访问时间:2024 年 4 月 12 日。

（三）教育创新化

教育创新化是针对传统的教学模式而言的。当电脑、多媒体等设备被引入教学之中，相对于传统的教学模式，教学实现了一定程度的创新化。这主要是因为教师可以节约书写时间，提高课堂效率，进而实现教学活动的创新。如通过视频、音频等强化学生对于知识的理解。而当 ChatGPT 出现后，教学活动进一步创新。教师备课的效率进一步提高，因为 ChatGPT 可以辅助教师开展相关的课前准备活动，充分搜集有效信息，如英国教育作者拉·费拉佐在《教育周刊》（*Education Week*）上发布了在中学课堂上使 ChatGPT 的 19 种方法，包括提出关于语法、词汇和句子结构的建议，提供论文反馈、进行头脑风暴、与学生进行辩论、提供个性化课堂测试、生成写作主题等。[①] 这些途径可以大大提高课堂效率，而学生也拥有了更多方法与教师开展互动和进行自主学习。

三、ChatGPT 导致的教育发展挑战

（一）知识产权侵权危机

以 ChatGPT 为代表的生成式人工智能产品在某种层面代表了人工智能技术的发展进入了新阶段——通用人工智能时代。通用人工智能时代意味着"智能通用"，即借助大模型，通用人工智能产品可以被应用到各个领域，处理各类情况、解决各种问题。比之既往的人工智能，生成式人工智能体现出强智能性、强通用性、强交互性，具备情景觉知能力和自主注意机制，可以应用于千行百业，为产业革新与数字社会发展奠定了坚实的基础。但是 ChatGPT 导致的知识产权危机是其进一步发展的主要障碍。这主要是基于它是"数据喂食"的产物，由此最终效果在一定意义上取决于其所使用的数据。而哪些数据可以被用于技术工具的训练，如何对脱敏后的数据进行训练明显缺乏一致性规定。

第一，ChatGPT 导致的语料库侵权。ChatGPT 作为生成式人工智能不断自我训练与强化的背后需依托真实且丰富的语料库，这些是生成式人工智能真正实现智能通用目的的关键。语料库即由数据构成，语料库需要充分的数据与相对

---

① https://baijiahao.baidu.com/s? id = 1759699474072537422&wfr = spider&for = pc，访问时间：2024年 4 月 12 日。

明确的市场化价值评估才能实现在不同主体之间的无差别流转。尽管各国已经出台了诸多的数据保护法案，但是这些法案更多回应的是个人数据的授权同意问题，如欧盟发布的《通用数据保护条例》明确指向数据主体的权利与义务，而对于数据的市场化价值评估缺乏规范。语料库侵权问题的核心在于当数据一旦经由个人授权同意后，实现打包授权，数据的后续流通、利用与保护归属于数据公司，而数据公司是否拥有交易所形成的语料库的权利和语料库的市场价值如何确定缺乏明确统一标准。

第二，ChatGPT 可能导致人格权、著作权等权利侵犯。生成式人工智能以机器与人之间的强交互性为特点，用户可以要求生成式人工智能生成任意内容，而用户生成的内容当下并不存在明确的规范限制。学术刊物《自然》（Nature）曾多次刊发关于 ChatGPT 的分析文章，对 ChatGPT 等大型语言模型（LLMs）给学术界带来的潜在混乱，生成内容存在的潜在侵权风险，以及如何规范使用等问题进行了多方面多维度的探讨。[①] 同时，2023 年 4 月，澳大利亚的一名地方市长布赖恩·胡德因不满 OpenAI 旗下的 ChatGPT 诽谤他是贿赂丑闻的有罪方，将对该公司提起诉讼。[②] 生成式人工智能所创造的新一代人机交互关系与个人的私生活更为密切，其对于个人的人格权、著作权等权利产生侵犯的可能性更高。

（二）教育的本质论危机

在教育史上，关于教育的本质究竟是什么并未形成统一的看法。我国教育界也开展过对教育本质的讨论，大致分为两类。一类为归属说，更多从教育的社会功能角度阐述，将教育视为人开展社会生活的必要环节，大致包括生产力说、上层建筑说、双重属性说、多重属性说、相对说；另一类为内部属性说，更多从教育本身出发，关注教育与人之间的关系，大致包括特殊范畴说、社会化说、个性化说、培养人说、传递说等。[③] 而当 ChatGPT 开始被引入教学活动中，对于教育的本质关注再次成为热点话题。在教学活动中，教师将扮演什么角色？教育系统应

---

① https://www.nature.com/articles/d41586 – 023 – 00191 – 1？ utm_medium = organic_social&utm_source = zhihu&utm_campaign = CONR_PF020_ENGM_AP_CNCM_002E6_all，访问时间：2024 年 4 月 12 日。

② https://new.qq.com/rain/a/20230414A0B0NU00，访问时间：2024 年 4 月 12 日。

③ 王道俊、郭文安：《教育学》，人民教育出版社 2021 年版，第 11 – 26 页。

该培养学生哪些技能、观念和能力？学校应对人工智能应该做出何种转变？人工智能可能在未来实现能力通用，而不是停留在下棋等狭窄领域，是在更多领域超越人类，那么未来教育应该是什么样？其目的和作用是什么。对于这些问题的回答关系到人类如何看待教育。

第一，在 ChatGPT 引入教学活动后，教师的角色存在一定弱化，因为学生可以完全借助技术工具实现知识学习与问答，传统意义上教师作为知识绝对掌握者的地位受到冲击。而作为技术工具的 ChatGPT 实现知识更新的能力也远超人类教师。但是，这只是知识能力层面的探讨，当涉及价值伦理、法律认知、文化素养等方面时，人类教师所具备的优势便显现出来。因而，如何更好发挥 ChatGPT 在知识资源掌握层面的优势，进而促进学生个人素质的提高尤为重要。

第二，在 ChatGPT 引入教学活动后，教育系统应当关注学生哪些能力的培养与训练显得尤为重要。教育系统在不同阶段对于学生能力存在不同侧重，在基础教育、中等教育阶段侧重对学生知识的输入、学习习惯的塑造，而在高等教育阶段，侧重对学生创新能力的培养。很明显，ChatGPT 目前在这两个阶段均存在一定的适应障碍。在基础教育和中等教育阶段，Chatgt 无法确保知识的绝对准确性。因为它依赖数据学习和大模型生成知识，这些知识的可检验性本身存疑。而在高等教育阶段，ChatGPT 无法显著提高学生的创新能力，因为其侧重一种知识的问答，而非知识的生成与逻辑的训练，其提供的创造性仅可以帮助学生在短时间迅速了解某一领域，而该领域的关键性问题、核心问题有待进一步讨论。

第三，将 ChatGPT 引入教学活动后，未来的教育应该向何种路径演化？我们必须承认完全排斥技术工具进入教学活动的做法是错误的。ChatGPT 在知识搜索和互动能力层面的强大优势是既往的技术工具所不具备的。尽管教育通常会陷入理所当然的假设中，但是教育应当意味着人类培养驾驭世界的各种能力。这是教育活动开展的基本前提。因而当以 ChatGPT 为代表的通用人工智能出现时，教育活动必须寻找接入路径，从实现使得个体更好地为人工智能世界做好准备。

（三）人的自由危机

人的自由危机是 ChatGPT 引发的又一危机。康德的自由观大致分为"先验的自由""实践的自由"和"自由感"三个层次。"先验的自由"包含两方面内容，一方面它意味着对经验世界（包括感性冲动）的独立性，即摆脱一切机械因果性的约束，这是消极意义上的自由；另一方面它意味着自行开始一个因果系列的原因性，这是积极意义上的自由。而"实践的自由"是依据"先验的自由"理念形成的，分为两个层次——"自由的任意"和"自由意志"。自由感即审美鉴赏的自由感和社会历史中的"自由权"（言论自由、立法自由、财产权等），这属于反思的判断力。而 ChatGPT 的出现，对人的"实践的自由"和"自由感"均予以了不同程度的破坏。

第一，ChatGPT 对人的"实践的自由"形成挑战。就人的"实践的自由"而言，"自由的任意"即不依赖感性冲动，也就是能通过仅由理性所提出的动因来规定的任意。"自由意志"即要求不受感性的干扰而逻辑上一贯地使用理性，使得理性具有了超越一切感性欲求之上的尊严，由此获得一贯的、永恒的自由。ChatGPT 作为技术工具无疑对人的"实践的自由"发起的挑战。伯恩斯（Jean E. Burns）曾指出，人与机器的本质区别在于人类有主体"意识"，因而拥有"决断力"（volition）和"自由意志"（free will），机器却不然。[①] 随着智能时代的到来，由机器所代表的智能生命体打破了这种人/机界限，获得了类脑"意识"。而 ChatGPT 正是这种类脑"意识"的体现，其可与个体形成互动。在这种互动中，无形对个体造成干扰。如 ChatGPT 一本正经地编造关于事实的谎言却无人感知[②]。可见，技术工具的谎言，或是技术失误，会对个体产生较为深远的影响，而验证技术失误的成本是巨大的。技术工具可能以某种无意识的状态将错误信息传递给人类，人类却无从察觉。

第二，ChatGPT 对人的自由感形成威胁。自由感在很大程度上依赖人对于物理空间的掌控力。基于计算科学领域对于"机器意识"的探索，使得个体逐渐开始探讨技术越界的问题。也就是随着人工智能不断挑战人类阈值，人类非但没

[①] Jean E. Burns. "Volition And Physical Laws", *Journal of Consciousness Studies*, 1999, Vol. 6, pp. 27 – 47.

[②] https://baijiahao. baidu. com/s? id = 1761761117141112114&wfr = spider&for = pc, 访问时间：2024 年 4 月 12 日。

有获得更多自由,相反,人类的主宰空间和能动性在迅速缩减。尽管技术工具使得人类实现大数据、云计算、物联网、人工智能、区块链、5G 等技术应用总和,拓宽了人类物理层面的活动空间,但这也使得经济社会逐渐微观化,转变为由中枢到末端的全息统御机制,为社会运行提供基础架构、驱动逻辑和共识公信。包括 ChatGPT 在内的技术工具共同创造了智能社会。它实现了人机交互的生存方式,使人的心智与计算机的高性能得到了良好的嵌合。但是这种人机交互打破了人与人之间的传统意义上的点对点、线对线、面对面的交互模式,进而转化成整体化的、模糊化的、去中心化的互动模式,个体层面人被集体层面的人裹挟,人成为新的互动模式的媒介。个体在一定程度上对真实与虚假、现实与虚拟的认知被反复打破,自由感遭受威胁。

新时代中国特色高校职业生涯
及就业指导课程优化探索

郝　娜[①]

　　近年来,高校毕业生人数不断攀升,2024 年高校毕业总人数预近达 1179 万人,同比 2023 年增长 21 万人,相较 2020 年增长约 300 万人,约为 2020 年毕业生人数的 35%,同时受经济下行的影响,毕业生就业问题越来越严峻。根据研究分析,毕业生就业难的原因主要有两方面,一方面是经济结构转型,毕业生就业需求与招聘岗位间存在结构性的矛盾、毕业生预期与就业岗位不匹配,导致学生"就业难"与企业"招录难"同时并存;另一方面是毕业生职业目标不清晰、就业能力不足,使其在毕业后的激烈的竞争下逐渐被淘汰下来。中国特色社会主义已经步入新时代,对于高校的人才教育与培养提出了新的要求,新形势下当前大学生就业面临竞争加剧、技能需求变化、职业多样化和国际化等新形势,这就要求学生需不断提升自身竞争力,适应就业市场变化,积极拓展职业发展可能性。

　　一、高校职业生涯及就业指导课程开设的意义

　　近年来,随着国家对大学生就业技能的重视,我国很多高校已通过就业指导必修及选修课程、第二课堂、职业发展咨询等多种方式开展了生涯教育和就业指导工作,但实际培养效果不尽如人意,因此在新形势下优化高校职业生涯及就业

---

　　① 郝娜,工程硕士,天津商业大学法学院助教,研究方向为思想政治教育。

指导课程的探索,不仅有助于提升学生的就业能力,更是在为国育才、为党育人中具有重要的意义。面对严峻的就业形势,各高校一边不断加强人才培养过程化的创新,一边重视输出端培养,通过不断提升毕业生就业能力和求职核心竞争力,以提升毕业生就业率。大学生职业生涯规划与就业指导是一门通过激发大学生职业生涯发展的自主意识,树立正确的就业观,促使大学生自觉提高就业能力和生涯管理能力的通识必修课。[①] 职业生涯及就业指导课程对于提升学生就业能力,打通人才培养的出口端具有重要的意义。从课程设置来看,部分学校将生涯规划与就业指导分开设置,将生涯规划课程面向低年级开设,帮助学生认识自我,挖掘自身特点,同时加强对外部职业世界的探索,通过将两者构建一种相对匹配的关系,进而形成自身的职业认知,设定职业目标,并为之不断努力行动,进而实现自身的人生价值。而就业指导课程部分高校通过第二课堂、就业问诊、就业咨询、就业帮扶等多种方式开展就业能力指导,帮助学生快速掌握职业技能,使其得到全方位的提升。所以高校职业生涯及就业指导课程是为了满足时代需求应运而生的,其课程设置目标是解决毕业生与社会性需求之间的矛盾,旨在培养满足社会需要、可持续发展需要的复合型人才,通过帮助学生内在自我探索及外在世界的探索,引导树立正确的人生观和就业观,在实现自身价值的同时,为国家建设和社会发展贡献自身力量。

二、高校职业生涯及就业指导课程的现状

(一)课程设置缺乏本土化和针对性

通过研究对比,我们可以发现不论国内外对于职业生涯规划教育多么重视,西方生涯规划教育已经经历了百年的发展和更新,已经形成了一套完整的理论体系,部分国家已经形成了囊括从小学到大学针对不同阶段生涯就业教育指导体系,而相较于国外较为成熟的体系,中国的生涯规划则起步较晚、发展较缓。中国的生涯规划教育可以追溯到20世纪90年代,始于对西方生涯教育理论的引入。自2007年《教学要求》颁布,生涯规划教育与就业指导课程在地位上有了明

---

① 方伟:《构建中国特色大学生职业生涯发展教育理论体系探析》,《国家教育行政学院学报》2022年第7期。

显的提升,为广大毕业生职业发展起到一定的推动作用,但在研究后我们发现,生涯教育理论层面缺乏专业的本土生涯理论,以及过分依赖外来理论,同时未能将外来职业生涯教育模式融入本土化需求,进而出现水土不服的问题。[①] 在教育教学过程中,我们发现大部分学校在生涯规划理论中主要依托国外相关的理论,如舒伯的彩虹生涯规划理论,强调在不同年龄阶段所处的社会角色不同,将社会角色与生涯相匹配,但其忽视随着社会发展,年龄阶段与社会角色不再具有匹配关系,我们能看到 30 岁在家的全职儿女,也能看到 60 岁刚刚开启事业第二春的创业者,其指导效应也在大打折扣。例如,生涯规划中常常使用人岗匹配理论,帮助学生对内探索自我、对外探索职业,最终形成一种人岗匹配的和谐关系,从而确定职业目标。在使用该理论时,我们发现,不同社会阶段行业特征也会出现变化,单一的人职匹配反而会局限学生的职业认知,降低其探索的欲望。随着全球化经济的进一步发展、大数据蓬勃发展,生涯规划教育包含了更多的不确定性,需要我们探索更多本土化的理论来适应中国青少年发展的需求。同时在各高校课程设计中,强调专业能力及就业技巧的讲授,帮助学生在短期内提升应试性就业能力,反而忽视了学生职业生涯观及就业观的培养。横向对比各个学校的课程,也能发现课程质量与层次不一、良莠不齐,但总体来说,缺乏课程质量监控和保障体系,使得教学内容、教学大纲、教学考核等方面缺乏统一的标准。

(二)师资教育资源配置不足

教师资源配比单一,师资队伍不够专业。从国外发达国家的教学经验上看,其生涯教师要具备教育学、心理学等专业学术背景,而且在社会学等相关领域具有较高的研究成果,同时具有出色的教学能力。但是目前各高校的生涯规划及就业指导课程的教研室主要由学校就业指导中心牵头,主要授课的教师团队由各学院一线辅导员、副书记以及学工部相关工作人员组成,大部分教师是从高校毕业后直接通过编制考试进入体制内工作,本身就缺乏对于就业市场、就业形势的认识。同时由于其在招聘时对于专业没有限制,大部分学工系统的教师专业较为复杂,这就使其缺乏专业性,进而在专业教学和指导上也存在能力不足的问

---

① 潘黎、孙莉:《国际生涯教育研究的主题、趋势与特征》,《教育研究》2018 年第 11 期。

题。而且高校对这部分教师的身份认定不清晰,使其对生涯规划和就业指导课程热情不足,未把其当作一个长远发展的职业规划。同时学校将生涯规划及就业指导作为学工就业工作的一部分,没有当作一门独立的学科来对待,进而未形成完善的专业教师培养体系,对讲授教师缺乏专业的培育、指导、提升,从而使兼职教师不够重视,能力无法匹配,难以满足学生的就业需求,无法达到教育教学的预期效果,也不利于教师自身的提升和发展。

(三)课程设置单一,缺乏更新

新媒体时代,数据算法背景下生涯规划及就业指导课程的教学方法需要适应时代的需求,符合学生的发展特点。随着互联网时代的发展,信息的快速传播,青年一代的就业观已经发生了明显的变化,在职业选择上,自我感受放在更加重要的位置,针对新一代学生的发展特点,需要讲授者及时更新教学的难点和创新点,确保教学的实际价值。同时随着行业的发展,各行业特征瞬息万变,而各高校课程的参考教材、讲授的内容具有滞后性,无法匹配当前的就业形势,如果课程不能紧跟形势变化更新,学生无法掌握最新的形势及技能,课程很难达到预期效果。在调查中我们发现,各高校对于生涯规划与就业指导课程主要以课堂讲授与实践活动两者相结合,课堂讲授过程也较为单一,主要依赖教师单方面讲授。而所谓的实践课程主要依赖第二课堂以及相关学生活动,导致参与面较窄、活动流于形式,对于学生学习成果无法把握,不能达到预期效果。同时由于短视频、网络免费及付费课程的兴起,学生在网络上搜索到的教学内容更加吸引青少年的注意力,能够激发其兴趣,使其更加信赖,这就造成了呆板的课堂讲授在学生的眼里更加枯燥无趣,无法提起对生涯规划课程的兴趣。尤其是受固有教育模式的影响,大部分学生对于自身职业发展缺乏认识,家庭教育也使其形成单一的认知,似乎一毕业就能找到稳定的工作,并能形成为之奋斗一生的职业,这就使得学生对课程的兴趣不强,课程无法激发兴趣,学生反馈不够,从而形成恶性循环,使课程的时效性大打折扣。

三、高校职业生涯及就业指导课程的教学改革建议

(一)明确课程设计的宗旨

高校以立德树人为根本任务,我们是社会主义大学,应立足于我们的国情、特有的形势，明确树立以人为本、可持续发展的课程理念，即强调课程设计以每一位大学生全面的、可持续的发展为宗旨，针对学生个体的差异性特征，充分发挥学生不同方面的优势，使其个性得到充分发展，补齐短板，促其德智体美劳全方位发展，从而更好地适应社会，并在社会角色中完善自我，形成良性循环，从而达到可持续发展的教育目标。高校的生涯规划及就业指导教育的目标不应该只是帮助学生找到工作，目前高校过于强调效果导向，在毕业生就业率的要求下，高质量就业成为本课程的目标。目前的生涯与就业教育看似帮助学生就业实现育人效果，究其根本是利用短时间业务能力的培训，满足面试需求，而忽视了毕业生在岗位上如何适应工作内容、如何在工作岗位提升自我，如何在社会角色中承担责任和担当。作为教育者，我们所教授的不应该只是技能，而是帮助学生认识自我特征，帮助其增加探索自我和发展自我的能力，从而使其在岗位上有长远的发展，形成符合自我期许的职业生涯。同时在理论的运用中，我们要深挖传统文化内涵，将职业生涯规划与就业指导课程理论和我国传统文化相结合，将我国国情、学生特征等多方面相结合，研究探索新的理论，指导学生构建生涯规划。

（二）提升教师教学能力

面对国内师资资源匮乏的现状，首先需要各高校要严把入口关，在现有学校内部的指导教师的选拔中，校内的教师更加了解学校的办学特色和本校学生特点，有其自身的优越性，但在选拔中要提高选拔要求，根据专业背景、教学能力以及现有政策、形势等制定选拔标准，确保已选拔的教师符合教学需求。其次，学校要从校外聘请行业专家为校外导师，帮助学生与真实的就业市场接轨，丰富教学内容的实用性。最重要的是，各高校要提升对职业生涯及就业指导课程的重视程度，不断加强对指导教师的培训，一方面提升其理论基础，帮助构建生涯内涵，另一方面加强对各行业、各企业的参观学习，使其指导更具有实效性，避免闭门造车。同时各高校在对指导教师进行培训和提升的同时，还应加强其教师身份的尊重，对学科的认可度，使得指导教师能够将生涯与就业指导课程的教授作为其责任田、舍得在课程指导上下功夫、能够将课程的讲授作为其毕生奋斗的事业，从而成为生涯规划与就业指导中的行家里手。

（三）创新课程讲授方法

在课程指导方面，高校教师应利用新媒体数据平台改变授课方式，从"满堂灌"的方式逐步向多维互动的教学方式转变，提升课堂效果。首先是课堂授课方式的改变，在单一的知识点讲解中加入案例分析与模拟教学、体验式教学等，吸引学生兴趣。例如，在价值观澄清这一节内容中，通过单纯的讲授是无法帮助学生澄清真实的职业价值观的，但通过价值观市场买卖互动环节，通过不断"拍卖"自己的价值观，能够让学生更加清晰地认识到自己真实的价值观。除了在课堂上创新方式方法，还应将课上与课下相结合、理论与实践相结合，设置实践课程。在实践课程的设置过程中，指导教师应充分把握实践课程的质量，做好过程中指导，审核实践效果，将学生活动与实践课程充分区别开来。例如，在求职面试中，将学生角色对调，作为企业管理者面试应聘者，在角色换位后快速了解对方的招聘需求和招聘要点，从而知道从哪些方面提升自己。在确保线下课程教学效果的同时，还应该从线下与线上两个维度同步运转，利用大数据构建职业生涯与就业指导平台，从而利用新的数据手段，帮助学生分析自我，适应社会。

四、结语

综上所述，新时代下高校生涯规划及就业指导课程的教育改革是一项系统性工程，它不仅需要各高校相互学习、相互借鉴，还需要教育者挖掘我国特有国情和形势、学生特有的现实情况，逐步构建一套以人为本、可持续发展的教育教学模式，并将现有理论与新时代新方位相结合，与中华民族传统文化相结合，从而形成中国特色的生涯规划与就业指导理论。同时不断优化就业指导师资队伍建设，使整体就业指导工作能够与市场需求和就业形势变化完美契合，真正提高学生就业效果，促进大学生个人职业生涯的良好发展。

高校二级学院党委以党建引领人才培养质量提升的有效路径研究

张　琪①

高校作为青年人才培养的主要阵地,肩负着培育和拓展学生才能,为党和国家提供高质量人才,推动社会和经济进步的使命与重任。《中国共产党普通高等学校基层组织工作条例》指出:"坚持和加强党对高校的全面领导,加强和改进高校党的建设,扎根中国大地办好中国特色社会主义大学。"由此可见,坚持党对教育事业的全面领导,加强党的建设是高校做好人才培养工作的根本保证。高校基层即二级学院党委作为高校教学、科研、管理、服务一线的政治组织,是坚持加强党的领导、全面贯彻党的教育方针的基层堡垒。② 本文通过分析发挥二级学院党委政治引领作用促人才培养质量提升的方式、发挥作用过程中存在的问题,探索高校二级学院党委以党建引领人才培养质量提升的有效路径。

一、高校二级学院党委以党建引领人才培养质量提升的方式

高校二级学院党委以党建引领促人才培养质量提升的过程即高校二级学院党委在学院管理运行、办学治院中遵循的原则与承担的职能,根据《中国共产党普通高等学校基层组织工作条例》等文件,承担的具体职能如下。

---

① 张琪,女,物流工程硕士,天津商业大学法学院助理政工师,主要研究领域为高校党建。
② 唐占应、刘星、周玲涓:《高校二级学院党建政治引领作用发挥存在的问题与路径研究》,《中国军转民》2023 年第 24 期。

（一）二级学院党委为学院办学方向掌舵领航

二级学院需坚持党管办学方向、党管干部、党管人才、党管意识形态,高校二级学院党委要保证把党的领导落实到学院办学治院的全过程各方面,确保党的教育方针和党中央决策部署在基层全面贯彻落实。一是通过二级中心组会议等形式宣传和执行党的路线方针政策及上级党组织决议;二是涉及办学方向、教师队伍建设、师生员工切身利益、干部任用等学院重要事项需通过党委会会议及党政联席会议讨论和决定,二级学院党委要把好教师引进、课程建设、教材选用、学术活动等重要工作的政治关。

（二）二级学院党委是学院有序运转的政治统领

高校二级学院党委要坚持全面从严治党,以党的政治建设为统领,将政治标准和政治要求贯穿思想建设、组织建设、作风建设、纪律建设及制度建设、反腐败斗争始终。具体来说,就是履行学院党风廉政建设主体责任,领导支持学院二级纪委履行监督执纪问责职责。学院二级纪委职责包括依照学校要求对学院教师招聘、师生评奖评优、师德师风建设等涉及师生切身利益的工作环节进行专项监督;利用制度约束和风险点防控等措施督促班子成员严格履行"一岗双责";经常性开展党章党规党纪宣传教育、典型案例警示教育等党风廉政教育活动,与二级学院党委协同竭力营造风清气正的政治生态。

（三）二级学院党委是学院事业发展的根本保证

高校二级学院党委为二级学院人才培养、科学研究、社会服务、国际交流合作、改革发展稳定等提供思想保证、政治保证、组织保证。具体职责为强化政治功能,履行政治责任,保证学院教学科研管理等各项任务的完成,支持学院行政领导班子开展工作,不断健全集体领导、党政分工合作、协调运行的工作机制。

（四）二级学院党委是学院立德树人的重要抓手

高校思想政治工作与课程思政建设既是党领导高校工作的具体体现,也是开展高校党的建设的主要抓手。党的建设为思想政治工作、课程思政建设提供组织保障,高校思想政治工作、课程思政建设为党的建设提供良好载体,促进二者有效融合,有利于增强党建工作和立德树人成效。① 高校二级学院党委把思想政治工作及课程思政建设作为开展高校党的建设的重要抓手,以落实立德树人的根本任务,以党建工作引领大学生思想政治教育向纵深发展,不断提升人才培养质量。

由此可见,高校二级学院党委通过把牢学院办学方向、促进学院有序运转、助推学院事业发展、开展思想政治工作实现以党建引领人才培养质量提升的目的。

二、高校二级学院党委以党建引领人才培养质量提升过程中存在的问题

实际上,高校二级学院党委在发挥党建引领作用过程中存在着诸多难点与不足。

(一)发挥掌舵领航作用方面

在发挥掌舵领航作用方面,存在的不足主要表现为在确保党的教育方针和党中央决策部署在基层全面贯彻落实方面不够彻底,在发挥党对办学方向、干部、人才、意识形态政治把关作用方面存在不足。一是二级学院中心组学习制度执行往往有不严格、不规范的现象,党的政治理论学习无法真正做到走深走实、见行见效。二是二级学院对于党委会及党政联席会议事规则的执行不规范、不严谨,政治把关原则流程不清晰:在把关培养计划、教学大纲、课程建设等涉及办学方向的议题时与国家、地方、学校现行政策的融合不紧密,专业特色不够鲜明;在把关涉及干部选聘、教师招聘等涉及师资人才的议题时,缺乏对所聘干部教师的长线了解,把关流程和重点不明晰;在把关涉及意识形态的议题时,更多是对现有舆情问题如何处理的探讨,对未来舆情风险如何从源头上避免缺少判断与应对,体现了"重堵轻疏"的特点。

高校二级学院党委在发挥政治把关作用方面的不足不仅体现了二级学院在民主集中制执行过程中的僵化,而且凸显了二级学院在人才培养过程中顶层设计与统筹谋划力度的欠缺。

---

① 李陈财、杨欣:《高校党建与课程思政建设有效融合探究》,《上海理工大学学报(社会科学版)》2023 年第 4 期。

（二）发挥政治统领作用方面

在发挥政治统领作用方面，存在的不足主要表现为二级纪委履行监督职能、发挥作用的局限性。一是高校派驻纪检监察体制改革实施年限较短，领导、干部、普通老师对纪委工作职责、范围了解较少，对纪委工作提供的支持有限，主动接受监督的意识与自觉性不强。二是二级学院纪委书记一般由本单位副职兼职担任，在工作中职权受限且与本职工作范围有交叉，真正能够查办案件的情况不多，在政治监督、专项监督方面发挥作用十分有限。三是虽然二级纪委根据学校要求制定了相关的规章制度，但均在试行阶段，不够健全完善，实施效果不够好。四是二级纪检监察干部专业素质与工作积极性不高。二级纪检监察干部大多数为兼职干部，不能做到集中精力投入纪检工作，没有工作量、工作绩效及激励机制，降低了纪检干部的工作积极性；高校纪检监察干部除了要掌握纪检监察工作常用的法规制度、办案技能之外，还需掌握其他方面的专业知识，高校无法及时提供各类更具有针对性的培训。五是廉政教育与警示教育效果欠佳，目前廉政教育的方式比较笼统，还不够有针对性，无法贯穿学校教育教学的全过程，与"三全育人"结合的力度不紧密。

二级纪委发挥作用的局限性使得二级学院办学治院过程不能得到有效监督，师生部分诉求难以得到合理解决，学院运行体制机制无法得到及时更新与优化，进一步限制了学院人才培养的质效。

（三）推动学院事业发展方面

高校二级学院党委承担着协助学院教学科研管理任务有序完成的职能，发挥着政治思想引领、组织动员、服务监督等基础作用。但部分党委成员不直接参与教学管理科研工作，往往使党委无形之中沦为事业发展的"边缘""配角"。具体表现为两点。一是推动党建工作融入中心工作存在不足。比如，党支部开展活动时往往就党建抓党建、就党建论党建，教工党支部在落实师德建设、青年骨干教师培养、课程教学团队优化等重点任务上，学生党支部在利用专业优势开展传帮带、推动志愿服务工作等方面没有充分发挥战斗堡垒作用。二是学院党委通过党的建设推动学风教风及师德建设，引导师生积极参与到学院重大决策中建言献策的能力不足，师生参与日常监督的意识不足，未能充分发挥党建凝聚师生、服务师生的作用。

（四）落实立德树人任务方面

在落实立德树人任务方面，存在的不足主要表现为无法有效利用思想政治工作与课程思政建设两个抓手，推动党的建设与两者融合方面不够深入。

在思想政治工作方面，一是辅导员作为面向大学生开展思想政治教育、学业指导、日常事务管理、心理健康教育的主力军，其日常管理的群体范围一般为同一年级、固定班级的学生，而学生党员一般在大二、大三年级发展成熟，辅导员作为支部书记所辖支部成员多为跨年级的党员，与其日常管理的群体范围重合度小，易造成支部书记对支部党员不熟悉、开展活动时难以与日常思想政治教育有机结合，教育成效往往是事倍功半。二是党建与思想政治工作创新载体不多，一方面不能充分发挥优秀学生党员的榜样示范作用，使其成为学生、教师沟通的桥梁，另一方面无法凝练出具有学院或专业特色的党建品牌。

在课程思政建设方面存在的明显不足有两点。一是党员教师运用党的创新理论实现价值引领的意识薄弱、能力不足，不能有效运用党史资源发挥党史教育、课程思政的协同育人效应。二是未能从支部制度机制、述职评议、绩效考核、党内评优各方面压实教师党支部落实课程思政建设的主体责任，教师党员认为课程思政建设是教研室的任务，与党支部关系不大。

除此之外，教师党支部与学生党支部联系不密切，下属的各级党组织"各自为战"，导致支部间无法实现资源共享①，思想政治工作、课程建设工作与党建工作无法实现同频共振。

三、高校二级学院党委以党建引领人才培养质量提升的有效路径

（一）发挥掌舵领航作用方面

规范中心组理论学习制度及党委会、党政联席会议事规则的执行力度。

一是组织二级学院理论学习中心组成员认真学习党委理论学习中心组学习细则，进一步明确学习内容、形式与要求，充分发挥中心组的教育示范作用和对

---

① 王雅静、谷旭：《高校二级学院党委发挥党建引领作用研究》，《天津职业大学学报》2022 年第 6 期。

学院中心工作的引领带动作用,将党的重要方针政策、习近平总书记重要讲话精神等内容的学习贯彻落地落实、见行见效;组织二级学院领导班子成员再次学习党委会、党政联席会会议议事规则,严把会议制度原则,确保事项分类准、该前置研究的内容前置研究,切实把好议事决策"酝酿关""讨论关""表决关"和"落实关"。

二是细化二级学院党委政治把关原则流程。例如,涉及办学方向的议题应经过其是否与国家、地方、学校现行政策相吻合的充分论证后再研究;涉及人才引进的议题应经过对招聘教师除学校要求的必要流程外,个人综合素质、品质的充分考察后再研究;着力提升意识形态专题会质量,平日深度关注、了解、掌握学院师生思想动态,在舆情发生之前防患于未然,通过教工全体会、学院公众号、学院网站等面向师生进行正向引导,专题会上重点研判未来近期的舆情风险点及应对措施。

(二)发挥政治统领作用方面

如需更好地发挥二级学院党委的政治统领作用、促进党委纪委协同配合,就必须完善二级纪委运行的体制机制。一是将兼职干部逐步转为专职干部或副职担任纪委书记逐步转为正职干部担任,纪委书记的工作职责需与本单位其他工作无交叉覆盖,相对独立,以更好地发挥监督执纪作用。二是细化工作流程与工作标准,如规定在研究生复试、评奖评优、教师招聘等工作中需全程列席,如发现违纪情况有权利中途干预,需将工作中的违纪情况以书面形式记录并反馈上级。三是加强对领导干部与普通老师的思想动员与宣传力度,使老师们了解高校派驻纪检监察体制改革的内容、纪委工作职责范围,主动接受监督。

还需在提升二级纪检监察干部专业素质与积极性上下功夫。一是根据部门性质组织二级纪检监察工作人员参加更多有针对性的专业培训,使纪检监察干部懂业务、善监督。二是定期组织上下级及同级不同部门二级纪检工作人员的业务交流活动,促进工作人员反思总结工作流程进而再提升。三是设置纪检工作人员激励机制,通过额外工作补贴、评奖评优等方式提升其工作积极性。

除此之外,还可不断优化廉政警示教育形式。一方面,分类开展各种有针对性地廉政教育活动,如学术不端案例通报、师德教育故事分享活动、将诚信教育融入主题班会等。另一方面，加大廉政主题相关作品征集类活动的奖励力度及趣味性，提升师生参与活动的积极性。

（三）推动学院事业发展方面

在二级学院党委协助学院教学科研管理任务有序完成过程中，如何充分发挥其政治思想引领、组织动员、服务监督等基础作用？

以高校法学院为例，在思想引领方面，应由学院党委牵头积极落实 2023 年初中共中央办公厅、国务院办公厅印发的《关于加强新时代法学教育和法学理论研究的意见》，一方面更新完善法学专业课程体系，一体推进法学专业理论教学课程和实践教学课程建设，适应"互联网＋教育"新形态新要求，创新教育教学方法手段；另一方面，强化法学实践教学，推动法学院校与法治工作部门在人才培养方案制定、课程建设、教材建设、学生实习实训等环节深度衔接，深化协同育人成效。

在组织动员方面，一是持续加强载体建设，通过组织开展形式多样的理论学习活动提升党建活动吸引力；组织各种形式的学业就业分享活动，持续发挥党建凝聚师生、服务师生的作用；二是加强党支部的特色化建设，以学校样板支部创建、"创最佳党日"等活动为契机，鼓励党支部书记创新工作形式，积极利用新媒体等手段开展党员经常性教育，形成党支部工作的良性循环；三是推动学院党建与中心工作深度融合，教工党支部在科研项目培育、习近平法治思想宣传等任务上下力气，学生党支部在开展学业就业指引、推动志愿服务工作等方面下功夫，齐心协力为学院"十四五"计划后半程积蓄势能、提供坚强组织保障。

在服务监督方面，一是严格履行"一岗双责"，以谈心谈话、讲授廉政党课等形式给学院教职工敲警钟；二是突出办公室党支部的服务管理职能，通过日常工作与支部建设、支部活动的结合发挥其服务管理的最大效能；三是畅通信访渠道，引导师生积极在学院重大决策中建言献策，合理回应师生诉求。

（四）落实立德树人任务方面

以高校法学院为例，2021 年 12 月，习近平总书记在十九届中央政治局第三十五次集体学习时指出："努力培养造就更多具有坚定理想信念、强烈家国情怀、扎实法学根底的法治人才。"具体来说，法治人才培养工作，应始终坚守为党育人、为国育才的根本立场,旗帜鲜明加强思想政治教育、品德教育,加强社会主义核心价值观教育,抓好思想政治工作与课程思政建设两个重要抓手,把立德树人成效作为检验工作的根本标准。

在思想政治工作方面,一是通过党团共建的方式,克服支部活动与日常思想政治教育工作结合不紧密的不利因素,通过"行走中的党课"等形式带领党团员前往红色教育基地,利用好"党史"的博大资源,培育学生的理想信念与家国情怀;二是通过积极引导学生参与模拟法庭等专业竞赛、普法志愿服务等活动,努力培养德才兼备、德法兼修的法律人才,使学生既能把握法律、法治、法理的基本概念,养成法律思维、法治思维、法理思维,又拥有自强不息的品质,践行社会主义法治理念、精神;三是充分发挥优秀学生党员的"头雁"作用,建立优秀党员信息库,定期邀请优秀党员以线上线下多种方式进行事迹经验分享。

在课程思政建设方面,一是引导教师坚持把党的基本理论、基本路线、基本方略、"五史"作为鲜活课程思政素材,提升将以上知识转化为价值引领的能力;二是推动教师党支部书记、党员教师在课程思政建设中勇挑重担,鼓励其积极参与课程思政相关专业竞赛,发挥示范效应,树立鲜明导向;三是将党员教师开展课程思政建设的情况作为党内评优、绩效考核的重要参考依据,努力营造学院课程思政建设的浓厚氛围。

除此之外,构建师生党支部的联动机制,通过授课学习、学业就业帮扶、联合开展实践活动等形式打通师生党支部的壁垒,实现优质资源共享和师生的良性互动。

四、总结

综上所述,高校二级学院党委要始终坚持和加强党管高校的基本方针,通过有效举措履行好其领航掌舵、政治统领、推动事业发展、落实立德树人任务的基本职能,不断完善育人体系,促进学院整体教育教学科研工作的均衡发展,最终实现以党建引领人才培养质量提升的目标。

思想政治教育视域下
高校毕业生就业情况研究

——以天津市某高校法学专业为例

徐　杰[①]

一、高校法学专业毕业生就业现状及原因分析

随着我国高等教育大众化、普及化程度的提升，法学专业招生人数和规模呈现逐年增长趋势，根据2022年法学专业普通批次招生情况，我国现有600多所院校招收法学专业本科学生，每年将近10万名法学专业毕业生面临求职、就业。然而根据2023年版就业蓝皮书（包括《2023年中国本科生就业报告》和《2023年中国高职生就业报告》），麦克思研究指出，法学专业已连续五年被列为红牌专业（就业率较低的专业），毕业生求职需求与企业招聘要求矛盾日渐突出，法学专业就业形势比较严峻。然而形势即便如此，法学专业每年仍然是高考填报志愿的热门专业，这种形势继续下去将不利于我国法学专业的发展和国家法治现代化建设，同时也给法学专业的学科发展和人才培养方案带来了巨大挑战。本文试图从辅导员的视角厘清法学专业的就业现状，从开展学生思想政治教育方面帮助学生落实就业，挖掘有效提升学生就业积极性的方法。通过分析天津市某高校法学专业近三年的毕业数据，总结得出法学专业毕业生就业情况呈现以下三个特点。

---

① 徐杰，男，管理学硕士，天津商业大学辅导员，主要研究领域为思想政治教育。

（一）学生的就业去向比较单一，高质量就业落实率低

目前法学专业毕业生主要毕业去向以升学为主，每年大概20%的学生通过国内升学、出国留学等继续深造，其他学生意向工作单位主要为专业相关的律所、检察院、法院以及企业，由于法学专业的特点明显，以上涉及的所有岗位几乎都要求学生通过法律职业资格考试，然而数据显示，近三年全国法律职业资格考试平均通过率仅为15%左右，间接导致每年法学专业毕业生就业签约率不足10%，剩下70%的学生则要面临巨大的就业压力。在剩下70%的学生中，三分之一的学生会选择再次考研或备考法律职业资格考试，三分之一的学生会通过灵活就业缓解毕业压力，其他的学生则会选择从事与专业相关度较低的岗位。根本原因在于学生的就业期望和企业的招聘要求严重不匹配，学生对岗位、薪资以及工作环境都有较高的要求但是专业能力普遍不足，而大部分企业又希望招聘到经验丰富、学习能力较强的学生。

（二）法学专业从业门槛高，但是学生专业水平薄弱

从全面依法治国战略的提出，到党的二十大把基本建成法治国家、法治政府、法治社会确立为到2035年基本实现社会主义现代化的总体目标之一，社会主义法治国家建设取得了显著成就，一方面得益于我国高校法学专业人才源源不断的输出，为我国司法体系的建设提供了人才支撑，另一方面普法教育广泛开展、我国公民的法律意识显著提升。但是由于我国法治建设相较于西方发达国家起步较晚，短时间快速发展的同时也产生了系列问题，比如从业人数规模大、专业水平参差不齐，法学专业招生规模迅速膨胀，但是师资力量不足、教学资源和学科建设速度跟不上等问题。当前我国大部分高校法学专业本科阶段以培养知识学习型为主、司法实践教学环节较少。与之相比，西方发达国家法治建设已经相当完善，以美国的律师职业为例，其把法学专业教学作为一种职业教育，侧重于培养法律实践人才，而我国的法学教育目前仍处于大众化、普及化阶段，虽然形成了本科、硕士以及博士的三级培养体系，但是本科毕业学生所具备的专业素养大多数不足以胜任律师职业，都需要通过法律职业资格考试后经过一年以上的实习才具备执业资格。

（三）学生"慢就业、缓就业"现象日渐突出

"慢就业、缓就业"现象自 2015 年"慢就业"一词首次由《工人日报》报道后，已经接近 10 个年头，通过分析主要有两个方面的原因。从客观方面来说，近几年伴着我国经济下行压力持续增大，经济发展模式向高质量转型，整体就业市场招聘需求下降，法律行业同样受到较大冲击，突出表现在法学专业就业招聘岗位与毕业学生规模出现严重的不匹配，一是岗位数量和毕业生规模存在供需矛盾，二是岗位要求与毕业生人才质量之间的矛盾。根据近三年高校毕业生人数分析，2021 届毕业生 909 万人，2022 届毕业生 1076 万人，2023 届毕业生达到 1158 万人，就业难的现状势必还会持续，法学专业的毕业生人数也在逐年攀升，学生"慢就业"现象比较明显，每年接近有 50% 的学生毕业时选择暂不就业。从主观方面，大部分法学专业学生毕业时会选择考研或者备考法律职业资格考试，对于选择考研学生如第一年未被录取，一般情况下会选择二次考研，而对于通过法律职业资格考试的同学，第一选择不是工作而是再考一年研究生。学生做出以上选择一般有两个方面的原因。一方面由于当前法学专业本科毕业人数规模较大，为了获得更好的工作岗位，大部分学生主观上认为研究生学历更有优势；另一方面"00 后"学生的家庭经济条件明显更加富裕，很多学生家长不急于让学生求职工作甚至部分家长主动要求学生先准备研究生考试，这就为学生"慢"就业提供了物质保障，导致学生毕业后选择直接工作的学生越来越少。而少数有就业意愿的学生很大部分原因是没有通过法律职业资格考试而缺乏求职自信，导致找不到合适的工作，被动成为"慢就业"的一员。

综上所述，可以看到当前法学专业毕业生的就业形势不容乐观，造成这一现象的原因是多方面的，本文试图从辅导员的视角探索法学专业学生就业工作的思路和方法。

二、思想政治教育视域下提升法学专业毕业生就业率的对策研究

思想政治教育是社会或社会群体用一定的思想观念、政治观点、道德规范，对其成员施加有目的、有计划、有组织的影响，使他们形成符合一定社会所要求的思想品德的社会实践活动。本文主要从辅导员开展思想政治教育工作的视角，通过开展思想政治教育引导学生更加清晰地了解就业、认识就业，进而逐步

转变求职观念,帮助学生树立正确的就业观、择业观。针对目前学生的就业状况以及法学专业整体的就业形势,试图建立贯穿四年的学业、职业生涯教育,从源头转变学生"缓就业、慢就业"的想法,最大限度调动学生的求职积极性。

(一)依托"大学生职业发展和就业指导"课程,从专业角度指导学生正确认识职业发展和就业的重要性

目前大部分本科院校设置了大学生职业生涯与就业指导相关的课程,任课教师一般由辅导员担任,因此辅导员在开展学生学业、职业生涯教育方面具有课程优势。针对大一学生,通过开展系列课堂互动活动,注重从生涯体验、职业探索、性格测试等多个维度唤起学生的职业兴趣。针对大二学生,围绕行业分析、岗位检索、求职面试技巧、简历制作等内容,注重提升学生的求职本领、增强学生的求职创业意识。针对大三学生,通过专业实习、实践活动、岗位调研等实践环节,增强学生对于专业的认知,同时注重帮助学生确定职业发展方向。针对毕业年级指导学生,科学规划时间,注重从校园招聘、考研、公考以及基层就业等方面给予全方位的求职指导,帮助学生实现多渠道就业。虽然课程体系已经相对完善,但是与之对应的毕业生高质量就业率在法学专业没有明显的成效,由于大部分学生只在高年级才感受到就业的紧迫感,而前三年的课程几乎不被重视,到大四时很多学生往往执着于某一项考试或者求职,而无法兼顾更多的求职选项,进而导致学生错过了很多求职机会。因此,本文认为针对毕业年级学生的求职创业指导课程要前置,大三下学期或者大四上学期初按照时间轴帮助学生梳理招聘求职的流程安排,帮助学生清晰地认识到每个阶段的求职机会,争取最大限度地调动学生迈出求职的第一步,逐步增强学生的求职内生动力。

(二)开展就业帮扶,实施分类指导

辅导员由于工作性质,与学生相处的时间较多,通过第二课堂活动、日常谈心谈话以及走访学生宿舍等方式开展学生思想政治教育,帮助学生解决在校期间学习、生活以及就业等各方面的问题。在开展学生就业工作时,需要加强分类指导,主要从以下三个方面发挥思想政治教育工作的作用。

1.建立就业工作台账,分类指导学生就业

从大四学期开始,就业工作辅导员要第一时间与毕业年级学生逐一谈话,通

过谈心谈话了解学生就业想法,根据学生求职意向,建立毕业年级学生就业工作台账。根据近几年天津市某高校法学专业学生毕业去向分析,工作台账内容大致包括学生考研、律师职业、考公考编、出国留学以及银行等国有企业等方向,针对学生的不同选择给予专业的指导。如针对考研学生,分别依托专业教师开展考研动员会和依托往届录取研究生开展考研经验分享会,从专业院校选择、复习方式方法到复试指导、调剂帮扶,全过程给予指导,稳步提升考研学生的录取率;针对意愿从事律师职业的学生,依托校企合作平台,组织开展专业招聘会,向毕业生推荐实习岗位,注重提升学生实践能力、增加求职面试机会;针对考公考编学生,指导学生选岗报名、提供笔试、面试复习方式方法;针对出国留学学生,做好后期服务保障工作,提供学历证明、成绩证明以及搭建往届学生的服务平台;对于参加企业招聘的学生,提供招聘岗位信息指导学生制作简历,提供求职面试技巧和方法,帮助学生顺利找到工作岗位。

2.建立就业信息服务平台,优化学生求职渠道

通过分析天津市近几年某高校法学学生的就业数据,可以看出学生主动求职的比例较少,对于求职网址、各位招聘的岗位检索缺乏信息渠道。因此,搭建信息服务平台十分必要,一是建立应届毕业生求职常用网址库,及时分享给毕业年级学生;二是建立公务员、事业编考试岗位招聘职位表数据库,帮助意向考公考编学生分析报考岗位,为学生考公考编岗位选择提供数据支持;三是完善法学专业考研上岸学生信息库,包括录取分数、录取专业以及录取院校等,有针对性地指导学生选择院校和进行调剂帮扶。通过工作前置提前筛选招聘信息,一方面最大限度地帮助学生实现就业,另一方面将一些虚假招聘信息和网站进行过滤,进而保证学生求职安全。

3.拓宽学生就业思路,引导学生投身基层就业服务项目

目前法学专业学生毕业时一般选择专业相关的工作,对于其他工作考虑较少,大部分学生由于备考司法考试或研究生考试而错过参加秋季校园招聘,然而秋季校园招聘是应届毕业生求职的黄金时机。如何解决这一问题,本文认为一是帮助学生正确认识秋季校园招聘的重要性,通过分析校园招聘企业的数量、质量以及法学专业可以投递的岗位,增强秋季校园招聘对法学专业学生的吸引力。

二是从应届生身份这一概念延伸,通过分析世界500强和中国500强等大型企业的招录要求,特别是针对应届生和社会人员招聘的区别,让学生主观上懂得把握校园招聘的机会。

除校园招聘外,国家还推出了系列基层就业项目,鼓励、号召广大有志青年投身到基层去、到祖国需要的地方去。然而,法学专业毕业生选择基层就业项目的屈指可数,这就要求辅导员及时开展学生就业观教育,通过介绍各项基层就业项目,帮助学生科学认识、合理规划职业发展。本文认为可以从以下两个方面转变学生对于基层就业项目的看法,一是详细介绍各项基层就业项目的服务时间、服务要求以及国家对应的优待政策,让学生对基层就业项目有一个全新的认识;二是依托往届基层就业的学生,组织开展工作经验分享会。通过学长、学姐的亲身经历、成长体验,唤起学生服务社会、服务国家以及成就自己的理想,进而培养学生主动参加基层就业项目的意识。

三、结语

新时代赋予了高校思想政治教育工作者更多责任和使命,作为高校辅导员,要紧跟时代步伐,一方面自身要正确认识就业工作的重要性,另一方面要注重培养学生求职的积极性。然而,仅从思想政治教育的角度解决法学专业毕业生的困境,还不足以从根本上解决其就业率问题,还需要国家相关部门的顶层设计、统筹规划,各个高校法学专业的培养方案和育人体系的完善、教师人才队伍的完善以及法律相关职业的从业要求等多方面的共同努力,进而从根本上解决法学专业毕业生的就业问题。

浅谈深度辅导技术
在大学生心理辅导中的应用

李　慧①

当下，大学生需要承受随着时代发展而衍生出的各类挑战和压力，且"00后"大学生群体更具有新时代大学生独有的个性和特点，他们所面临的价值观的确立、身心发展的不平衡以及学业压力调节等问题层出不穷，随之产生的心理问题不断显露。一线辅导员作为与大学生接触最密切的群体，心理辅导在日常工作中所占的比重愈来愈大。为了更好地帮助大学生正视各类问题、逐步解决心理疑惑，辅导员需掌握心理辅导专业必备技能。随着深入性辅导逐渐成为大学生思想政治教育中需要解决的重要问题，在了解学生实际情况的基础上展开心理层面的深度辅导是当前工作的重点之一，并且直接关系着学生综合素质能否得到提升。因此掌握并熟练运用系统科学的深度辅导技术成为当下必要的趋势，同时在了解和辅导学生问题时能够起到一定的辅助和支持作用。本文从深度辅导技术有效应用的角度，探讨如何在日常工作中提供心理辅导时更为有效地解决学生的困惑。

一、深度辅导技术概述

深度辅导指的是高校辅导员作为助人者，以学生日常管理工作为基础，对学

---

① 李慧，女，公共管理硕士，天津商业大学法学院助教，主要研究领域为思想政治教育。

生形成有效、全面的工作网络,尤其对显现出心理问题的学生突出重点予以关注,实现精细化处理,有效提高心理辅导的针对性和高效性,拓宽学生的思想政治范围,创新教育形式,实现辅导的全面化发展。① 深度辅导技术包括专注与倾听技术、探问与复述技术、情绪处理技术以及总结和问题解决技术。具体含义如下。

专注与倾听技术是指在心理辅导过程中,助人者的语言与非语言行为反映出其聆听受助者的倾诉,解读非语言行为,关切、重视其遭遇,愿意伴随其窥视问题的始末。

探问与复述技术指为鼓励学生有更多的表达,在必要情况下,配合其问题与辅导目标,提出相关问题,并根据其描述的内容,选择重要的部分,复述一次,使其就复述的部分进行说明或顺着复述的方向继续会谈。

情绪处理技术是指通过帮助学生识别内心感受、探究认知背后的情绪和感受,使其对真实感受进行澄清、界定、承认,进而处理内心感受的过程。

总结与问题解决技术是指把来访者所叙述出的事实、信息、情感、行为、反应等经过分析综合后加以概括,进而协助学生找到解决问题方案的过程。

以上四项技术贯穿辅导始末,熟练有效地运用,将极大促进学生对话的正向发展,为学生正视并解决其所面临的问题提供解决路径,帮助其顺利走出困惑。然而,掌握以上技术后,在真正的应用过程中易出现诸多问题,进而导致心理辅导问题走入死循环而难以继续,甚至使原本基于信任建立起来的关系受到挑战,因而识别并总结出这些问题成为当务之急。

二、运用深度辅导技术过程中出现的问题分析

(一)倾听过程中易融入个人主观判断而急于下结论

美国著名心理学家卡尔·罗杰斯说:"良好的咨访关系是咨询成功的一半。良好的关系本身就具有治疗功能。"在面对有心理困惑的学生时,营造一个温暖、安全、平等的空间环境必不可少,有利于协助其敞开心扉,自感自在,

---

① 林瑛:《基于心理辅导视角的高校辅导员深度辅导方法创新》,《太原城市职业技术学院学报》2015 年第 11 期。

拉近心理安全距离,增加信任感。而在此过程中,助人者即辅导员往往在学生打开心扉讲述个人遭遇时,可以做到专注倾听,但易将个人主观判断加入,主要表现为随意进行正误判断,如当学生表示与父母关系较为紧张时,更容易认为是学生叛逆等问题导致了亲子关系复杂,未探问根源而急于下结论。如此,加入个人的主观评判,将不利于良好咨访关系的维持,甚至使已建立起来的信任关系受到影响。

（二）封闭性探问居多且谈话思路易被学生引走

探问形式分为开放性探问和封闭性探问,这是基于问题提出的内容侧重范围而分类的。辅导员因获取欲知的具体信息更易于在实践中提出封闭性探问,但此类探问易限制学生给出反应的详细程度,使其处在被动地位,降低求助动机,而辅导员想当然地猜测会引起学生的不信任甚至反感,并容易对学生造成暗示。而使用开放性探问时,因受助学生大多思维跳脱,易使得辅导员的思路受到牵引而有所偏离,失去原有思想政治教育预设轨迹,给谈话带来不便。此时,深入分析二者的优缺点,便显得尤为重要。

（三）情绪处理停留于表层,忽视学生真实感受

伴随心理问题处理的开展,学生的情绪会慢慢打开而得到释放,这些情绪反映了其心理需要,是疑惑在后续步骤中得以充分展现的重要表现,所以关注情绪十分重要。但学生的表达长久停留在情绪层面的可能性较大,进入深层的真实感受难度较大,要知道真实感受才是直抵问题的核心,可以帮助学生探索问题的诸多层面,使其提供更多需要深入挖掘的信息。因此,在交谈过程中,若不能快速精准地了解到学生此刻的真实感受,将不利于问题的识别,进而产生偏移和错误判断。

（四）忽视主体参与,代为提出问题解决方案

问题的总结和解决方案的提出是最终检验一次深度辅导是否有效的最后环节。在此环节,辅导员多因个人经历比学生更为丰富而为其提出问题解决方案,忽略了主体的参与感。事实上,问题的解决不是提供具体的指导,毕竟学生是独立的个体,辅导员与学生的个人成长经历亦是个性化的,无法复制到另一个主体身上。此类具体指导,在可行性上是具有不确定性的,学生可能在交谈时感到问

题易解决,但在实际操作过程中会出现新的问题和困惑,致使辅导不能产生效用,无法达到将心中的困惑化解这一终极目的。

三、大学生心理辅导过程中深度辅导技术的有效应用

(一)创建自由安全空间,不作评判性倾听

某名学生患有双向情感障碍,在专业就医、定期服用药物后病情得到基本控制,辅导员需对该生定期开展谈心谈话,了解其状态是否稳定。该生因高中时期休学和复读,较同届学生大两岁,其自身持有的"较同班同学年纪长,身边同学都很幼稚"的认知,导致其日常与同学基本无交流甚至对身边同学的言行较为蔑视。交谈中,辅导员发现以该生为主要话语输出者,认真倾听并对该生的个人价值给予理解,表现出平等和尊重的姿态,该生能够知无不言、言无不尽,且能按照辅导员的引导逐步打开心扉,并表示可以因自身年长而率先树立起正确的价值观并为同学做好示范,学生也养成了定期与老师沟通近况的习惯,便于辅导员动态掌握其状态。

自由、安全且真诚的咨访空间和关系联盟是学生敞开心扉的基础,在交谈过程中,不能因为学生所想、所说、所做和所表现的行为与辅导员价值观不同而否定指责甚至持批评的态度,反而需要无条件承认学生的个人价值,对分歧采取包容和理解的态度,在倾听过程中,遵循给予最大平等和尊重的原则,做到"三不"——不妄加主观思想、不扮演老师的角色、不以例行公事的姿态进行对话,营造友好的氛围,接纳学生的倾诉。

(二)以开放性探问为主,引导学生有主线输出

毕业季,某女生突然提出要更换寝室,直言与室友无法再相处下去,但又不能敞开心扉讲述来龙去脉。辅导员遂以封闭式探问"论文完成了吗?""班里有没有好朋友?"等问题开场,使学生逐渐放松下来,并愿意进行深入交谈。在学生适应交谈环境和内容后,遂以"近来与室友关系紧张的事件有哪些?""几位室友的态度可以分别展开说来给老师听听吗?"等开放式探问展开,待掌握具体情况后,发现其性格根源在于其父母对于学生各个方面的习惯性掌控,致使学生早已产生自卑心理,日积月累下对性格开朗大方的室友产生情绪。此后以开放式探问为主,结合根源问题对学生进行疏导,并与家长联系了解、沟通教育理念等,该生

表示能够改变自我，与室友和谐相处，愉快毕业。

对两种探问方式做好区分，并掌握各自的优缺点，在与学生对话中，以开放式探问为主，结合优缺点互补使用。前者实际上更加有助于学生打开、放松自己，能够协助学生更具体、更明确地表达。对思路进行动态梳理并随时搭建和捋顺合理的思维逻辑，当学生偏离正题时，及时以封闭式探问将其引回正题，如"我想再听听……问题好吗？"自如切换两种探问形式，以便在交谈过程中更好把握重要信息，帮助学生评估，为后续交谈做好铺垫。

（三）深入探索，关注学生情绪和内心感受

某名成绩非常优秀的学生已成功保研，前期节奏较快，注意力集中在保研一件事情上，之后突然失去短期奋斗目标，加之家中出现紧急事件，作为独生子女感觉处理起来比较乏力，失去往日活力，该学生属于家庭成员之间的小矛盾和不适应导致的情绪困扰和低落茫然。辅导员通过共情和分享个人经历和感受，引导学生适当学会角色转换，鼓励其在学业方面成功的基础上，尝试在其他方面以成年人的视角帮助自己和父母倾听彼此的感受和需求，促进沟通和理解，从而化解冲突。学生在感受到赞同和肯定后，表示愿意适当放松，同自己和解，进而调整情绪和视角与父母进行交流，并在后续取得良好效果。

通常在面对困惑时，做出认知或理智的反应是最容易的，而说出自己内心的感受较难。此时，辅导员运用共情的技巧，发自内心地透过情绪感知并引导对方表达出内心感受，将更有助于吐露心声，释放潜在的信息。所谓共情，就是指在交谈中，通过学生的情感表达、举止言行，深入其内心世界去体验和赞同其思维和情感。[①] 如此不仅有助于辅导关系的建立和强化，也为学生提供了表达情绪和内心感受的范例，为不善表达的学生提供了学习机会。尤其要注意的是，当学生因话题产生负面情绪而感到崩溃时，要适时暂停，待其情绪趋于稳定之后再做处理。

（四）辅助学生提出适用个人的解决方案并给予积极肯定

在一次心理辅导中，学生表达了自己在学业上面临的挑战，感觉自己无法有

---

① 许霞、彭建兵、张丽霞：《心理咨询技术在深度辅导工作中的创新应用》，《教育教学论坛》2014 年第 10 期。

效管理时间,经常拖延需完成的任务,导致学习效率低下。辅导员在提出自己的多种不拖延建议时,学生均表示无法实现,于是老师与学生一起探讨了不同的时间管理策略,并鼓励学生尝试制订一个符合自身特点的详细的学习计划,将任务分解为更小的部分,并设定明确的截止日期。学生在制定个性化方案后逐步付诸实践,并结合实际不断优化,发现自己的学习效率有所提升。老师也对学生的努力和进步给予了积极肯定,鼓励学生贵在坚持,并提醒学生注意保持平衡和自我关照。

深度辅导正在从曾经的意识灌输、辅导员单方面教导转向与学生共同探索并由学生主动制定辅导目标。① 对于问题的解决,辅导员要深入挖掘学生诉求,起到应起的作用,即辅导、协助,而绝非主导,双方的主体要分清,辅导员的工作重点是帮助学生确定改变意愿并做出改变,在评估可行性后引导学生逐步制定若干方案,探索实现过程中可能遇到的阻力和障碍,将方案进行等次排序,选取最优方案鼓励其执行。

四、结论

深度辅导目前处于认识和探索的初步阶段,受到了关注和重视,而熟练精准地将辅导技术应用到日常工作中,避免因一系列问题的产生而影响访谈效果则成为更应关注的层面,这是一项长期性、持续性的教育工程。因此,高校辅导员要结合日常工作中积累的学生案例,深入分析当代大学生的心理特征和个性特点,认真总结现阶段学生工作经验和辅导成功技巧,熟练掌握并应用深度辅导技术和经验,将之积极应用于各个环节,结合实际困难,一对一地进行深度辅导,更好地辅助学生走出困惑和解决问题。同时,通过在日常心理健康教育中将思想政治教育与心理育人有机结合,不断探索和研究心理健康教育的优化路径,促进大学生身心健康发展,从整体上提升大学生应对各类问题的张力和自信心,使学生更加自信阳光地面对人生中的机遇和挑战。

———————

① 何润秋、刘传宇:《焦点解决理论对深度辅导工作的应用》,《知识文库》2019 年第 6 期。

法学专业本科生
慢就业、缓就业情况对策研究

——以双非院校为例

王昱祺①

随着我国高等教育事业的快速发展,法学专业本科生的数量逐年增加。然而,在就业市场上,法学专业毕业生的就业形势不容乐观。特别是地方双非院校法学专业毕业生的就业问题更为突出,慢就业、缓就业现象普遍存在。这不仅影响了学生的个人发展,也对法学教育质量和社会资源配置产生了影响。因此,本研究旨在以地方双非院校为例,深入分析法学专业本科生慢就业、缓就业的原因,并提出相应的对策,以期为解决这一问题提供有益的参考。

一、法学专业本科学生慢就业、缓就业的现状分析

1. 就业市场小、就业竞争激烈

目前我国法学专业的招生院校和招生规模逐年扩大,随着法学专业在各大院校开设数量的增加,以及近年来"法学热"现象的出现,法学专业招生人数和毕业生数量逐年攀升,而就业市场的岗位数量并未出现多大变化,从近三年的校园招聘来看,每100家招聘单位中只有1~2家招聘法务相关工作人员,选择招聘法务的单位基本上是央国企单位以及一些大型的民营单位,招聘门槛也基本上是

---

① 王昱祺,男,情报学硕士,天津商业大学法学院政工师,主要研究领域为思想政治教育。

研究生。除此之外,就是广大律所的招聘,但均需要通过司法考试,这也造成就业市场上供需的矛盾。许多法学专业学生在毕业后一段时间内难以找到满意的工作,无奈之下选择继续深造或等待更好的就业机会。

2. 就业期望与现实存在差距

（1）薪资要求差距

通过问卷,我们不难发现,2022 年毕业的校友当前薪资水平中,占 34.38% 的人还在 2000～3000 元徘徊,而 2020 年毕业的校友薪资水平中,占 44% 的学生已经达到了 6000 元以上了。根据前期的摸底调查,应届本科生初入职场的期望薪资是不低于 5000 元,然而真实收入水平和理想之间还有着较大差距。

您目前的工作月薪多少？ 【单选题】

选项	小计	比例
2000～3000 元	10	12.99%
3000～4000 元	7	9.09%
4000～5000 元	12	15.58%
5000～6000 元	14	18.18%
6000 元以上	34	44.16%
本题有效填写人次	77	

2020 届法学本科生薪资现状

您目前的工作月薪多少？ 【单选题】

选项	小计	比例
2000～3000 元	33	34.38%
3000～4000 元	10	10.42%
4000～5000 元	18	18.75%
5000～6000 元	18	18.75%
6000 元以上	17	17.71%
本题有效填写人次	96	

2022 届法学本科生薪资现状

（2）岗位选择差距

根据前期调查，法学专业的学生毕业去向为想进入体制内的学生比例高达 80%，只有 20% 的学生会准备去律所做律师或者去公司做法务，但从问卷可以看出，毕业一年左右的学生从事体制内工作的比例只有不到 40%，而工作三年以上的学生在体制内工作的比例能够达到 60%。这也说明了在毕业三年内不断有学生考编进入体制内。

您单位的性质　【单选题】

选项	小计	比例
党政机关	15	15.63%
国有事业单位	21	21.88%
其他事业单位	12	12.50%
国有企业	8	8.33%
三资企业	0	0%
其他企业	35	36.46%
社会团体	5	5.21%
本题有效填写人次	96	

2020 届法学本科生工作单位性质

您单位的性质　【单选题】

选项	小计	比例
党政机关	15	15.63%
国有事业单位	21	21.88%
其他事业单位	12	12.50%
国有企业	8	8.33%
三资企业	0	0%
其他企业	35	36.46%
社会团体	5	5.21%
本题有效填写人次	96	

2022 届法学本科生工作单位性质

（3）就业期望差距

就业期望主要分为两部分，一部分是学生期望，一部分是企业期望。首先，法学专业本科学生就业期望值较高是社会普遍公认的事实。许多学生希望能够在公检法、知名的律师事务所或大型企业法务部门工作，这些岗位的竞争非常激烈，需要具备优秀的法律素养、实践经验和综合素质。然而，部分学生在校期间缺乏实践经验，或者对于自己的职业规划不够明确，导致难以满足企业的招聘需求，从而选择慢就业或缓就业。此外，一些用人单位在招聘时对于法学专业本科学生的要求过高，盲目追求学历高、水平高的"双高"型人才，人为设置过高的门槛。这使得一些学生要么因为无法满足用人单位的要求而难以就业，要么可能因为无法达到门槛而选择暂时不就业。

3. 就业门槛较高，直接就业难度大

众所周知，法学专业的从业需要通过国家统一法律职业资格考试，也就是社会俗称的法考，无论是从事律师还是法官、检察官，招考基本的要求都是通过法考，结合学生实际情况，在大三下学期至大四上学期的备考时间中，因为法考和考研的备考时间完全重合，就目前现状而言，学生选择直接考研的人数明显高于选择法考的人数。近五年我国每年的法考通过率为16.8%，两者相结合，法学本科生每年的法考通过人数就更低了，造成了选择直接就业的学生人数明显不足。

4. 专业能力不足，难以适应市场需求

从问卷数据可以得出，无论是毕业三年多的学生还是刚刚毕业一年的学生，大家在自我评价的时候均有很高的比例认为自己的专业知识和技能有所欠缺，其次大家普遍认为自己的竞争能力有所欠缺，社会活动能力不足，创新精神能力欠缺。

请对能力做自我评价,以下您最欠缺的能力是？　【单选题】

选项	小计	比例
专业知识和技能	30	34.48%
社会活动能力	22	25.29%
竞争能力	32	36.78%
与人合作的能力	13	14.94%
团队精神	9	10.34%
创新精神	56	64.37%
本题有效填写人次	87	

2020 届法学本科生

请对能力做自我评价,以下您最欠缺的能力是？　【单选题】

选项	小计	比例
专业知识和技能	42	37.17%
社会活动能力	34	30.09%
竞争能力	50	44.25%
与人合作的能力	12	10.62%
团队精神	11	9.73%
创新精神	65	57.52%
本题有效填写人次	113	

2022 届法学本科生

5. 地方双非院校竞争力不足

众所周知,法学专业存在着"五院四系"的说法,这九所高校被法学生视为法学领域的殿堂,无论是专业度和社会的美誉度以及就业市场的追捧程度都很高,与之相比,地方双非院校在知名度、师资力量、教育资源等方面存在明显差距。这使得地方双非院校的法学专业毕业生在就业市场上处于不利地位。一些用人单位在招聘时倾向于选择"五院四系"或者"双一流"院校的毕业生,使得地方双非院校的毕业生在求职过程中面临更大的挑战。

二、影响法学专业本科生慢就业、缓就业的因素

1. 教育体制因素

第一，法学专业的教育体系可能存在一定的制度性问题。传统的教育模式往往注重理论研究，而忽视对学生实践能力的培养。这导致很多法学生在面对实际问题时缺乏实际操作经验，难以满足职场需求。此外，专业知识与社会需求不匹配，未能根据社会的变化及时调整教学内容和方法，使得毕业生在就业时面临困难。

您认为学校的教学水平有什么需要提高的地方？ 【单选题】

选项	小计	比例
理论授课水平方面	15	17.24%
学习氛围培育方面	24	27.59%
课程设置方面	11	12.64%
实践能力培养方面	66	75.86%
其他方面	9	10.34%
本题有效填写人次	87	

2020 届法学本科生

您认为学校的教学水平有什么需要提高的地方？ 【单选题】

选项	小计	比例
理论授课水平方面	24	21.24%
学习氛围培育方面	37	32.74%
课程设置方面	27	23.89%
实践能力培养方面	82	72.57%
其他方面	8	7.08%
本题有效填写人次	113	

2022 届法学本科生

法学专业的课程设置和教学内容也可能影响毕业生的就业。通过问卷不难看出，学生对于教学方面上对实践能力培养方面还是有非常高的期待和需求的，目前教学形式上缺乏多样性和灵活性,或者教学内容过于陈旧,未能跟上时代的发展是学生的就业面可能受到限制的因素之一。

与此同时,法学教育在注重理论知识的同时,对实践能力的培养不足。一些学生在校期间缺乏足够的实习机会和实践经验,导致在求职过程中难以展示自己的实际操作能力。而用人单位在招聘时往往更看重学生的实际工作能力,这使得实践能力不足的毕业生在就业市场上处于不利地位。

第二,法学专业的就业指导和服务也是影响毕业生就业的重要因素。虽然目前在全国各高校已经开设了就业指导课程,但课程讲授的内容与专业联系不够紧密,针对性不强,特别是在就业观教育上比重非常低,我们的学生往往不是欠缺就业能力,而是缺少就业意识,缺少对社会的正确认知,所以学生在就业过程中可能感到迷茫和无助,进而导致就业困难。

2. 社会经济因素

第一,法学专业本科生的就业市场面临着供需矛盾的问题。一方面,随着法治建设的不断推进,社会对法律人才的需求日益增加,尤其是在政府机关、司法机关、律师事务所等领域。另一方面,由于法学专业的热门程度较高,每年毕业生数量众多,导致就业市场呈现出供大于求的局面。这种供需矛盾使得部分法学专业本科生难以在短时间内找到合适的工作岗位,从而选择慢就业或缓就业。

第二,法治文化淡泊是一个重要的社会因素。在一些企业和社会环境中,对法律人才的重要性认识不足,这导致法律专业毕业生在求职时可能面临一定的困难。企业倾向于在遇到问题时向律师事务所求助,而不是长期雇佣法律人才,这使得法学专业的毕业生在就业市场上可能面临更多的竞争。

第三,国家政策和法律制约对法学专业的就业产生影响。例如,公务员公开考试录用制度以及公检法系统的用人制度,可能设置了较高的门槛,如学历要求和社会基层工作经验要求,这限制了法学本科生的就业机会。此外,法学专业的招生规模与就业需求之间的不平衡,也是影响就业困难的一个因素。

第四,当前的社会经济形势也对法学专业本科学生的就业产生了一定的影响。受国际环境、地区冲突等影响,整体的就业市场依然不太乐观,尤其是刑事领域的相关律所,已经近三年没有招聘需求了,对法学本科生就业有着不小的影响。

3.学生个人因素

第一,学生职业规划的缺失是导致法学专业本科生慢就业、缓就业的原因之一。一些毕业生在求职过程中缺乏明确的职业规划和发展目标,不知道自己想要从事什么样的工作,也不知道如何提升自己的职业素养和技能。这种迷茫和缺乏目标的状态使得他们在就业市场上难以找到合适的工作机会。同时,一些毕业生可能由于家庭原因、个人兴趣或其他因素而选择暂时不就业或从事与法学专业不相关的工作。

第二,通过刚才的数据不难看出,学生就业期望过高也是导致法学专业本科生慢就业、缓就业的原因之一。许多法学专业本科生在求学期间对未来的职业前景抱有较高的期望,希望进入大型律师事务所、法院、检察院等高端法律服务领域工作。然而,这些单位的招聘门槛往往较高,竞争激烈,许多毕业生难以达成就业期望。同时,一些毕业生对于薪资待遇、工作环境等方面的要求也较高,这进一步增加了他们找工作的难度。当就业期望与现实产生较大差距时,一些毕业生可能选择慢就业或缓就业,等待更好的就业机会。

第三,天津双非院校本科生的生源地多为广西、贵州、甘肃、青海等经济欠发达地区,本科生在毕业当年或多或少存在着就业信心缺失的情形,加之这部分学生家庭经济情况不是很宽裕,造成学生在找工作过程中不是很自信,往往会错失很多机会,除此之外,该部分学生由于对大城市天然的恐惧,害怕未来就业压力过大往往会选择回家就业,但当地的因为是经济欠发达地区,本身就业形势就不是很好,就业岗位提供的就不多,尤其是像法学这种服务配套性企业,就业岗位就更少了。

第四,法学本科生的自我定位不准确。随着部分网络达人高考文科生选专业的言论被越来越多的人传播,网络达人推崇的文科生就业就是考公的理论,直接导致了除了法学和汉语言文学外,文科生其他专业的报考人数直线下降,甚至部分专业的招生都出现了问题,这也就意味着法学生的高考录取分数自然水涨船高,甚至为了学习法学专业,很多学生在高考报志愿的时候,高考分数本能上211类学校的情况下却选择双非院校的法学专业。这也就造成了他们在就业期望上存在过高的情况,他们往往希望进入大型律师事务所、司法机关或政府机构等高薪、高地位的工作单位。然而,这些单位的招聘门槛较高,竞争激烈,导致许多学生难以如愿。同时,一些基层法律服务机构或中小企业对法学专业毕业生的需求较大,但往往因为待遇、工作环境等原因无法吸引这部分的毕业生。

三、法学专业本科生慢就业、缓就业的对策研究

1. 政府层面

第一,加大政策扶持力度。政府应出台相关政策,鼓励企业吸纳法学专业毕业生。例如,可以通过提供税收优惠、资金扶持等措施,降低企业招聘成本,增加就业岗位。同时,政府还可以加大对创业的支持力度,鼓励毕业生自主创业,拓宽就业渠道。

第二,完善就业服务体系。政府应建立健全的就业服务体系,为法学专业毕业生提供全方位的就业服务。这包括举办招聘会、提供就业指导、建立就业信息平台等。通过完善就业服务体系,可以帮助毕业生更好地了解就业市场,提高求职效率。

2. 院校层面

第一,优化教育资源配置。地方双非院校应加强对法学专业的投入,提高教学质量和水平。这包括引进优秀的师资力量、完善教学设施、优化课程设置等。通过优化教育资源配置,可以提高学生的专业素养和实践能力,增强其在就业市场上的竞争力。

第二,加强校企合作。院校应积极与企业、律所等用人单位建立紧密的合作关系,开展校企合作。通过校企合作,可以为学生提供更多的实习和就业机会,帮助他们更好地了解职业发展和市场需求。同时,校企合作还可以促进产学研结合,推动法学专业的创新发展。

第三,加强就业指导和服务。院校应加强对学生的就业指导和服务工作。这包括提供职业规划咨询、举办就业指导讲座、建立就业信息平台等。通过加强就业指导和服务,可以帮助学生树立正确的就业观念,提高求职技能,促进顺利就业。

3. 学生层面

第一,提高自身素质和能力。法学专业本科生应注重提高自身的专业素养和实践能力。通过积极参加各类实践活动、实习、竞赛等,可以积累工作经验,提升职业竞争力。同时,还应注重培养自身的沟通能力、团队协作能力等软技能,以适应就业市场的需求。

第二,树立正确的就业观念。毕业生应树立正确的就业观念,根据自身兴趣和优势选择合适的职业方向。避免盲目追求热门岗位或高薪工作,而忽视自身发展和长远规划。同时,还应保持积极的心态和主动性,在求职过程中不断学习和进步。

四、展望未来

随着法治建设的深入推进和社会对法学专业人才需求的不断增加,法学专业毕业生的就业前景将更加广阔。然而,我们仍需关注法学专业毕业生的就业问题,不断完善就业服务体系和教育资源配置,提高毕业生的就业质量和满意度。同时,我们还应加强对法学专业教育的研究和探索,推动法学专业的创新发展,为社会培养更多优秀的法学人才。

少数民族本科法学、应用心理学专业的就业形势分析及思政工作方法的研究

吐尔逊阿依·买合苏提①

一、调查对象及基础数据

此次调查研究以天津商业大学法学院 2020 届至 2023 届所有法学、应用心理学专业少数民族本科生为研究总体，收取四届法学、应用心理学专业少数民族本科生的入学登记的表格、毕业信息采集的表格、就业信息统计的表格，获取相对完整的分析总体，四届法学、应用心理学专业少数民族本科生毕业人数分别为 2020 届 66 人、2021 届 70 人、2022 届 48 人、2023 届 49 人，总计 233 人。

在综合四届法学、应用心理学专业少数民族本科生总体数据信息的基础上，选取已就业法学、应用心理学专业少数民族本科生作为研究对象。首先，以年级为单位收集法学、应用心理学专业少数民族本科生个人基本信息以及就业相关信息，并分析其数据。然后，按照就业率、高质量就业率、升学率、返乡就业率进行分析趋势，按照就业单位类型、就业去向地区、家庭地址进行分门别类，分析数据。四届法学、应用心理学专业本科毕业生总数有 1371 人，就业人数总数为 1058 人。其中少数民族本科生毕业生总数有 233 人，就业总数为 160 人。此数据信息为学生毕业当年 8 月 31 日从就业系统中导出的最终数据来源。233 名毕业生有 27 个民族，分别来自 18 个不同的省、自治区和直辖市，少数民族毕业生和汉族毕业生的比例在 1:5 左右，少数民族毕业生男女比例约为 1:3，法学与应用心理学专业人数比例约为 4:1。详见表 1 至表 4。

---

① 吐尔逊阿依·买合苏提，女，工学学士，天津商业大学法学院助教，主要研究领域为思想政治教育。

表 1　四届法学、应用心理学专业少数民族本科生民族分布情况

序号	民族	2020 届人数	2021 届人数	2022 届人数	2023 届人数	总人数
1	壮族	8	15	5	9	37
2	维吾尔族	8	8	8	6	30
3	回族	6	9	8	6	29
4	藏族	7	2	5	8	22
5	蒙古族	3	8	4	1	16
6	彝族	4	3	3	3	13
7	布依族	2	4	3	3	12
8	苗族	5	4	1	1	11
9	侗族	6	2	1		9
10	满族	1	4	2	2	9
11	哈萨克族	2	1	1	1	5
12	土家族	2	3			5
13	瑶族	3		1	1	5
14	白族	1	1	2		4
15	朝鲜族	2			2	4
16	穿青人	1		1	1	3
17	水族		2	1		3
18	土族	2	1			3
19	仡佬族	1			2	3
20	撒拉族		1		1	2
21	锡伯族	1			1	2
22	东乡族		1			1
23	黎族		1			1
24	珞巴族			1		1
25	毛南族				1	1
26	仫佬族			1		1
27	羌族	1				1
	合计	66	70	48	49	233

表 2　四届法学、应用心理学专业少数民族本科毕业生家庭地址总体情况

序号	家庭住址	2020 届人数	2021 届人数	2022 届人数	2023 届人数	总人数
1	贵州	18	18	12	10	58
2	广西	12	14	7	11	44
3	新疆	13	9	10	9	41
4	内蒙古	3	8	3	1	15
5	青海	3	5	3	3	14
6	天津	2	5	2	4	13
7	西藏	5	2	3	3	13
8	甘肃	2	2	1	1	6
9	云南	3		2	1	6
10	河南		1	2	1	4
11	河北	1	1		2	4
12	吉林	2			1	3
13	宁夏			3		3
14	四川	1	1			3
15	黑龙江	1			1	2
16	重庆		2			2
17	海南		1			1
18	江苏		1			1
	合计	66	70	48	49	233

表 3　四届法学、应用心理学专业少数民族本科毕业生男女生情况

性别	2020 届人数	2021 届人数	2022 届人数	2023 届人数	总人数
男	15	21	12	17	65
女	51	49	36	32	168
合计	66	70	48	49	233

表 4　四届法学、应用心理学专业少数民族本科毕业生人数情况

年届	法学专业毕业生	应用心里学专业毕业生	合计
2020	55	11	66
2021	55	15	70
2022	39	9	48
2023	34	15	49
合计	183	50	233

此次收集信息以及调查是对 2020 届至 2023 届四届法学、应用心理学专业本科毕业生的姓名、专业、班级、学号、出生日期、性别、民族、家庭地址、毕业去向、就业单位名称、单位性质、行业类别、单位地址、工作职位类别等信息进行核实。

二、资料的整理与分析

对四届法学、应用心理学专业少数民族本科毕业生的就业类型、就业单位以及就业地区分布进行分类,针对各个年级的法学、应用心理学专业少数民族本科毕业生的就业状况分别进行趋向分析研究,总结出总体的就业去向规律。

（一）四届法学、应用心理学专业本科总体毕业生与少数民族毕业生的就业率分析

四届法学、应用心理学专业本科毕业生总数有 1371 人,就业总数为 1058 人,就业率为 77.16%。其中少数民族本科生毕业生总数有 233 人,就业总数为 160 人,就业率为 68.72%。此数据信息为学生毕业当年 8 月 31 日最终数据来源。

从表 5 和图 1 可以看出,少数民族学生就业率与整体学生的就业率的差额约为 10%。四届学生的就业率呈现逐年增长趋势,但少数民族学生的就业率增速较小,四年间仅增长了 1.21%。

表5　总体本科毕业生与少数民族毕业生的就业情况对比

年份	总体毕业生人数（人）	总体就业人数（人）	总体就业率（%）	少数民族毕业生人数（人）	少数民族就业人数（人）	少数民族就业率（%）
2020	338	253	74.85	66	45	68.18
2021	345	260	75.36	70	48	68.57
2022	344	269	78.2	48	33	68.75
2023	344	276	80.23	49	34	69.39
合计	1371	1058	77.16	233	160	68.72

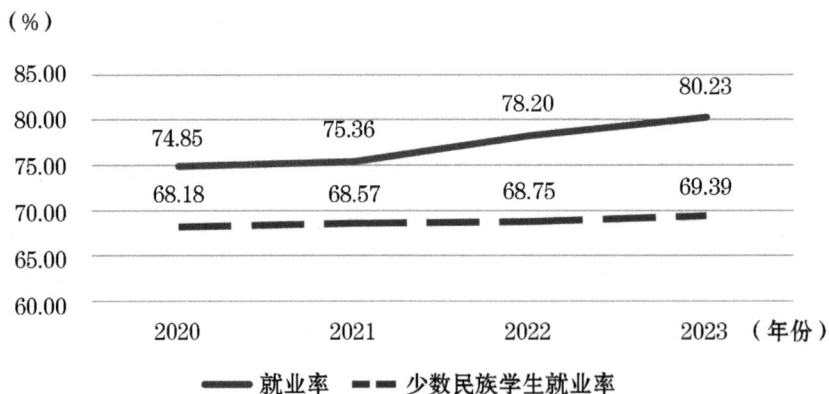

图1　学生总就业率与少数民族学生就业率对比

（二）四届法学、应用心理学专业本科少数民族毕业生就业情况分析

四届法学、应用心理学专业本科少数民族毕业生共有 233 人，就业人数共 160 人，高质量就业人数为 50 人，升学人数为 18 人，返乡就业人数为 103 人。就业率为 68.67%，高质量就业率为 21.46%，升学率为 7.73%，返乡就业率为 44.21%。

表6　少数民族学生就业情况

年届	毕业生人数（人）	就业人数（人）	就业率（%）	高质量就业人数（人）	高质量就业率（%）	升学人数（人）	升学率（%）	返乡就业人数（人）	返乡就业率（%）
2020	66	45	68.18	12	18.18	2	3.03	23	34.85
2021	70	48	68.57	16	22.86	10	14.29	30	42.86
2022	48	33	68.75	16	33.33	3	6.25	22	45.83
2023	49	34	69.39	6	12.24	3	6.12	28	57.14
合计	233	160	68.67	50	21.46	18	7.73	103	44.21

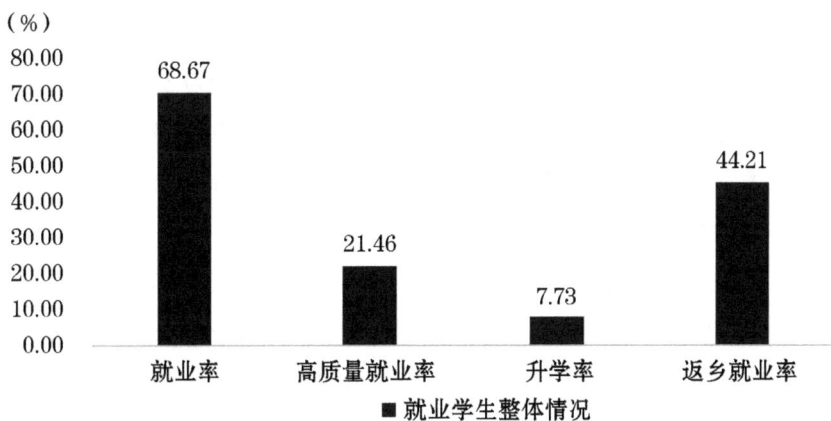

图2　四届法学应用心理学少数民族就业学生整体情况

从少数民族学生的就业率、高质量就业率、升学率、返乡就业率来分析,就业学生中返乡就业率占比较大,约占总少数民族学生的一半,为44.21%,高质量就业率为21.46%,升学率为7.73%。

从2020年至2023年横向分析少数民族学生的就业率、高质量就业率、升学率、返乡就业率会得出如下分析图和结论。

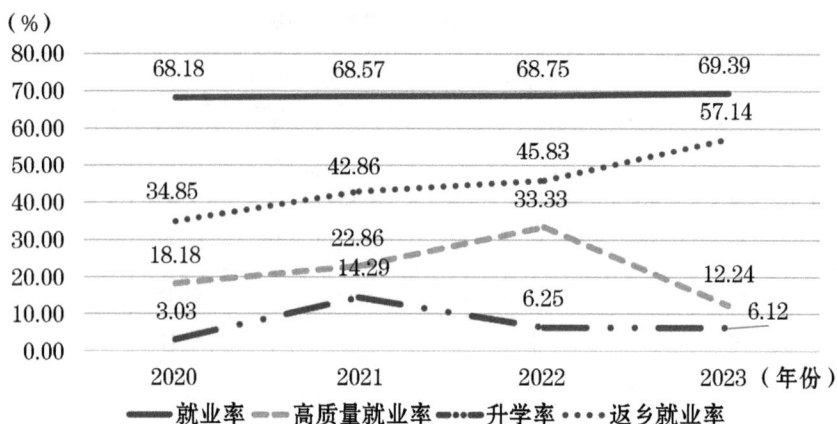

图3　四届少数民族学生就业情况

从图3可以看出，2020—2023年，少数民族学生的就业率呈现较平稳的状态，就业率共增长了1.21%；高质量就业率2020—2022年持续增长，在2023年出现下降的趋势；升学率在2021年达到顶峰，2022—2023年呈现逐年下降的趋势；返乡就业率呈现逐年上升的趋势，四年共上升了22.29%。

（三）四届法学、应用心理学专业本科少数民族毕业生就业去向地区分析

从表7和图4中可以看出，四届法学、应用心理学专业少数民族本科毕业生的就业去向除了集中在天津、北京等经济发展情况较好的都市之外，较多在贵州、广西、新疆、青海、内蒙古等少数民族地区。排名第一的就业地区为天津市，有43人，占少数民族毕业生人数的26.88%。排名第二为贵州省，有28人，占少数民族毕业生人数的17.5%。排名第三为广西壮族自治区，有20人，占少数民族毕业生人数的12.5%。排名第四为新疆维吾尔自治区，有15人，占少数民族毕业生人数的9.38%。青海省和为内蒙古自治区并排第五，为7人，占少数民族毕业生人数的4.38%。排名第六为北京市，有6人，占少数民族毕业生人数的3.75%。

表7 四届法学、应用心理学专业少数民族本科毕业生就业去向分布情况

就业省份	2020届人数	2021届人数	2022届人数	2023届人数	总数	百分比（%）
天津	20	12	5	6	43	26.88
贵州	5	14	3	6	28	17.5
广西	5	4	5	6	20	12.5
新疆	7	1	5	2	15	9.375
内蒙古	1	2	3	1	7	4.375
青海		2	2	3	7	4.375
北京	1	1	2	2	6	3.75
甘肃	1	1	1	1	4	2.5
四川	1	2		1	4	2.5
广东		3			3	1.875
河南		1	1	1	3	1.875
陕西		1	2		3	1.875
宁夏			2		2	1.25
西藏	1			1	2	1.25
重庆		2			2	1.25
云南	1			1	2	1.25
出国出境			1	1	2	1.25
福建		1			1	0.625
海南		1			1	0.625
河北				1	1	0.625
湖北	1				1	0.625
江苏			1		1	0.625
吉林				1	1	0.625
山东	1				1	0.625
合计	45	48	33	34	160	100

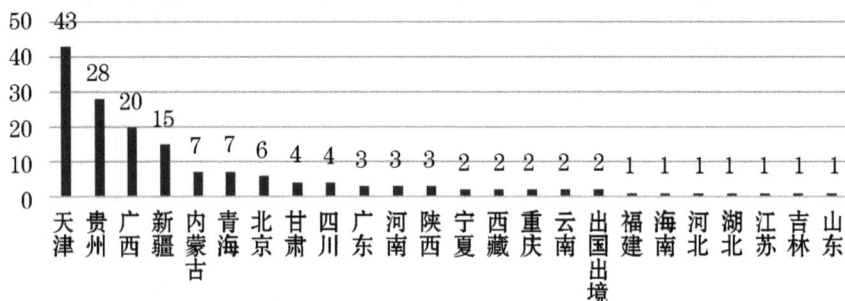

图 4　四届法学、应用心理学专业少数民族本科毕业生就业去向分布情况

（四）四届法学、应用心理学专业本科少数民族毕业生就业单位类型分析

对样本总体的四届法学、应用心理学专业本科少数民族毕业生就业单位进行分类统计得出，就业单位类型排在前三的分别为民营企业（包括大型律所），44人，占法学硕士研究生就业人数的 28.76%；党政机关，40 人，占法学硕士研究生就业人数的 26.14%；其他（包括各类小型律所、自由职业等），36 人，占法学硕士研究生就业人数的 23.53%。据调查，其他高校也基本出现了类似状况。

从表 8 和图 5 可以看出，对四届法学、应用心理学专业本科少数民族毕业生就业单位进行分类统计得出，就业单位类型排序第一为中小型其他企业（自由职业），111 人；第二为高等教育单位（升学、出国出境），19 人；第三中小型其他企业（律所、民营企业），17 人；第四为党政机关，9 人；第五为国有企业，2 人；城镇社区和创业，各为 1 人。

表 8　四届法学、应用心理学专业本科少数民族毕业生就业单位类型分析

类型	频次	百分比（%）
中小型其他企业（自由职业）	111	69.375
高等教育教育单位（升学、出国出境）	19	11.875
中小型其他企业（律所、民营企业）	17	10.625
党政机关	9	5.625
国有企业	2	1.25

续表

类型	频次	百分比（％）
城镇社区	1	0.625
创业	1	0.65
总计	160	100

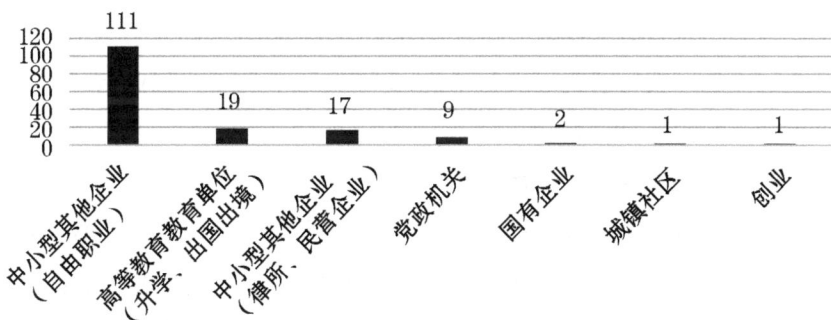

图5　四届法学、应用心理学专业本科少数民族毕业生就业单位类型分析

三、总结和建议

党的二十大提出"就业是最基本的民生"。高校毕业生，尤其是少数民族毕业生的就业问题牵动着少数民族群众的获得感、幸福感与安全感，是实现社会稳定和长治久安的重要支撑。新时代下，如何解决高校少数民族毕业生的就业难问题，全员全力实现高校少数民族毕业生高质量就业，是目前高校少数民族毕业生就业工作中的重点和难点。

立足天津商业大学法学院法学、应用心理学专业2020至2023届少数民族毕业生的就业现状，分析其就业困难的具体原因，依据相关就业政策、方法提出对策，为推进少数民族大学生的就业工作提供参考。

（一）法学、应用心理学专业少数民族学生就业现状

目前，少数民族毕业生的就业压力逐年增加，就业情况不乐观，就业率较低，就业困境较多。

1. 少数民族毕业生就业率低于总体毕业生平均水平

通过调查可知，四届法学、心理学少数民族毕业生的就业率平均数为68%，

而整体学生的就业率平均数为 77%。少数民族毕业生的就业率明显低于总体毕业生的就业率，也就是说明显低于汉族毕业生的就业率。四年间总体毕业生的就业率呈现上升趋势，而少数民族毕业生的就业率依然很平稳。就业工作效果不明显，学生就业积极性没有显著的行为上的改变。

与汉族学生相比，少数民族学生在就业竞争力上显得比较弱，但面对就业，少数民族毕业生必须接受与汉族毕业生一样的挑战和筛选。这种情况对少数民族大学生造成了很大的心理压力和精神压力。同时对社会的安稳和团结来说也是一个不利因素。就目前就业现状来说，少数民族毕业生的就业状况比汉族毕业生的就业更加紧迫，更为严峻。

2. 少数民族毕业生高质量就业形式较为单一

少数民族毕业生去向较高的方向是升学、律所和党政机关。少数民族学生就业倾向于从事法院或检察院等传统法律岗位，但这样的职位数量有限，招聘周期较长。通过结合日常访谈和就业帮扶来分析，少数民族毕业生对职业定位不够清晰，大部分少数民族学生升学深造的意愿比较强烈，但学习动力不足，升学率较低且呈现下降趋势。另外，少数民族毕业生自主创业意识尚未成熟，不愿意到大城市冒险，有想法但无从下手。他们受专业背景、综合能力和个人眼界的限制，有政策扶持，也不愿意去生源地以外的城市，更不愿意冒险从事新型职业。

3. 少数民族毕业生就业挑战更多，就业机会偏少

少数民族毕业生无论是返乡还是去经济发达地区寻求工作机会，法学专业和心理学专业行业门槛高，毕业生数量远远大于市场需求量，竞争相当激烈。学生返乡意愿较强烈，返乡就业率高，一方面是因为少数民族地区出台了"特岗计划""西部计划""三支一扶"等政策性岗位，另一方面是因为少数民族毕业生家长的意愿、学生个人能力等方面的影响。少数民族毕业生比汉族毕业生在就业地域、岗位的选择上更加劣势、更受局限。

（二）少数民族毕业生高质量就业困难的现状原因分析

1. 高校毕业生人数逐年增加，岗位供不应求

在高校毕业生总量不断上升、市场经济无法提供充足的就业岗位的现实环境下，短期供需时间点不匹配的矛盾和劳动力市场需求结构变化快与供给结构

调整慢的矛盾导致就业市场对法学、心理学专业的毕业生尤其是少数民族毕业生的需求不均衡的情况更加明显。少数民族大学生短时间内很难找到心仪的工作。

2. 就业指导工作不完善

一是缺乏个性化指导。少数民族学生的个性、爱好、能力与汉族学生有些区别,而当前的就业指导工作更多的是批量化指导,缺少个性化的指导服务,没有针对少数民族学生的特点制订相应的就业指导计划,导致学生得不到充分的指导和帮助。二是课程设计与专业、行业发展不融合。课程设计者或授课教师往往缺乏对不同专业和行业需求的深入了解,导致课程内容泛化,缺乏针对性和实用性。例如,课程过于注重理论知识的灌输,忽视了对学生实际技能的培养;或者课程内容陈旧,无法反映最新的职业动态和就业趋势。这种脱节不仅降低了学生的学习兴趣和参与度,也影响了课程教学的实际效果。三是就业指导人员专业程度不足。大部分就业指导教师由辅导员和部分行政岗位的教师担任,如此就业指导队伍的专业化程度不够,教师缺乏足够的经验和技巧积累,理论与实践的衔接不够完善。此外,他们仅能从事介绍就业形势、普及相关政策、提供相关岗位信息等基础性工作,缺乏对学生个体深层次的了解,给不了针对性的指导。

3. 缺乏就业认知,就业信心不足

少数民族学生群体的就业问题分"先天性"和"后天性"两部分。"先天性"是少数民族学生生源地多数为少数民族地区。少数民族地区原有教育水平较低,少数民族学生本身学业基础薄弱。进入大学后英语、计算机、高数以及专业课给他们的学习带来一定的困难,导致自信心逐渐削弱,学习动力减弱。面临毕业就业时,专业知识不扎实,技能特长不突出,缺乏社会实践,社交、创新、沟通等软实力不足。"后天性"是目前大学生中蔓延的"慢就业""缓就业""懒就业"风气,潜移默化地影响着少数民族学生。同时,受家庭氛围的影响,被父母溺爱,抗挫抗压能力差,没有清晰的自我认识和就业形势认知,面对就业招聘眼高手低、职业素养低、求职经验不足、发展目标不明确,在严峻的就业形势下没做好就业准备,求职屡屡受挫等情况更是加剧了少数民族毕业生的心理负担。

（三）促进少数民族毕业生高质量就业的对策建议

1. 全员参与，强化责任，拓宽渠道

高校统筹协调，各部门协同配合，将少数民族毕业生就业情况作为年度考核的重要内容。学校就业指导中心制定相关专项方案，协同辅导员、导师、班主任为少数民族学生提供全方位指导和服务。领导班子主动与相关企业对接，拓宽就业渠道，尤其是少数民族学生意向较强烈的地区和单位进行拓岗，为少数民族毕业生提供更加贴心的就业服务。宣传好中央基层招录项目"特岗计划""三支一扶""西部计划"等政策性岗位的招录工作，鼓励少数民族大学生到基层工作，服务乡村振兴和为农村牧区现代化提供人才和智力支撑，为民族地区经济社会发展注入源头活水。

2. 扭转传统就业观念，树立积极就业理念

如今就业市场基本饱和，人才供应过剩，就业压力不断增大，树立正确的就业观愈发迫切。高校少数民族毕业生急需转变稳定就业的旧观念，树立"先就业，后择业"的就业观念。在学习专业理论知识的同时，从入学开始带领学生深入了解行业现状，参观专业相关企事业单位，参与专业实习实践，与相关单位面对面了解人才招聘需求和要求，多触及一些现状。内观自我，外观世界，需要知己知彼、合理定位，还需要适度妥协和平衡。在了解专业前景和自身水平之后，选择性引导学生接受事实，面对事实，主动出击，进入新兴行业或自主创业。

3. 加强完善生涯规划、就业创业指导体系

习近平总书记指出："要强化就业创业服务体系建设，支持帮助学生们迈好走向社会的第一步。"要提高高校少数民族毕业生的高质量就业必须继续加强完善高校生涯规划、就业创业指导体系。要做好少数民族学生就业指导工作，要细致入微地与少数民族学生就业意向特点和少数民族学生生源地相关行业的就业情况特点相结合，针对不同特点的学生开展特色化生涯规划指导和就业创业指导服务工作。建立健全符合少数民族学生特点的生涯规划指导和就业创业指导体系，加强对少数民族毕业生的生涯规划指导和就业创业指导工作。要组建一支职业化、专业化的生涯规划和就业创业指导教师队伍，鼓励高学历、实践经验丰富的教师加入生涯规划和就业创业指导工作中，提高生涯规划和就业创业教

师的业务知识和能力水平。要充分发挥指导教师在知识储备和实践经验上的优势,通过多种形式,有针对性地开展个性化指导和服务工作。

与此同时,一些新兴的法律服务领域、企事业单位的法务部门也在不断扩大招聘规模。因此,学法律的学生需要调整自己的就业观念,提升对多元化法律职业的认识,拓展就业渠道。

四、结语

少数民族本科毕业生作为少数民族地区的人才储备军,对其进行生涯规划和就业创业指导服务工作任重且道远。高校少数民族学生要积极应对就业问题,转变传统就业观念,努力提升自身素养和就业能力,发挥自身特长和优势,提升就业竞争力。高校需要随着经济社会的发展形势调整人才培养模式、优化课程设置,加强对少数民族学生群体实践能力的培养,加强生涯规划和就业创业指导教师队伍建设,建立健全少数民族学生生涯规划和就业指导课程体系。全员全力开拓少数民族毕业生就业创业的空间和渠道,指导少数民族大学生自主创业,为少数民族毕业生就业创业创造更好的环境和条件。